비상은
믿습니다

당연한 것을 낯설게 바라보는 시선이
교육을 움직이게 한다는 것을.

현장에서 출발한 고민이
다음 교육의 해답이 될 수 있다는 것을.

배움의 즐거움이
교육의 가장 강력한 연료라는 것을.

다름을 존중하는 태도가
교육의 가치를 더 깊게 만든다는 것을.

그리고,
우리가 선택한 이 가치들이
곧, 우리 교육의 방향이 된다고 믿습니다.

**이 믿음 하나하나가 모여,
새로운 콘텐츠와 플랫폼이 되어
교육의 새로운 전형을 만들어갑니다.**

상상 그 이상 –

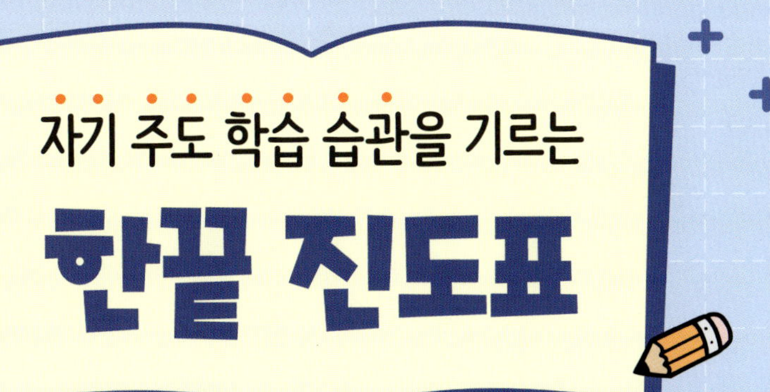

1. 생생하게 표현해요

소단원 1	_____ 월 _____ 일
소단원 2	_____ 월 _____ 일
단원 평가	_____ 월 _____ 일

2. 분명하고 유창하게

소단원 1	_____ 월 _____ 일
소단원 2	_____ 월 _____ 일
단원 평가	_____ 월 _____ 일

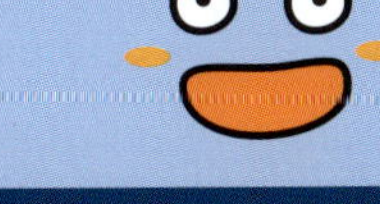

3. 짜임새 있는 글, 재미와 감동이 있는 글

소단원 1	_____ 월 _____ 일
소단원 2	_____ 월 _____ 일
단원 평가	_____ 월 _____ 일

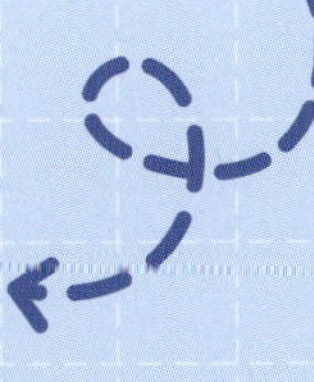

다음 페이지에서 계속 →

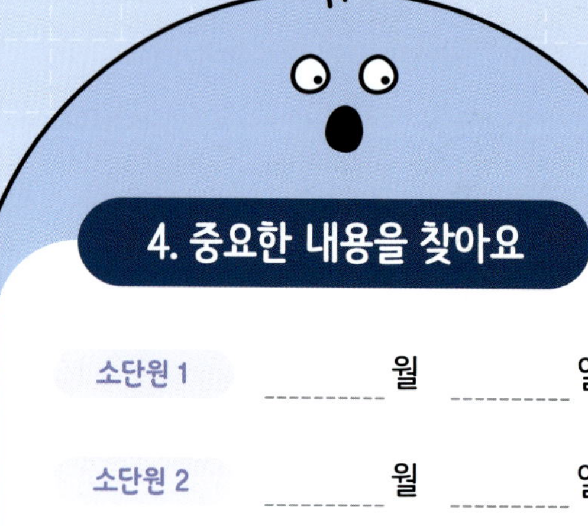

4. 중요한 내용을 찾아요

소단원 1	________ 월	________ 일
소단원 2	________ 월	________ 일
단원 평가	________ 월	________ 일

5. 인물에게 마음을 전해요

소단원 1	________ 월	________ 일
소단원 2	________ 월	________ 일
단원 평가	________ 월	________ 일

6. 자신 있게 읽고 써요

소단원 1	________ 월	________ 일
소단원 2	________ 월	________ 일
단원 평가	________ 월	________ 일

한끝 진도 교재

3·1

초등 국어

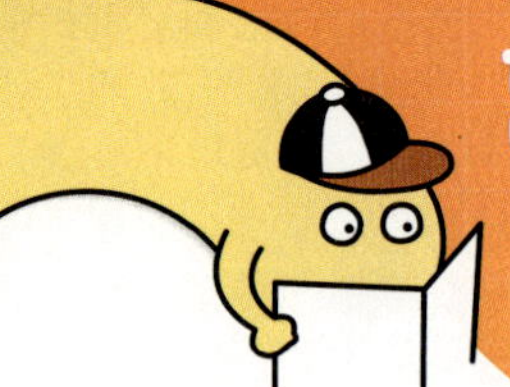

한끝 국어 사용 설명서

진도표

매일매일 공부한 날짜를 [진도표]에 쓰며 스스로 공부하는 습관 기르기

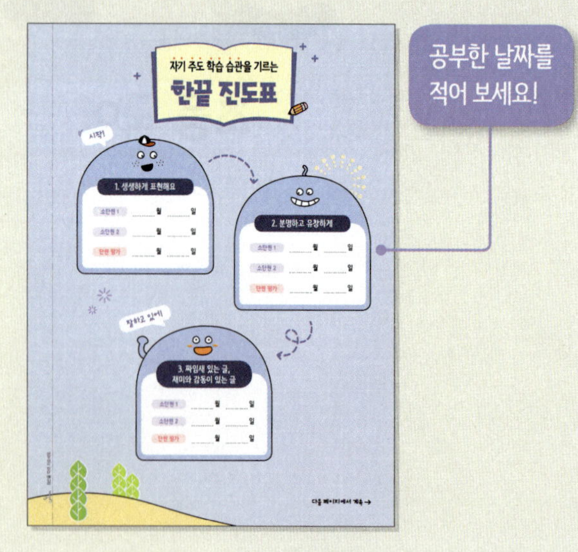

교과서 핵심 / 준비

단원에서 배울 중요한 내용을 미리 훑어보기

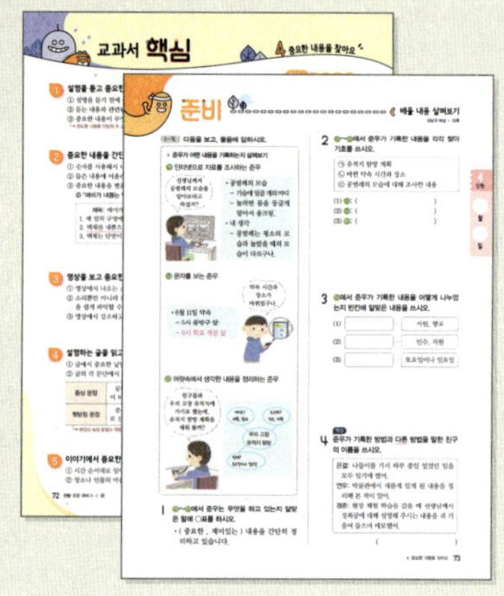

교과서 문해력 키우기

문제를 풀며 교과서 어휘를 복습하고, 문장에 활용해 보며 문해력 키우기

소단원 1, 소단원 2

교과서 소단원의 핵심 개념과 관련된 다양한 형태의 문제를 풀어 보며 교과서 내용 익히기

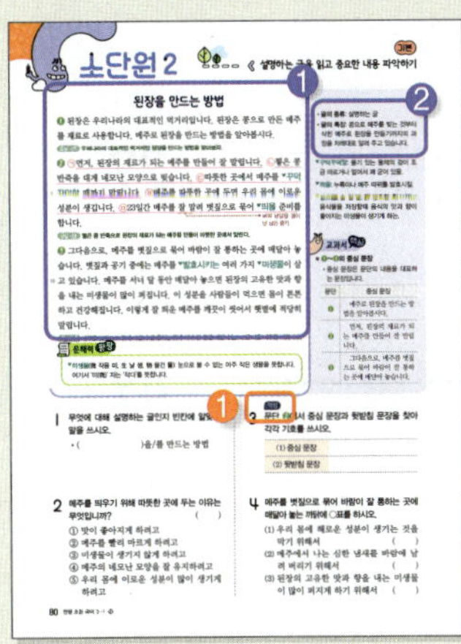

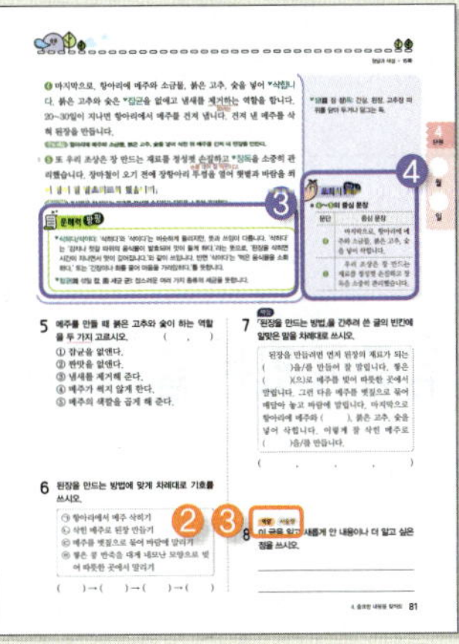

이런 내용을 배워요.

1 지문: 교과서 지문을 보며 예습과 복습을 할 수 있어요.

2 지문의 특징: 글, 영상 등 지문의 특징을 정리해 지문을 쉽게 이해할 수 있어요.

3 문해력 팡팡: 낱말의 뜻풀이, 낱말과 관련된 보충 설명 등을 확인할 수 있어요.

4 교과서 핵심: 교과서의 핵심 내용을 정리해 교과서를 쉽고 깊이 있게 이해할 수 있어요.

이런 문제를 풀어요.

1 지문 속 핵심 내용을 묻는 핵심 문제

2 소단원의 역량을 확인하는 역량 문제

3 생각을 문장으로 정리해 보는 서술형 문제

실천

소단원에서 학습한 내용을 정리하고 국어 지식 다지기

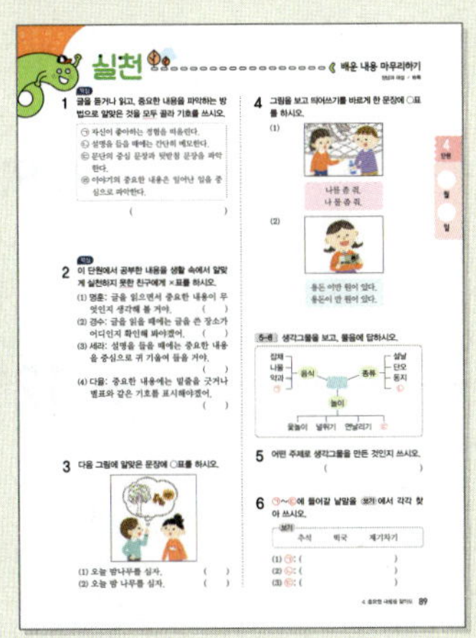

단원 평가

단원에서 배운 내용을 최종 정리하며 실력을 점검하기

평가 교재

단원 평가 문제를 추가로 2회 더 풀어 보고, 서술형 평가와 수행 평가까지 풀어 보며 평가에 완벽하게 대비하기

차례

독서 단원

읽은 책을 소개해요

이 단원은 '한 학기 한 권 읽기'를 실천하는 단원입니다.
독서 단원은 한 학기 동안 언제든지 공부할 수 있습니다.
학교 수업에 맞추어 활용하세요.

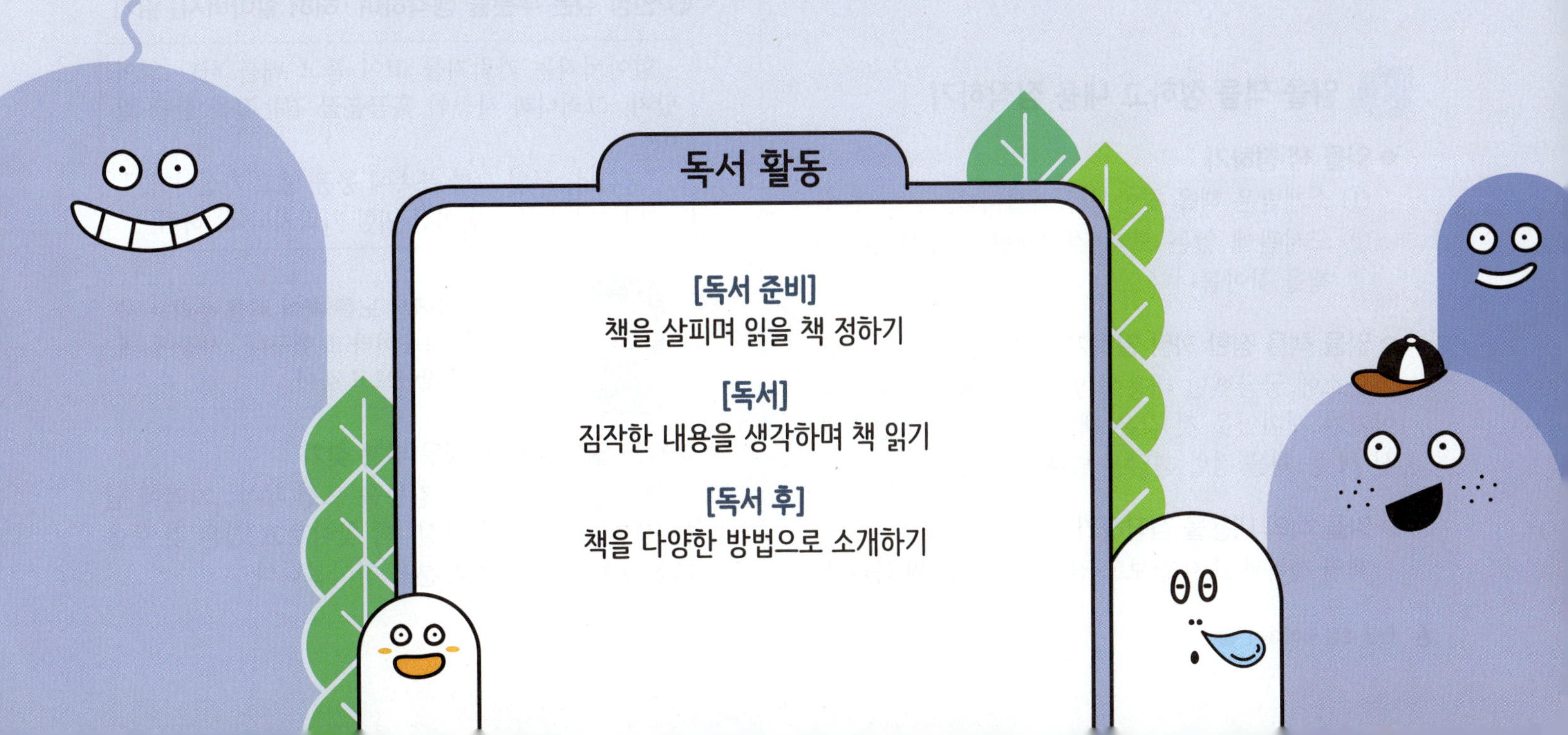

» 책을 살피며 읽을 책 정하기

1 책을 소개받은 경험 나누기

○ 경험 나누기
① 선생님, 친구, 가족에게 책을 소개받은 경험을 떠올려 봅니다.
② 책을 소개받을 때 소개한 까닭이 무엇이었는지 떠올려 봅니다.
③ 소개한 사람이 책 읽은 소감을 어떻게 말했는지 떠올려 봅니다.

○ 책을 소개받으면 좋은 점 알기
① 다양한 모양이나 형태의 책을 보고 책에 대한 흥미를 높일 수 있습니다.
　예 병풍책, 전자책, 그림자책
② 책을 읽고 새로운 사실을 알 수 있습니다.

2 제목과 표지를 보고 책 내용 짐작하기

○ 책 표지 살펴보기
① 앞표지에는 책 제목, 글쓴이, 그린 이, 출판사, 표지 그림이 있습니다.
② 뒤표지에는 책과 관련한 그림이나 글귀가 있기도 합니다.
③ 책등에는 책 제목과 출판사 등이 적혀 있습니다.

○ 앞표지와 뒤표지 보고 궁금한 점 떠올리기
책의 제목과 표지 그림을 보고 책 내용을 짐작해 봅니다.

3 읽을 책을 정하고 내용 짐작하기

○ 읽을 책 정하기
① 소개받은 책을 찾아서 살펴봅니다.
② 도서관에 있는 도서 검색대를 활용해 원하는 책을 찾아봅니다.

○ 읽을 책을 정한 까닭 말하기
평소에 궁금했던 내용이 있는 책, 제목을 보니 이야기가 재미있을 것 같은 책, 선생님께서 추천해 주신 책 등 책을 정한 까닭을 말해 봅니다.

○ 읽을 책의 내용을 짐작하기
책의 제목과 표지를 보고 짐작한 내용을 써 봅니다.

» 짐작한 내용을 생각하며 책 읽기

1 내용을 짐작하며 책 읽기

예 짐작한 내용을 떠올리며 『허허 할아버지』 읽기

"할아범은 왜 허구한 날 웃는 거요? 재물이 아주 많은가?"
"입에 풀칠은 하고 삽니다, **허허.**"
"자식들이 잘 모시는 모양이구먼."
"자식은 없지만 할멈하고 둘이서 재미나게 삽니다, **허허.**"
임금님은 마음속으로 콧방귀를 뀌었어.
'쳇, 무슨 비결이 있다고. 내 걱정거리를 하나 주지.'

2 책을 읽고 인상 깊은 부분 말하기

예 인상 깊은 부분을 생각하며 『허허 할아버지』 읽기

할아버지는 가락지를 고이 품고 배를 하나 얻어 탔지. 그러니까 사공이 흘끔흘끔 곁눈질을 한단 말이야.
"영감님, 무얼 그리 품속에 꽁꽁 넣고 가십니까?"
"임금님이 잠시 맡기신 귀한 가락지라네, **허허.**"

○ 책을 읽으며 인상 깊은 부분 찾기
책을 읽으며 재미나 감동을 느낀 부분, 기억에 남는 장면, 새롭게 안 사실, 더 찾아보고 싶은 것 등을 떠올리며 인상 깊은 부분을 찾아봅니다.

≫ 책을 다양한 방법으로 소개하기

1 책을 소개하는 방법 알기

○ **책을 보여 주며 소개하기**
① 소개할 책을 준비해 직접 친구들에게 보여 줍니다.
② 표지에 나온 그림을 활용해 책 내용을 간단히 말합니다.
③ 가장 인상 깊은 부분과 그 까닭을 말합니다.

○ **몸짓으로 소개하기**
① 책에서 가장 기억에 남는 장면을 찾아 어떤 몸짓으로 나타내면 좋을지 정합니다.
② 친구들 앞에서 몸짓으로 책의 장면을 소개합니다. 등장인물의 말과 함께 표현하면 더 실감 나게 소개할 수 있습니다.
③ 어떤 장면을 몸짓으로 표현했는지 친구들에게 설명합니다.

○ **그림으로 소개하기**
① 책을 읽고 감동받은 부분이나 새롭게 안 점 따위를 그림으로 나타냅니다.
② 친구들에게 그림을 보여 주며 무엇을 표현했는지 설명합니다.
③ 발표가 끝나면 학급 알림판에 그림을 붙이고 다른 친구들의 그림도 살펴봅니다.

○ **노랫말로 소개하기**
① 책 내용을 표현하기에 알맞은 노래를 정합니다. 친구들이 잘 아는 간단하고 쉬운 노래로 정하는 것이 좋습니다.
② 책을 소개하는 내용으로 노랫말을 바꾸어 부릅니다.
③ 친구들에게 바꾼 노랫말을 알려 주고 함께 불러 봅니다.

○ **소개하고 싶은 내용 정리하기**
책 제목, 글쓴이, 그린 이, 출판사 등을 적어 보고 소개하고 싶은 내용과 소개하고 싶은 까닭을 정리해 봅니다.

○ **자신만의 책을 소개하는 방법 선택하기**
① 다양한 책 소개 방법을 살펴보고 소개 방법을 선택합니다.
② 책의 내용에 따라 알맞은 소개 방법을 찾아봅니다.

2 선택 활동 하기

선택 1 **책 소개 마당 열기**
① 다양한 방법으로 책 소개하기
② 친구들이 소개한 책 전시하기
③ 친구들이 소개한 책 가운데에서 읽고 싶은 책 말하기

선택 2 **책을 소개하는 카드 만들기**
① 소개하고 싶은 내용을 책을 소개하는 카드에 쓰기
• 책에서 인상 깊은 문장을 그대로 쓸 수도 있습니다.
• 책을 읽을 친구가 호기심을 가지도록 질문을 쓸 수도 있습니다.
② 책을 소개하는 카드를 만들어 전시하기
③ 친구들의 책을 소개하는 카드를 보고 관심 있는 책 찾아보기

1 책을 읽기 전에 책 내용을 짐작할 수 있는 방법을 쓰시오.

도움말 책 표지에 나타난 정보들이 무엇인지 생각해 봅니다.

2 보기 에서 한 가지 방법을 골라 자신이 읽은 책에서 인상 깊은 부분을 쓰시오.

> 보기
> (가) 재미나 감동을 느낀 부분 떠올리기
> (나) 기억에 남는 장면 떠올리기
> (다) 새롭게 안 사실 떠올리기
> (라) 더 찾아보고 싶은 것 떠올리기

(1) 고른 방법	(2) 책 제목	(3) 인상 깊은 부분

도움말 이야기 글을 읽었다면 재미나 감동을 느낀 부분, 기억에 남는 장면 등을 찾아볼 수 있고, 정보를 전달하는 글을 읽었다면 새롭게 안 사실, 더 찾아보고 싶은 것 등을 정리해 볼 수 있습니다.

3 2번 문제에서 답한 책을 소개할 방법을 정하고, 그렇게 정한 까닭을 쓰시오.

도움말 읽은 책의 특성과 내용에 따라 알맞은 책 소개 방법을 선택해 봅니다.

역량 공동체·대인 관계

1 생생하게 표현해요

무엇을 배울까요?

준비

- 배울 내용 살펴보기

소단원 1

감각적 표현의 재미를 느끼며 시 감상하기

- 감각적 표현 이해하기
- 시를 읽고 낭송하기

소단원 2

표정과 몸짓, 목소리나 말투로 표현하기

- 상황에 알맞은 목소리나 말투를 사용하면 좋은 점 알기
- 상황에 알맞은 표정과 몸짓, 목소리나 말투로 대화하기
- 상황에 알맞은 표정과 몸짓, 목소리나 말투로 표현하기

실천

- 배운 내용 마무리하기

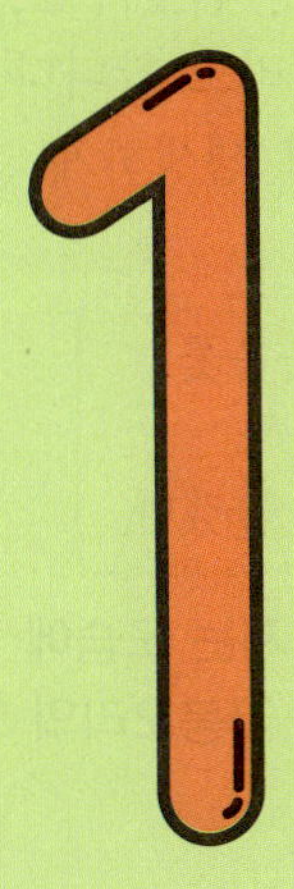

교과서 핵심

1 감각적 표현 이해하기

① 눈으로 보고, 코로 냄새 맡고, 입으로 맛보고, 귀로 듣고, 손으로 만진 경험을 생생하게 표현한 것을 '감각적 표현'이라고 합니다.

② 감각적 표현을 사용하면 대상이나 장면이 더 생생하게 그려지고 실감 납니다.

꽃봉오리가 터져 꽃이 피었다.	참았던 웃음꽃 푸하하하 마구 터뜨려 놓겠다.

➡ 꽃봉오리가 터지는 모습을 참았던 웃음이 터지는 모습에 빗대어 표현하고, '푸하하하'라는 웃는 소리를 사용함으로써 꽃봉오리의 모습을 더 생생하고 재미있게 표현함.

2 시를 읽고 낭송할 때 주의할 점 알기

① 시 속 상황에서 어떤 일이 있었는지 떠올려 보고, 시의 분위기를 생각하며 낭송합니다.

② 시 속 인물의 마음에 알맞은 목소리로 낭송합니다.

③ 행과 행, 연과 연 사이는 쉬어 읽습니다. 이때 연이 끝나는 행에서는 조금 더 쉬어 읽습니다. → 시의 한 줄을 '행'이라고 하며, 행이 모이면 '연'이 됩니다.

④ 자신이 마음에 드는 부분을 강조해서 읽습니다.

⑤ 시를 낭송하는 여러 가지 방법을 활용하여 낭송합니다.

예 • 행이나 연을 번갈아 가며 낭송하기
  • 몸짓으로 표현하며 낭송하기
  • 손뼉 치거나 발 구르며 낭송하기
  • 돌림 노래로 부르며 낭송하기

> 자신이 마음에 드는 부분을 더 크게 읽거나 강조해서 읽으면 작품에 대한 감상을 효과적으로 드러낼 수 있습니다.

3 상황에 알맞은 목소리나 말투를 사용하면 좋은 점 알기

① 서로의 처지를 이해할 수 있습니다.

② 상대의 마음을 알고 배려할 수 있습니다.

③ 자신의 마음을 정확하게 표현할 수 있습니다.

4 상황에 알맞은 표정과 몸짓, 목소리나 말투로 표현하기

① 상황에 어울리는 표정과 몸짓, 목소리나 말투가 무엇인지 생각합니다.

② 상황에 알맞은 표정과 몸짓, 목소리나 말투를 떠올려서 실감 나게 표현합니다.

핵심 확 인 문 제

정답과 해설 ● 2쪽

1 눈으로 보고, 코로 냄새 맡고, 입으로 맛보고, 귀로 듣고, 손으로 만진 경험을 생생하게 표현한 것을 ☐☐☐ ☐☐(이)라고 합니다.

2 시를 낭송할 때 생각해야 하는 것이 아닌 것에 ×표를 하시오.
  (1) 시의 분위기　　　(　　)
  (2) 시 속 상황　　　(　　)
  (3) 시를 쓴 장소　　　(　　)

3 시를 낭송할 때 행과 행 사이는 연과 연 사이보다 조금 더 쉬어 읽습니다.
  (　　○ , ×　　)

4 다음 문장에서 알맞은 낱말에 ○표를 하시오.

> 상황에 알맞은 목소리나 말투를 사용하면 서로의 처지를 이해할 수 있고, 자신의 (표정 , 마음)을 정확하게 표현할 수 있습니다.

5 상황에 알맞은 표정과 몸짓, 목소리나 말투를 사용하면 실감 나게 표현할 수 있습니다.
  (　　○ , ×　　)

1 단원
월
일

1~5 다음을 보고, 물음에 답하시오.

1 가와 나에서 표현하고 있는 모습을 찾아 선으로 이으시오.

(1) 가 •　　　• ① 꿀벌이 날아다니는 모습

(2) 나 •　　　• ② 꿀벌이 꽃송이를 돌며 꿀을 모으는 모습

2 가에서 지혜가 꿀벌을 보고 떠올린 것은 무엇입니까? (　　　)

① 꿀벌에게 사탕을 주었던 경험
② 부모님과 꽃밭에 놀러 갔던 경험
③ 사탕을 담으려고 돌아다녔던 경험
④ 친구가 준 사탕을 맛있게 먹었던 경험
⑤ 꿀벌을 따라 이리저리 신나게 뛰어다녔던 경험

3 나에서 꿀벌이 날아다니는 소리를 흉내 낸 말을 찾아 쓰시오.

(　　　　　　　　)

4 나에서 준우가 꿀벌의 모습을 보고 느낀 점은 무엇입니까? (　　　)

① 꿀벌의 모습이 정말 신나 보였다.
② 꿀벌이 모은 꿀을 같이 먹고 싶었다.
③ 자신도 꿀벌처럼 신나게 날아다니고 싶었다.
④ 꿀벌이 바쁘게 날아다니는 모습이 힘들어 보였다.
⑤ 꿀벌에게 쏘일 것만 같아서 무서운 마음이 들었다.

5 가와 나에서 지혜와 준우가 느낀 점을 어떻게 표현했는지 알맞게 이야기한 친구의 이름을 쓰시오.

현서: 지혜는 꿀벌이 움직이는 모습과 자신의 몸짓을 비교했어.
유나: 지혜는 꿀벌이 모은 꿀의 맛을 다른 음식의 맛과 비교했어.
하윤: 준우는 꿀벌을 만졌을 때 어떤 느낌이 들었는지 구체적으로 말했어.

(　　　　　　　　)

웃음 참는 나무

한현정

산벚나무 가지에
봉긋봉긋 꽃봉오리들
터질 듯 말 듯 웃음보따리

♥**한입** 가득
푸푸푸
잘도 참아 내고 있다

간질간질 봄 햇살이
♥**한나절**만 더 간질이면

　참았던 웃음꽃
㉠ 푸하하하
　마구 터뜨려 놓겠다.

- **글의 종류**: 시
- **글의 특징**: 산벚나무 가지에 달린 꽃봉오리의 모습을 생생하게 표현한 시입니다.

♥**한입**: 입에 음식물 따위가 가득 찬 상태.

♥**한나절**: 하룻낮의 반. 또는 하룻낮 전체.

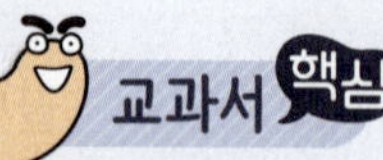

교과서 **핵심**

○ **감각적 표현**

> 보고 듣고 맛보고 냄새 맡고 손으로 만지는 등의 다양한 경험을 생생하게 표현한 것

○ **이 시에 나타난 감각적 표현** 예

> 참았던 웃음꽃 / 푸하하하 / 마구 터뜨려 놓겠다.

꽃봉오리가 터지는 모습을 참았던 웃음이 '푸하하하' 터지는 모습처럼 표현하여 꽃봉오리의 모습이 더 생생하게 느껴집니다.

---

1 산벚나무 가지에 핀 것은 무엇인지 쓰시오.

（　　　　　　　　）

2 봄 햇살이 꽃봉오리를 비추는 모습을 표현한 말은 무엇입니까? （　　）

① 푸푸푸　　　　② 봉긋봉긋
③ 간질간질　　　④ 푸하하하
⑤ 한입 가득

3 꽃봉오리를 '참았던 웃음꽃'이라고 표현한 까닭은 무엇입니까? （　　）

① 꽃봉오리가 웃음을 참고 있어서
② 꽃봉오리에서 웃음소리가 들려서
③ 꽃봉오리를 보면 기분이 좋아져서
④ 꽃봉오리가 곧 활짝 피어날 것 같아서
⑤ 꽃봉오리가 나오기를 간절히 기다려서

핵심 **서술형**

4 ㉠에서 '푸하하하'라는 표현을 넣고 읽을 때와 빼고 읽을 때 느낌이 어떻게 다른지 쓰시오.

____

____

역량

5 이 시와 관련 있는 생각이나 느낌을 이야기한 친구의 이름을 쓰시오.

> 준호: 둥글게 뭉쳐 봉긋하게 피어 있는 꽃봉오리들이 떠올랐어.
> 미주: 추운 겨울날 마당에 하얀 눈이 가득 쌓인 장면이 떠올랐어.

（　　　　　　　　）

오늘부터는

오은영

쉬엄쉬엄 ♥둘러보며
산에 오를래.

흠흠, 이게 무슨 냄새지?
산속 ♥그득 ♥출렁이는
초록빛 향기.

호오, 이건 무슨 소리지?
뻐뻐 뻐꾸룻
후루 후루룻
산속 가득 울리는
돌림 노래 소리.

풀꽃들은 상글방글
꽃웃음 건네고……
어? 어느새 산꼭대기잖아?

㉠하늘까지 다가와 내미는
푸른 손!

- **글의 종류**: 시
- **글의 특징**: 여유롭게 산을 오르면서 보고, 듣고, 냄새 맡은 것들을 감각적으로 표현한 시입니다.
- ♥**둘러보며**: 주위를 이리저리 두루 살펴보며.
- ♥**그득**: 냄새나 빛 따위가 넓은 공간에 널리 퍼져 있는 상태.
- ♥**출렁이는**: 물 따위가 큰 물결을 이루며 흔들리는.

교과서 핵심

○ **이 시에 나타난 감각적 표현 예**
- 산에서 나는 냄새를 '초록빛 향기'로 표현했습니다.
- 새가 지저귀는 소리를 '뻐뻐 뻐꾸룻 / 후루 후루룻'이라고 표현했습니다.
- 풀꽃들이 다양하게 피어 있는 모습을 '상글방글'이라고 표현했습니다.

---

6 말하는 이가 오늘부터 하기로 결심한 것은 무엇인지 빈칸에 알맞은 말을 쓰시오.

- (   ) 둘러보며 산에 오르는 것

핵심

7 (1)~(3)은 각각 무엇을 표현한 것인지 찾아 선으로 이으시오.

(1)	상글방글	•	• ①	새가 지저귀는 소리
(2)	초록빛 향기	•	• ②	산에서 나는 냄새
(3)	뻐뻐 뻐꾸룻 / 후루 후루룻	•	• ③	풀꽃들이 다양하게 피어 있는 모습

8 ㉠이 표현한 장면으로 알맞은 것을 두 가지 고르시오. (,   )

① 하늘 가까이 높은 산꼭대기에 오른 장면
② 풀이 무성한 나뭇가지를 손으로 꺾는 장면
③ 푸른색 장갑을 낀 손으로 하늘을 가리는 장면
④ 산속에 사는 동물들이 다가와 조심스럽게 손을 내미는 장면
⑤ 산꼭대기에 올라 신이 난 마음에 두 손을 하늘로 번쩍 드는 장면

서술형

9 이 시를 읽고 떠오르는 장면을 쓰시오.

____

____

1 다음 뜻에 알맞은 낱말을 글자의 첫소리를 참고하여 쓰시오.

(1) 하룻낮의 반. 또는 하룻낮 전체.

→ ㅎ ㄴ ㅈ ______________________

(2) 자꾸 간지러운 느낌이 드는 상태.

→ ㄱ ㅈ ㄱ ㅈ ______________________

(3) 군데군데 여러 곳이 다 꽤 볼록하게 나오거나 조금 높이 솟아 있는 모양.

→ ㅂ ㄱ ㅂ ㄱ ______________________

2 다음 문장에 들어갈 낱말을 보기 에서 찾아 쓰시오.

보기		
한입	둘러보며	출렁이는

(1) 너무 배가 고파서 작은 빵을 (　　　　　　)에 꿀꺽 삼켰다.

(2) 바닷가에 도착하니 (　　　　　　) 파도 소리가 귀에 들려왔다.

(3) 다양한 과일과 채소가 가득한 가게들을 (　　　　　　) 시장을 구경했다.

3 1 ~ 2번에 나온 낱말을 활용하여 나만의 문장을 만들어 보시오.

____

____

____

소단원 1 ┈┈┈┈┈┈┈┈┈┈┈┈ 시를 읽고 낭송하기

줄넘기

권영세

빙글빙글 줄이 돌면
사뿐사뿐 뛰어올라

줄 위에서 폴짝폴짝
발 걸릴라 조심조심

빙글빙글 땅이 돌고
빙글빙글 하늘 돌고

살짝살짝 뛰어올라
사뿐사뿐 땅을 밟자

* **글의 종류**: 시
* **글의 특징**: 줄넘기를 하는 모습을 감각적인 표현으로 노래를 부르듯이 리듬감 있게 나타낸 시입니다.

교과서 핵심

○ 이 시를 낭송하는 방법 예

* 신이 난 마음을 담아 활기찬 목소리로 읽습니다.
* '폴짝폴짝' 같은 말은 줄을 뛰어넘는 느낌을 살려 읽습니다.
* '빙글빙글 줄이 돌면'과 '사뿐사뿐 뛰어올라' 사이를 쉬어 읽고, 이어지는 연은 조금 더 쉬어 읽습니다.

1 월 일

---

1 말하는 이는 무엇을 하고 있습니까? ( )

① 제자리에서 빙빙 돌고 있다.
② 줄넘기할 줄을 만들고 있다.
③ 친구들과 달리기를 하고 있다.
④ 친구들과 줄넘기를 하고 있다.
⑤ 친구들과 노래를 만들어 부르고 있다.

2 말하는 이의 기분으로 가장 알맞은 것은 무엇입니까? ( )

① 속상하다.　　② 걱정된다.
③ 긴장된다.　　④ 화가 난다.
⑤ 신이 난다.

3 이 시에서 줄넘기하는 모습을 감각적으로 표현한 말이 아닌 것은 무엇입니까? ( )

① 사뿐사뿐　　② 뛰어올라
③ 폴짝폴짝　　④ 살짝살짝
⑤ 조심조심

핵심

4 이 시를 낭송할 때 주의할 점으로 알맞지 <u>않은</u> 것은 무엇입니까? ( )

① 시의 분위기를 생각하며 읽는다.
② 마음에 드는 부분을 강조해서 읽는다.
③ 행과 행, 연과 연 사이는 쉬어 읽는다.
④ 시 속 인물의 마음에 알맞은 목소리로 읽는다.
⑤ 시의 내용을 알기 쉽게 한 글자씩 끊어 읽는다.

5 다음은 이 시를 낭송한 방법을 정리한 내용입니다. 시를 어떻게 낭송했는지 알맞은 것을 찾아 ○표를 하시오.

> '살짝살짝'과 '사뿐사뿐'을 낭송할 때에는 글자에 맞춰 박수를 치고, '뛰어올라'와 '땅을 밟자'를 낭송할 때에는 글자에 맞춰 발을 굴렀어.

(1) 돌림 노래로 부르며 낭송하기 ( )
(2) 손뼉 치거나 발 구르며 낭송하기 ( )
(3) 행이나 연을 번갈아 가며 낭송하기 ( )

교과서 문해력 키우기

1 다음 뜻에 알맞은 낱말을 글자의 첫소리를 참고하여 쓰시오.

(1) 큰 것이 잇따라 미끄럽게 도는 모양.

→ ㅂ ㄱ ㅂ ㄱ _______________

(2) 작은 것이 자꾸 세차고 가볍게 뛰어오르는 모양.

→ ㅍ ㅉ ㅍ ㅉ _______________

(3) 잘못이나 실수가 없도록 말이나 행동에 매우 마음을 쓰는 모양.

→ ㅈ ㅅ ㅈ ㅅ _______________

2 다음 문장에 들어갈 낱말을 보기 에서 찾아 쓰시오.

보기		
사뿐사뿐	폴짝폴짝	빙글빙글

(1) 토끼가 (　　　　　　) 뛰어다니며 풀밭을 누볐다.

(2) 바람이 부니 바람개비가 (　　　　　　) 돌아갔다.

(3) 꽃잎이 떨어진 길 위를 (　　　　　　) 걷는 느낌이 참 좋았다.

3 1 ~ 2번에 나온 낱말을 활용하여 나만의 문장을 만들어 보시오.

____

____

____

소단원 2

상황에 알맞은 목소리나 말투를 사용하면 좋은 점 알기

가 교통안전 지킴이 선생님: 학교에 일찍 오는구나. 즐거운 하루 보내렴.

슬비: (♥**자신감** 넘치고 큰 목소리로) 네, 그럴게요.

담임 선생님: 앞으로는 듣는 친구의 마음을 생각하며 말해 봐.

슬비: (공손하고 인정하는 말투로) 네, 그럴게요.

5 **나** 친구: 슬비야, 우리 고장의 ♥**유적지**를 조사하는 숙제 나랑 같이 할래?

슬비: (다정하고 친절한 목소리로) 그래, 알겠어.

친구: 슬비야, 내일은 꼭 잊지 말고 나한테 빌려 간 책 가져와야 해.

슬비: ㉠(미안해하고 작은 목소리로) 그래, 알겠어.

문해력 팡팡

♥**자신감**(自 스스로 **자**, 信 믿을 **신**, 感 느낄 **감**): '어떤 일을 해낼 수 있다거나 어떤 일을 꼭 이루리라고 스스로 굳게 믿는 느낌.'을 뜻합니다. '자신(自信)'은 '스스로[自] 믿는[信] 것'을 뜻하고, '감(感)'은 '느낌'이나 '감정'을 뜻합니다.

♥**유적지**(遺 남길 **유**, 跡 자취 **적**, 地 땅 **지**): '유적이 있는 곳.'을 뜻합니다. '유적(遺跡)'은 '남아 있는 자취[跡]'를 뜻하고, '지(地)'는 '곳'이나 '장소'를 뜻하므로, 역사적인 사건이 벌어졌던 곳이나 건축물, 싸움터 등을 가리킬 때 쓰입니다.

· **가**, **나**의 특징: 슬비가 말하는 상황이나 대화하는 사람에 따라 서로 다른 목소리나 말투로 대화하는 내용입니다. 다양한 상황에 알맞은 목소리나 말투를 사용할 때의 효과와 좋은 점을 파악할 수 있습니다.

교과서 핵심

○ **상황에 알맞은 목소리나 말투를 사용하면 좋은 점 알기**

· 내 마음을 정확하게 표현할 수 있습니다.
· 서로의 처지를 이해할 수 있습니다.
· 상대의 마음을 알고 배려할 수 있습니다.

---

1 **가**에서 상황에 따른 슬비의 목소리나 말투를 알맞게 선으로 이으시오.

(1) 인사하는 상황 · · ① 공손하고 인정하는 말투

(2) 조언을 듣는 상황 · · ② 자신감 넘치고 큰 목소리

핵심

2 **나**에서 같은 말을 하는데도 슬비의 목소리가 서로 다른 까닭은 무엇입니까? (　　)

① 슬비의 기분이 달라져서
② 대화하는 상황이 달라져서
③ 대답하는 내용이 달라져서
④ 대화하는 장소가 달라져서
⑤ 대화하는 시간이 달라져서

3 ㉠의 목소리에서 느껴지는 슬비의 마음을 쓰시오.

(　　　　　　　　　　)

핵심 **역량**

4 상황에 알맞은 목소리나 말투로 대화하면 좋은 점이 아닌 것은 무엇입니까? (　　)

① 상대의 마음을 알 수 있다.
② 서로의 처지를 이해할 수 있다.
③ 상대의 마음을 배려하며 대화할 수 있다.
④ 상대에게 자신의 마음을 정확하게 표현할 수 있다.
⑤ 말을 많이 하지 않아도 여러 의미를 전할 수 있다.

교과서 문해력 키우기

1 다음 뜻에 알맞은 낱말을 글자의 첫소리를 참고하여 쓰시오.

(1) 유적이 있는 곳.

→ ㅇ ㅈ ㅈ

(2) 말이나 행동이 겸손하고 예의 바르다.

→ ㄱ ㅅ 하다

(3) 사물의 내용을 명확히 알기 위하여 자세히 살펴보거나 찾아보다.

→ ㅈ ㅅ 하다

2 다음 문장에 들어갈 낱말을 보기 에서 찾아 쓰시오.

보기

유적지	자신감	공손하게

(1) 지우는 선생님께 (　　　　　) 인사하였다.

(2) (　　　　　)을/를 가지고 발표를 했더니 친구들이 잘했다고 칭찬해 주었다.

(3) 우리 가족은 주말에 역사가 깊은 성이 있는 (　　　　　)을/를 구경하고 왔다.

3 1~2번에 나온 낱말을 활용하여 나만의 문장을 만들어 보시오.

레오의 특별한 꿈

정소현

❶ 깊고 깊은 숲속에 '꿈 마을'이 있었습니다. 꿈 마을 사람들 머리에는 각자의 꿈이 담긴 '델'이 하나씩 있었어요. 그런데 레오의 머리에만 아무것도 없었습니다.

5 '아, 나는 왜 델이 없는 걸까?'

레오는 '델'이 생기기를 ♥간절히 바랐습니다.

하지만 시간이 지나도 델은 쉽게 생기지 않았습니다.

"어머, 쟤는 꿈이 없나 봐."

10 "글쎄 말이야. 머리에 아무것도 없네."

㉠레오는 점점 슬펐습니다.

> **중심 내용** '꿈 마을'에 사는 레오는 다른 사람들과 달리 자기 머리에 꿈을 담은 '델'이 없어서 슬퍼했다.

❷ 레오는 용기를 내 소원을 들어준다는 마법의 숲을 찾아갔습니다.

얼마나 걸었을까요? 어느새 ♥난생처음 보는 마 15 법의 숲에 도착한 레오는 비밀의 문을 열고 숲속으로 들어갔습니다.

마법의 숲은 너무나 고요했습니다. 그때 숲을 지키는 황금새가 나타났습니다. 놀란 레오는 조심스레 황금새에게 부탁했습니다.

㉡"나를 마법사에게 데려다주겠니?"

황금새는 레오를 데리고 숲속 깊이 들어갔습니다. 5

> **중심 내용** 레오는 소원을 들어준다는 마법의 숲을 찾아가서 황금새에게 자신을 마법사에게 데려다주라고 하였다.

- **글의 종류**: 이야기
- **글의 내용**: 레오가 꿈이 담긴 '델'을 가지게 되는 과정이 나타나 있습니다.

♥**간절히**: 더없이 정성스럽고 지극한 마음으로.

♥**난생처음**: 세상에 태어나서 첫 번째.

교과서 핵심

○ **상황에 알맞은 표정과 몸짓, 목소리나 말투 찾기 ①**

상황	마법의 숲에서 레오와 황금새가 만나는 장면
표정과 몸짓	• 레오가 황금새를 보고 놀라는 표정 • 레오가 황금새에게 조심스럽게 다가가는 몸짓
목소리나 말투	(진지한 목소리로) 나를 마법사에게 데려다주겠니?

---

1 '꿈 마을' 사람들 머리에 있는 '델'에는 무엇이 담겨 있는시 한 글자로 쓰시오.

( )

2 ㉠에서 레오가 슬퍼한 까닭은 무엇입니까? ( )

① 레오만 '델'이 없어서
② 꿈을 가지고 싶지 않아서
③ '델'이 없는 친구들이 따돌려서
④ '델'의 모양이 마음에 들지 않아서
⑤ '델'에 담긴 것이 마음에 들지 않아서

3 핵심
㉡에 어울리는 목소리에 ○표를 하시오.

(1) 진지한 목소리 ( )
(2) 장난스러운 목소리 ( )
(3) 반갑고 친근한 목소리 ( )

4 밑줄 그은 낱말의 뜻을 찾아 선으로 이으시오.

(1) 난생처음 보는 숲에 도착했어요. • • ① 세상에 태어나서 첫 번째.

(2) 조심스레 부탁했어요. • • ② 실수가 없도록 말이나 행동에 마음을 쓰는 태도로.

❸ 황금새를 따라간 레오는 드디어 마법사를 만났습니다.

레오는 마법사에게 가까이 다가가 말했습니다.

"마법사님, 저도 특별한 '델'을 갖고 싶어요."

5 레오가 부탁하자, 마법사는 대답했습니다.

"얘야, '델'은 그렇게 쉽게 만들 수 있는 게 아니란다. 네 생명과 함께 만들어지는 거니까. '델'의 모양은 만들 수 있지만, 능력을 만들 수는 없단다."

레오는 다른 사람들처럼 델을 머리에 달고 싶었 10 어요. 그래서 신비한 능력이 없어도 좋으니까 '델' 모양만이라도 만들어 달라고 졸랐습니다.

나무 마법사는 깊은 고민에 빠졌습니다. 그리고 '델' 모양을 만들어 주며 말했습니다.

"레오야, 물에 젖으면 사라질 테니 조심해야 한 15 다. 그리고……"

→ 마음속에서 우러나와 바라는 정도가 매우 절실한.

마법사는 간절한 마음으로 기다리면 꼭 '델'이 생길 거라는 말도 잊지 않았습니다.

중심 내용 레오는 마법사를 만나서 '델' 모양만이라도 만들어 달라고 부탁했고, 마법사는 레오에게 물에 젖으면 사라지는 '델' 모양을 만들어 주었다.

❹ 레오는 나무 마법사의 말을 듣고 마법의 숲을 나왔습니다.

20 신이 난 레오는 한달음에 마을로 왔습니다.

중간에 쉬지 않고 한번에 달려감.

하지만 친구들은 레오 머리 위에 달린 델이 가짜라는 걸 금방 알았습니다. 레오는 다시 슬퍼졌습니다. / 레오는 가짜 델을 호수의 물로 녹여 없애 버렸습니다.

5 레오는 진짜 '꿈'에 대해 생각했습니다. 레오의 머리 위로 따뜻한 햇살이 비쳤습니다. 젖은 머리가 햇살을 받아 반짝반짝 빛났습니다. 레오의 머리에 눈부시게 반짝이는 건 바로 레오의 '델'이었습니다.

10 레오는 이제야 알게 되었습니다. 꿈을 이룬다는 것은 기다림과 인내의 열매라는 사실을요.

진짜 '델'이 생긴 레오는 높이 더 높이 날아올랐습니다. 레오의 멋진 꿈이 눈부시게 빛났습니다.

중심 내용 친구들은 레오의 머리 위에 달린 '델'이 가짜라는 사실을 금방 알아챘고, 레오가 진짜 '꿈'에 대해 생각하자 레오의 머리에도 진짜 '델'이 생겼다.

교과서 핵심

● 상황에 알맞은 표정과 몸짓, 목소리나 말투 찾기 ②

상황	레오가 마법사와 대화하는 장면
표정과 몸짓	• 레오가 간절하게 부탁하는 표정 • 레오가 공손하게 말하는 몸짓
목소리나 말투	(간절하고 예의 바른 말투로) 마법사님, 저도 특별한 '델'을 갖고 싶어요.

5 마법사가 만들어 준 '델'의 특징을 생각하여 빈칸에 알맞은 말을 각각 쓰시오.

(1) (　　　　　　　)은/는 있지만

(2) (　　　　　　　)은/는 없다.

6 진짜 '델'이 생긴 후 레오가 깨달은 것은 무엇입니까? (　　　)

① 꿈이 없는 사람은 아무도 없다.

② '델'은 머리에서 눈부시게 반짝인다.

③ '델'이 있는 것은 아무 의미가 없다.

④ 꿈을 이루려면 참고 기다려야 한다.

⑤ 꿈은 다른 사람이 만들어 줄 수 없다.

7 밑줄 그은 낱말의 뜻으로 알맞은 말을 골라 선으로 이으시오.

(1) 한달음에 마을로 왔습니다. ・ ・① 중간에 쉬지 않고 한 번에 달려감.

(2) 간절한 마음으로 기다렸습니다. ・ ・② 마음속에서 우러나와 바라는 정도가 매우 절실한.

1 다음 뜻에 알맞은 낱말을 글자의 첫소리를 참고하여 쓰시오.

(1) 세상에 태어나서 첫 번째.

→ ㄴ ㅅ ㅊ ㅇ ____________

(2) 쉬지 않고 한 번에 달려감.

→ ㅎ ㄷ ㅇ ____________

(3) 마음속에서 우러나와 바라는 정도가 매우 절실하다.

→ ㄱ ㅈ 하다 ____________

2 다음 문장에 들어갈 낱말을 보기 에서 찾아 쓰시오.

> 보기
>
> 한달음   조심스레   난생처음

(1) (   ) 무지개를 본 나는 놀라서 눈이 번쩍 뜨였다.

(2) 형은 반가운 마음에 (   )에 달려와 나에게 인사하였다.

(3) 아이는 내용물이 깨지지 않게 상자를 (   ) 내려놓았다.

3 1 ~ 2번에 나온 낱말을 활용하여 나만의 문장을 만들어 보시오.

____

____

____

1~4 글을 읽고, 물음에 답하시오.

> **가** [상황] 자전거를 탄 도진이와 주하가 서율이를 보고 반가운 마음에 속도를 높여서 서율이의 앞으로 달려온다. 자전거가 빠른 속도로 다가오자 서율이는 놀라서 아이스크림을 땅에 떨어뜨렸다.
> 서율: ㉠너희 때문에 내가 놀라서 떨어뜨렸잖아.
>
> **나** [상황] 주하가 횡단보도 맞은편에 있는 엄마를 보고 반가운 마음에 신호등이 초록불로 바뀌자마자 길을 건너다가 사고가 날 뻔했다.
> 엄마: ㉡초록불이 켜졌어도 양옆을 살피고 건너야지.

1 **가**에 나타난 장면을 떠올린 것으로 알맞지 않은 것은 무엇입니까?　　　(　　)

① 도진이와 주하가 자전거를 타고 있다.
② 서율이 앞으로 자전거가 빠르게 달려오고 있다.
③ 도진이와 주하가 서율이를 보고 반가워하고 있다.
④ 서율이가 아이스크림을 사러 편의점에 가고 있다.
⑤ 서율이가 들고 있던 아이스크림을 땅에 떨어뜨렸다.

2 **나**의 내용으로 볼 때, 횡단보도를 안전하게 건너는 방법으로 알맞은 것은 무엇입니까?　　　(　　)

① 신호등이 초록불로 바뀌자마자 길을 건넌다.
② 앞만 바라보고 빠르게 길을 건넌다.
③ 신호등의 초록불이 깜빡거릴 때 길을 건넌다.
④ 도로에 차가 한 대도 서 있지 않을 때만 길을 건넌다.
⑤ 신호등이 초록불이 되어도 자동차가 없는지 양옆을 살피고 길을 건넌다.

핵심

3 ㉠에 어울리는 목소리나 말투에 ○표를 하시오.

(1) 속상하고 화가 난 목소리　　　(　　)
(2) 다정하고 부드러운 목소리　　　(　　)
(3) 미안하고 주눅이 든 목소리　　　(　　)

핵심

4 ㉡에 알맞은 표정과 말투 두 가지를 보기 에서 찾아 번호를 쓰시오.

> **보기**
> ① 반가운 표정　　② 걱정하는 표정
> ③ 타이르는 말투　　④ 감탄하는 말투

(　　　，　　　)

5 낱말의 뜻으로 알맞은 것을 찾아 선으로 이으시오.

(1) 차도　　•　　•① 자동차만 다니는 길.

(2) 겸용　　•　　•② 자신의 것을 남에게 미루어 주다.

(3) 양보하다　　•　　•③ 한 가지를 여러 가지 목적으로 씀.

핵심

1 빈칸에 알맞은 말을 보기 에서 찾아 각각 쓰시오.

보기

> 생생　　　감각적 표현

* (　　　　　　)은/는 눈으로 보고, 코로 냄새 맡고, 입으로 맛보고, 귀로 듣고, 손으로 만진 경험을 (　　　　　　)하게 나타내는 말이다.

핵심

2 빈칸에 들어갈 수 있는 말로 알맞지 <u>않은</u> 것은 무엇입니까?　　　　　　　（　　　）

> 대화할 때 알맞은 (　　　　)와/과 (　　　　), (　　　　)와/과 (　　　　)(으)로 말하면 자신의 생각을 잘 표현할 수 있다.

① 표정
② 몸짓
③ 기억
④ 말투
⑤ 목소리

3 다음 대화에서 밑줄 친 부분을 바르게 발음한 것을 골라 ○표를 하시오.

> 수영: 나 어제 아버지랑 <u>부엌에서</u> 요리했어.
> 진수: <u>부엌 안</u>에 냄새가 가득 났겠다.

(1) 부엌에서: [부어케서 , 부어게서]
(2) 부엌 안: [부어칸 , 부어간]

4 ㉠, ㉡의 발음으로 알맞은 것끼리 짝지은 것은 무엇입니까?　　　　　　　（　　　）

> • 이번에는 ㉠<u>무릎을</u> 구부려 볼까?
> • ㉡<u>무릎 위</u>에 손을 얹어서 중심을 잡아 볼게.

	㉠	㉡
①	무르블	무르뷔
②	무르블	무르퓌
③	무르플	무르뷔
④	무르플	무르퓌
⑤	무릅을	무르비

5 보기 에서 알맞은 낱말을 골라 문장을 완성하시오.

보기

> 탁탁　　깡충깡충　　살랑살랑　　엉금엉금

(1) 거북이가 풀밭을 (　　　　　　) 기어요.
(2) 토끼가 풀밭을 (　　　　　　) 뛰어다녀요.

서술형

6 보기 의 낱말 중 하나를 골라 넣어 짧은 문장을 만드시오.

보기

> 후다닥　　느릿느릿　　폴짝폴짝　　슬금슬금

____

____

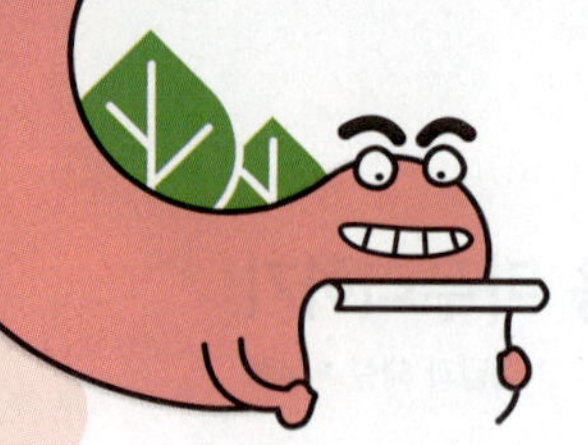

단원 평가

1 다음 문장에서 꿀벌의 모습을 감각적으로 표현한 것을 <u>두 가지</u> 고르시오. (　　,　　)

> 꿀벌은 하하하 신나게 부웅부웅 날아다닌다.

① 꿀벌은　② 하하하　③ 신나게
④ 부웅부웅　⑤ 날아다닌다

2~4 시를 읽고, 물음에 답하시오.

> 산벚나무 가지에
> 봉긋봉긋 꽃봉오리들
> ㉠터질 듯 말 듯 웃음보따리
>
> 한입 가득 / 푸푸푸
> 잘도 참아 내고 있다
>
> 간질간질 봄 햇살이 / 한나절만 더 간질이면
>
> ㉡참았던 웃음꽃 / 푸하하하
> 마구 터뜨려 놓겠다.

2 ㉠이 표현하는 모습으로 알맞은 것은 무엇입니까? (　　)

① 꽃봉오리가 활짝 펼쳐진 모습
② 웃음을 넣은 보따리가 터진 모습
③ 친구들이 꽃을 보고 좋아하는 모습
④ 산벚나무 가지에 달린 꽃봉오리의 모습
⑤ 웃음을 참으려고 노력하는 친구의 모습

3 이 시에서 웃음을 참는 모양과 소리를 흉내 내는 말을 찾아 쓰시오.

(　　　　　　　　　　)

서술형

4 ㉡에서 떠오르는 장면을 쓰시오.

____

____

5~7 시를 읽고, 물음에 답하시오.

> 쉬엄쉬엄 둘러보며 / 산에 오를래.
>
> 흠흠, 이게 무슨 냄새지?
> 산속 그득 출렁이는 / 초록빛 향기.
>
> 호오, 이건 무슨 소리지?
> 뻐뻐 뻐꾸룻 / 후루 후루룻
> 산속 가득 울리는 / 돌림 노래 소리.
>
> ㉠풀꽃들은 상글방글 / 꽃웃음 건네고……
> 어? 어느새 산꼭대기잖아?

5 이 시에서 말하는 이가 하고 있는 것은 무엇인지 빈칸에 알맞은 말을 쓰시오.

• 쉬엄쉬엄 둘러보며 (　　　　　　)에 오르고 있다.

중요

6 이 시에 쓰인 감각적 표현에 해당하지 <u>않는</u> 것은 무엇입니까? (　　)

① 상글방글
② 산에 오를래
③ 초록빛 향기
④ 뻐뻐 뻐꾸룻
⑤ 후루 후루룻

7 ㉠이 표현하는 장면을 알맞게 이해한 친구의 이름을 쓰시오.

> 세화: 풀꽃들이 다양하게 피어 있는 모습을 표현하고 있어.
> 정민: 산을 오르면서 만나는 사람들이 서로 인사하는 모습을 표현하고 있어.

(　　　　　　　　　　)

8~11 시를 읽고, 물음에 답하시오.

> 빙글빙글 줄이 돌면
> 사뿐사뿐 뛰어올라
>
> 줄 위에서 폴짝폴짝
> 발 걸릴라 조심조심
>
> 빙글빙글 땅이 돌고
> 빙글빙글 하늘 돌고
>
> 살짝살짝 뛰어올라
> 사뿐사뿐 땅을 밟자

8 이 시는 무엇을 하는 모습을 표현하였는지 세 글자로 쓰시오.

(   )을/를 하는 모습

실력 UP

9 이 시에 나타난 감각적 표현에 대한 설명으로 알맞은 것에 모두 ○표를 하시오.

(1) 줄넘기 줄이 도는 모습을 '빙글빙글'이라고 표현하였다. (   )
(2) 땅에 조심스레 발이 닿는 느낌을 '사뿐사뿐'이라고 표현하였다. (   )
(3) 줄넘기를 하면서 신나는 마음을 '뛰어올라'라고 표현하였다. (   )

10 말하는 이의 기분을 생각하며 시를 낭송한 친구의 이름을 쓰시오.

> 미주: '빙글빙글'이라는 표현이 재미있어서 이 부분을 강조해서 읽었어.
> 유미: '폴짝폴짝' 뛸 때 어떤 마음이 들었을지 생각하면서 활기찬 목소리로 읽었어.

(   )

11 이 시를 읽고 떠오르는 장면으로 알맞은 것을 두 가지 고르시오. (,   )

① 달리기 시합을 하는 모습
② 하늘을 나는 흉내를 내는 모습
③ 친구들과 신나게 줄을 넘는 모습
④ 줄에 걸려 넘어져서 속상해하는 모습
⑤ 줄에 발이 걸리지 않게 조심하는 모습

12~13 대화를 보고, 물음에 답하시오.

> **가** 교통안전 지킴이 선생님: 학교에 일찍 오는구나. 즐거운 하루 보내렴.
> 슬비: (자신감 넘치고 큰 목소리로) 네, 그럴게요.
> **나** 담임 선생님: 앞으로는 듣는 친구의 마음을 생각하며 말해 봐.
> 슬비: (공손하고 인정하는 말투로) 네, 그럴게요.

12 **가**와 **나**의 상황을 보기 에서 골라 각각 기호를 쓰시오.

> 보기
> ㉠ 슬비가 담임 선생님께 조언을 듣는 상황
> ㉡ 슬비가 등굣길에 교통안전 지킴이 선생님을 만나서 인사하는 상황

(1) **가**: (   )
(2) **나**: (   )

중요

13 **가**와 **나**에서 슬비의 목소리나 말투가 달라진 까닭으로 가장 알맞은 것은 무엇입니까? (   )

① 대화하는 상황이 달라졌기 때문에
② 슬비가 담임 선생님을 더 좋아하기 때문에
③ 교통안전 지킴이 선생님이 슬비를 혼냈기 때문에
④ 슬비가 학교에 일찍 와서 기분이 좋았기 때문에
⑤ 슬비가 자신의 기분에 따라 목소리와 말투를 바꿨기 때문에

단원 평가

14~17 글을 읽고, 물음에 답하시오.

> **가** 꿈 마을 사람들 머리에는 각자의 꿈이 담긴 '델'이 하나씩 있었어요. 그런데 레오의 머리에만 아무것도 없었습니다.
>
> '아, 나는 왜 델이 없는 걸까?'
>
> 레오는 델이 생기기를 간절히 바랐습니다.
>
> **나** 레오는 마법사에게 가까이 다가가 말했습니다.
>
> ㉠"마법사님, 저도 특별한 '델'을 갖고 싶어요."
>
> 레오가 부탁하자, 마법사는 대답했습니다.
>
> "애야, '델'은 그렇게 쉽게 만들 수 있는 게 아니란다. 네 생명과 함께 만들어지는 거니까. '델'의 모양은 만들 수 있지만, 능력을 만들 수는 없단다."

14 꿈 마을 사람들 머리에 하나씩 있는 것은 무엇인지 쓰시오.

( )

15 레오가 간절히 바라는 것은 무엇입니까?

( )

① 마법사를 만나는 것
② 자신의 꿈을 이루는 것
③ 자기만의 특별한 델을 갖는 것
④ 델을 다른 모양으로 바꾸는 것
⑤ 다른 사람들의 꿈이 무엇인지 아는 것

16 마법사가 '델'을 쉽게 만들 수 없다고 말한 까닭은 무엇입니까?

( )

① 델을 만들어 본 적이 한 번도 없어서
② 델은 생명과 함께 만들어지는 거라서
③ 델의 모양이 처음부터 정해져 있어서
④ 레오가 꿈을 가지려고 노력하지 않아서
⑤ 델을 만들어도 물에 젖으면 바로 사라져서

중요

17 ㉠을 실감 나게 표현하기 위한 표정이나 몸짓, 목소리나 말투에 ○표를 하시오.

(1) 간절한 표정과 목소리 ( )
(2) 토라진 말투와 속상한 표정 ( )
(3) 당당한 말투와 발을 구르는 몸짓 ( )

18 밑줄 친 부분에 알맞은 표정이나 몸짓, 목소리나 말투를 두 가지 고르시오. (,)

> (자전거가 빠른 속도로 다가오자 놀라서 아이스크림을 땅에 떨어뜨린 상황)
>
> 서율: 너희 때문에 내가 놀라서 떨어뜨렸잖아.

① 속상한 표정
② 차분한 말투
③ 미안한 표정
④ 화가 난 목소리
⑤ 손을 흔드는 몸짓

서술형

19 다음 상황에서 준수에게 어울리는 표정이나 몸짓, 목소리나 말투를 쓰시오.

> 아린: (꽃을 보며) 신기한 꽃이 피었다.
>
> 준수: 어디 어디? 정말이네!

20 **보기** 에서 낱말을 알맞게 발음한 것을 두 가지 골라 기호를 쓰시오.

> **보기**
>
> ㉠ 부엌 안[부어칸]   ㉡ 부엌에서[부어케서]
>
> ㉢ 무릎을[무르블]   ㉣ 무릎 위[무르뷔]

(,)

역량 문화 향유

2

분명하고 유창하게

무엇을 배울까요?

준비

- 배울 내용 살펴보기

소단원 1

문장의 짜임에 따라 문장을 바르게 읽고 쓰기

- 문장의 짜임 이해하기
- 문장의 짜임을 생각하며 문장을 바르게 읽고 쓰기

소단원 2

글의 의미를 생각하며 소리 내어 읽기

- 글의 내용을 파악하며 소리 내어 읽기
- 이야기를 실감 나게 읽기

실천

- 배운 내용 마무리하기

핵심 확·인·문·제

정답과 해설 ● 6쪽

---

1 문장의 짜임 이해하기

→ '어찌하다'는 움직임을 나타내고 '어떠하다'는 성질이나 상태를 나타냅니다.

누가/무엇이 + 어찌하다	예 • 지호가 말합니다. • 나비들이 날아다닙니다.
누가/무엇이 + 어떠하다	예 • 날씨가 맑습니다. • 햇볕이 따뜻합니다.
누가/무엇이 + 무엇이다	예 • 오늘은 일요일입니다. • 유주는 내 동생입니다.

1 '어찌하다'에 해당하는 말은 '예쁘다', '밝다' 등이고, '어떠하다'에 해당하는 말은 '달리다', '말하다' 등입니다.

(○ , ×)

---

2 문장의 짜임을 생각하며 문장을 바르게 읽기

① 문장의 짜임: '누가/무엇이' + '어찌하다/어떠하다/무엇이다'

예

우리는 학교에서 발표를 합니다.

우리는	학교에서 발표를 합니다.
누가/무엇이	어찌하다

② 문장의 짜임에 따라 '누가/무엇이' 다음에서 조금 띄어 읽습니다.
  예 우리는∨학교에서 발표를 합니다.
③ '누가/무엇이'에 해당하는 말의 뒷부분이 길면 한 번 더 띄어 읽습니다.
  예 발표는∨자신의 생각을 말하는∨활동입니다.
④ 문장과 문장 사이는 ∨보다 조금 더 길게 띄어 읽습니다.
  예 우리는∨학교에서 발표를 합니다.∨발표는∨자신의 생각을 말하는∨활동입니다.
  → 문장 부호 뒤에서는 조금 더 길게 띄어 읽습니다. 적절하게 띄어 읽으면 글의 내용을 더 잘 전달할 수 있습니다.

2 문장의 짜임에 따라 '▢▢ / ▢▢▢▢' 다음에서 조금 띄어 읽습니다.

3 다음 중 ∨보다 조금 더 길게 띄어 읽는 경우를 <u>모두</u> 찾아 ○표를 하시오.
  (1) 문장 부호 뒤 ( )
  (2) 낱말과 낱말 사이 ( )
  (3) 문장과 문장 사이 ( )

---

3 유창하게 글을 읽으면 좋은 점

① 글의 내용을 더 잘 전달할 수 있습니다.
② 글을 더 잘 이해할 수 있습니다.

---

4 이야기를 실감 나게 읽기

① 이야기에서 '어찌하다/어떠하다'를 나타내는 말은 내용을 정확하게 전달하기 위해 또박또박 읽고, 낱말의 의미가 잘 드러나도록 읽습니다.
② 이야기에서 문장 부호가 나오는 부분은 문장 부호의 역할과 문장 부호를 사용한 까닭을 생각하며 읽습니다.
③ 이야기에서 꾸며 주는 말이 나오는 부분은 꾸며 주는 말에 어울리는 목소리나 말투로 읽고, 문장이 더욱 생생하게 느껴지도록 읽습니다.
④ 내용을 잘 전달하기 위해 정확한 발음으로 읽습니다.
⑤ 인물의 마음이 잘 느껴지도록 느낌을 살려 읽습니다.
⑥ 이야기의 장면이 실감 나게 느껴지도록 읽습니다.
  → 슬픈 상황과 신나는 상황을 서로 다른 목소리와 말투로 읽으면 이야기가 더 실감 나게 느껴집니다.

4 슬픈 상황이나 신나는 상황을 모두 똑같은 목소리와 말투로 읽어야 내용을 잘 전달할 수 있습니다.

(○ , ×)

5 꾸며 주는 말에 어울리는 목소리나 말투로 읽으면 이야기의 장면이 더 ▢▢ 나게 느껴집니다.

정우가 보낸 사연

㉮ 안녕하세요, 여러분? 매주 화요일마다 돌아오는 '우리의 사연을 읽어 주세요' 시간입니다.

오늘은 3학년 김정우 학생의 ♥사연을 소개하겠습니다. 친구 집에서 겪었던 일이네요. 잘 들어 주세요.

5 학교 끝나고 서진이네 놀러 갔습니다. 서진이네 집에 도착해 강아지에게 손 인사를 하자 ㉠강아지 가방으로 들어가 버렸습니다. 서진이가 "별님아." 하고 이름을 불러 주면 가까워질 수 있다고 알려 주었습니다. 잠시 뒤에 강아지가 방에서 나왔습니다. 그래서 "별님아!" 하고 이름을 불러 주었더니 ㉡강아지 가발을 저에게 내밀었습니다. 서진이와 강아지

10 에게 정말 고마웠습니다.

정우 학생이 서진이와 강아지에게 고마운 마음을 전했네요. 여러분도 서로에게 고마운 일이 ♥가득한 하루를 보내기 바랍니다. 오늘 방송은 이 것으로 마치도록 하겠습니다.

㉯ 서진: 정우야, 별님이가 가발을 너한테 줬어? 우리 집엔 강아지 가방

15 도 없는데…….

정우: 아니, 강아지가 방으로 들어갔다가 나와서 앞발을 나한테 내밀었 다고 쓴 건데…….

- **글의 내용:** 정우가 서진이네 집에 놀러 가서 겪은 일을 글로 써서 학교 방송국에 사연으로 보냈는데, 방송 진행자가 글을 바르게 띄어 읽지 않아서 정우가 쓴 글과 다른 내용으로 소개되었다는 이야기입니다.

- ♥**사연**(辭 말씀 사, 緣 인연 연): 편지나 말의 내용.

- ♥**가득한:** 감정이나 정서, 생각 따위가 많거나 강한.
  예 동생은 호기심이 **가득한** 눈빛으로 마술을 보고 있었다.

교과서 핵심

○ **다른 사람과 생각이나 느낌을 나누기 위해 글을 읽고 쓸 때 주의해야 할 점**

- 문장을 알맞게 띄어 읽어야 합니다.
- 글자나 낱말을 바르게 써야 합니다.
- 알맞은 목소리 크기로 글을 읽는 것도 중요합니다.
- 생각이나 느낌이 잘 드러나게 문장을 정확하게 써야 합니다.

---

1 글 ㉮에서 정우가 사연을 통해 전한 것은 어떤 마음인지 빈칸에 알맞은 말을 쓰시오.

(   ) 마음

2 방송에서 소개한 사연이 정우가 쓴 내용과 다른 까닭은 무엇이겠습니까? (   )

① 정우가 사실과 다르게 사연을 써서
② 정우가 글씨를 알아보지 못하게 써서
③ 방송 진행자가 문장을 알맞게 띄어 읽지 않아서
④ 방송 진행자가 사연을 큰 목소리로 읽지 않아서
⑤ 방송 진행자가 재미를 위해 정우가 보낸 사연을 바꾸어 읽어서

3 글 ㉯를 참고하며, 띄어 읽어야 하는 부분에 ∨표시를 적고 ㉠, ㉡을 정우의 의도대로 띄어 읽으시오.

(1) ㉠: 강아지가방으로들어가버렸습니다.

(2) ㉡: 강아지가발을저에게내밀었습니다.

중요

4 다른 사람과 생각이나 느낌을 나누기 위해 글을 읽고 쓸 때 주의해야 할 점이 아닌 것을 말한 친구의 이름을 쓰시오.

윤주: 문장을 알맞게 띄어 읽어야 해.
서연: 글자의 모양을 똑바로 써야 해.
민지: 알맞은 목소리 크기로 글을 읽는 것도 중요해.

(   )

지호와 나비

ㄱ오늘은 일요일입니다. 오랜만에 ㄴ날씨가 맑습니다. 하늘은 파랗습니다. 바람은 시원합니다. 공원에는 사람들이 많습니다. 지호는 할아버지, 할머니와 함께 공원을 걷습니다. 지호는 공원에 있는 꽃밭에 도착합니다. 꽃밭에는 ㄷ나비들이 날아다닙니다.

5 "지호야, 나비가 신기하니?"

할아버지께서 말씀하십니다. 지호가 고개를 끄덕입니다. 노란 나비가 파란 하늘로 날아오릅니다. 지호는 나비를 보며 손을 뻗습니다.

"나비도 봄 하늘이 좋은가 봐요!"

지호가 말합니다. 할머니께서는 빙그레 웃으십니다. 봄 햇볕이 따뜻

10 합니다. 지호는 행복합니다.

입을 약간 벌리고 소리없이 부드럽게 웃는 모양.

해가 내리쬐는 기운.

• 글의 특징: 문장의 짜임이 명확히 드러나는 짧은 문장으로 이루어진 글입니다.

교과서 핵심

○ 문장의 짜임

- 누가/무엇이 + 어찌하다
- 누가/무엇이 + 어떠하다
- 누가/무엇이 + 무엇이다

○ '어찌하다'와 '어떠하다'

어찌하다	움직임을 나타냄. 예 걷다, 올라가다
어떠하다	성질이나 상태를 나타냄. 예 많다, 파랗다

---

1 지호가 할아버지, 할머니와 함께 한 일은 무엇인지 빈칸에 알맞은 말을 각각 쓰시오.

• (　　　　)을/를 걷다가 (　　　　)에 도착해서 나비를 보았다.

핵심

2 ㄱ~ㄷ 문장의 짜임을 보기 와 같이 구분하여 쓰시오.

보기

지호가 말합니다.	
지호가	말합니다.
누가	어찌하다

(1) ㄱ:

무엇이	무엇이다

(2) ㄴ:

무엇이	어떠하다

(3) ㄷ:

누가	어찌하다

핵심

3 밑줄 친 낱말을 '어찌하다'와 '어떠하다'로 구분하여 선으로 이으시오.

(1) 하늘은 파랗습니다. •

(2) 할아버지께서 말씀하십니다. •

(3) 지호가 고개를 끄덕입니다. •

(4) 지호는 행복합니다. •

• ① 어찌하다

• ② 어떠하다

4 '어찌하다/어떠하다'에 대한 설명으로 알맞지 <u>않은</u> 것에 ×표를 하시오.

(1) '힘들다'는 상태를 나타내므로 '어떠하다'에 해당하는 낱말이다. (　　　)

(2) '바다가 푸르다.'에는 '어찌하다'에 해당하는 낱말이 사용되었다. (　　　)

(3) '먹다'는 움직임을 나타내는 말이므로 '어찌하다'에 해당하는 낱말이다. (　　　)

교과서 문해력 키우기

1 다음 뜻에 알맞은 낱말을 글자의 첫소리를 참고하여 쓰시오.

(1) 해가 내리쬐는 기운.

→ ㅎ ㅂ ✎ ________________

(2) 고개 따위를 아래위로 가볍게 움직이다.

→ ㄲ ㄷ 이다 ✎ ________________

(3) 그날그날의 비, 구름, 바람, 기온 따위가 나타나는 기상 상태.

→ ㄴ ㅆ ✎ ________________

2 다음 문장에 들어갈 낱말을 보기 에서 찾아 쓰시오.

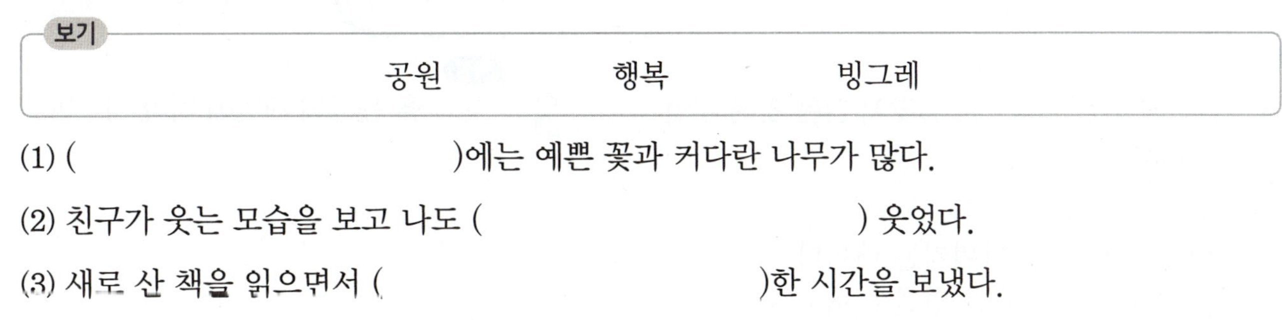

보기

| 공원 | 행복 | 빙그레 |

(1) (________________)에는 예쁜 꽃과 커다란 나무가 많다.

(2) 친구가 웃는 모습을 보고 나도 (________________) 웃었다.

(3) 새로 산 책을 읽으며서 (________________)한 시간을 보냈다.

3 1~2번에 나온 낱말을 활용하여 나만의 문장을 만들어 보시오.

✎ ________________

____

____

소단원 1 〈 문장의 짜임을 생각하며 문장을 바르게 읽고 쓰기

단오

가 우리 조상들은 단오를 매우 중요한 <u>명절</u>로 여겼습니다. 논에 ♥모내기
해마다 일정하게 지키어 즐기거나 기념하는 때.
를 하고 난 뒤 벼가 잘 자라기를 바라는 마음으로 단오를 지냈기 때문입
니다. 단옷날에는 사람들의 건강을 바라는 다양한 ♥풍습이 있습니다.

> **중심 내용** 단오는 우리 조상들이 매우 중요한 명절로 여겼으며, 사람들의 건강을 바라는 다양한 풍습이 있는 명절이다.

나 ㉠단오는 ♥음력 5월 5일입니다. 이때부터 우리나라의 날씨는 점점 더
5 워집니다. ㉡조상들은 더위를 이겨 내려고 부채를 주고받았습니다. ♥창포
를 삶은 물에 머리를 감기도 했습니다. 그러면 나쁜 기운을 없앨 수 있다
어떤 일이 벌어지려고 하는 분위기.
고 믿었습니다.

> **중심 내용** 단옷날에는 더위를 이기려고 부채를 주고받고, 나쁜 기운을 없애려고 창포를 삶은 물에 머리를 감기도 했다.

▲ 모내기

- **글의 종류**: 설명하는 글
- **글의 특징**: 우리나라 명절인 '단오'에 하는 일, 먹는 음식, 놀이 등 여러 가지 풍습을 설명하는 글입니다.

- ♥**모내기**: 못자리에서 따로 기른 모를 본래의 논에 옮겨 심는 일.
- ♥**풍습**(風 바람 풍, 習 익힐 습): 예로부터 내려오는 생활 습관
- ♥**음력**(陰 그늘 음, 曆 책력 력): 달이 지구 둘레를 한 바퀴 도는 데 걸리는 시간을 한 달로 삼아 만든 달력.
- ♥**창포**: 6~7월에 연한 노란색을 띤 녹색 꽃이 피는 식물로, 단오에 창포물을 만들어 머리를 감음.

교과서 핵심

○ **문장의 짜임에 따라 나누어 보기 ①**

단오는	음력 5월 5일입니다.
누가/무엇이	무엇이다

---

1 단오에 대한 설명으로 알맞지 <u>않은</u> 것은 무엇입니까? ( )

① 양력 5월 5일이다.
② 날씨가 점점 더워지는 때이다.
③ 조상들이 중요한 명절로 여겼다.
④ 이날에는 창포를 삶은 물에 머리를 감기도 했다.
⑤ 조상들은 벼가 잘 자라기를 기리며 단오를 지냈다.

2 단옷날에 부채를 주고받는 까닭은 무엇입니까? ( )

① 더위를 잘 이겨 내기 위해서
② 부채를 쌀과 바꿀 수 있어서
③ 벼가 잘 자라기를 바라는 마음에서
④ 나쁜 기운을 없앨 수 있다고 믿어서
⑤ 옛날에는 부채가 귀한 물건이었어서

핵심

3 ㉠, ㉡을 문장의 짜임에 따라 나누어 쓰시오.

(1) ㉠:

누가/무엇이	무엇이다

(2) ㉡:

누가/무엇이	어찌하다

다 단옷날에 먹는 음식으로는 ♥수리취떡과 앵두화채가 있습니다. 수리취떡은 수레바퀴 모양과 닮았습니다. 앵두화채는 수리취떡과 어울리는 음식입니다. ㉠초여름에 잘 익은 앵두는 빨갛습니다. 사람들은 앵두로 시원한 화채를 만들어 먹었습니다. 시원한 앵두화채를 마시며 여름철 피로를 풀었습니다.

이른 여름으로, 주로 음력 4월을 의미함.

중심 내용 단옷날에 먹는 음식으로는 수리취떡과 앵두화채가 있다.

라 우리 조상들은 단옷날에 다양한 놀이도 즐겼습니다. 남자들은 마당에 모여 씨름 대회를 열었습니다. 사람들은 씨름 대회 우승자를 천하장사라고 불렀습니다. 여자들은 그네를 타면서 즐겁게 보냈습니다.

중심 내용 단옷날에 남자들은 씨름 대회를 열었고, 여자들은 그네를 탔다.

마 단옷날 풍습에는 더위를 이겨 내며 몸과 마음을 지키려는 우리 조상들의 지혜가 담겨 있습니다.

중심 내용 단옷날 풍습에는 우리 조상들의 지혜가 담겨 있다.

♥**수리취떡**: 수리취 잎을 넣어서 만든 떡.

교과서 핵심

● 문장의 짜임에 따라 나누어 보기 ②

초여름에 잘 익은 앵두는	빨갛습니다.
누가/무엇이	어떠하다

---

4 단옷날에 먹는 음식으로 알맞은 것을 두 가지 고르시오. (,)

① 떡국   ② 백설기
③ 수리취떡   ④ 수박화채
⑤ 앵두화채

5 단옷날에 조상들이 즐겼던 놀이로 알맞은 것을 두 가지 고르시오. (,)

① 씨름   ② 줄타기
③ 팽이치기   ④ 연날리기
⑤ 그네뛰기

6 단옷날 풍습에는 무엇이 담겨 있다고 하였는지 빈칸에 알맞은 말을 쓰시오.

• 더위를 이겨 내며 몸과 마음을 지키려는 우리 조상들의 (   )이/가 담겨 있다.

핵심

7 ㉠을 문장의 짜임에 따라 나누어 쓰시오.

누가/무엇이	어떠하다

8 이 글에 나온 낱말의 뜻으로 알맞은 것을 찾아 선으로 이으시오.

(1) 명절 • • ① 어떤 일이 벌어지려고 하는 분위기.

(2) 기운 • • ② 이른 여름을 말하며, 주로 음력 4월임.

(3) 초여름 • • ③ 해마다 일정하게 지키어 즐기거나 기념하는 때.

● 조상들의 풍습을 보고 문장으로 표현하기

가 · 결혼식

나 · 광대 줄타기

다 · 연날리기

• **그림 설명**: 혼례식, 연날리기, 줄타기, 그네뛰기, 널뛰기 등 우리 조상들의 풍습이 나타나 있습니다.

교과서 핵심

○ 그림의 내용을 문장으로 표현하기 ①

	누가/무엇이	어찌하다
가	신랑과 신부가	마주 보고 있습니다.
	누가/무엇이	어떠하다
나	줄이	매우 높습니다.
	누가/무엇이	어떠하다
다	아이들 옷 색깔이	다양합니다.

9 그림 가~다에 나타난 우리 조상들의 풍습을 알맞게 선으로 이으시오.

(1) 가 •　　　• ① 줄타기

(2) 나 •　　　• ② 혼례식

(3) 다 •　　　• ③ 연날리기

핵심

10 그림 나의 내용을 '누가/무엇이 + 어떠하다'의 짜임으로 표현한 것에 ○표를 하시오.

(1) 줄이 매우 높습니다.　　　　(　)

(2) 아저씨가 장구를 칩니다.　　(　)

(3) 세 사람이 피리를 붑니다.　　(　)

11 그림 다의 내용을 문장의 짜임에 따라 나누어 쓰시오.

(1)

사람들이	
누가/무엇이	어찌하다

(2)

가운데에 있는 사람의 옷이	
누가/무엇이	어떠하다

교과서 핵심

● **그림의 내용을 문장으로 표현하기 ②**

	누가/무엇이	무엇이다
라	그네를 타는 사람은	여자입니다.
	누가/무엇이	어떠하다
마	널뛰기를 구경하는 사람이	많습니다.

12 그림 **라**의 내용을 알 수 있는 문장이 되도록 알맞은 것끼리 선으로 이으시오.

(1) 그네를 타는 사람은 ・ ・① 빨갛습니다.

(2) 그네 타는 사람의 치마가 ・ ・② 여자입니다.

13 다음은 그림 **마**의 내용을 쓴 문장입니다. 이 중 문장의 짜임에 맞지 않게 쓰인 것의 기호를 쓰시오.

> ㉠ 여자들이 널뛰기를 합니다.
> ㉡ 널빤지 가운데에 사람이 빨갛습니다.
> ㉢ 널뛰기를 구경하는 사람이 많습니다.

(   )

핵심 **역량**

14 그림 **가~마** 중 하나를 선택해 **보기**와 같이 그림과 관련된 짧은 글을 쓰시오.

보기

그림	글
다	아이들 옷 색깔이 다양합니다.

(1) 그림	(2) 글

1 다음 뜻에 알맞은 낱말을 글자의 첫소리를 참고하여 쓰시오.

(1) 못자리에서 따로 기른 모를 본래의 논에 옮겨 심는 일.

→ ㅁ ㄴ ㄱ

(2) 달이 지구 둘레를 한 바퀴 도는 데 걸리는 시간을 한 달로 삼아 만든 달력.

→ ㅇ ㄹ

(3) 6~7월에 연한 노란색을 띤 녹색 꽃이 피는 식물로, 단오에 창포물을 만들어 머리를 감음.

→ ㅊ ㅍ

2 다음 문장에 들어갈 낱말을 보기 에서 찾아 쓰시오.

보기		
기운	풍습	피로

(1) 하루 종일 뛰어놀았더니 ( )이/가 쌓였다.

(2) 설날에는 어른들께 세배를 올리는 ( )이/가 있다.

(3) 이른 아침에 밖에 나가니 고요한 ( )이/가 나를 감쌌다.

3 1~2번에 나온 낱말을 활용하여 나만의 문장을 만들어 보시오.

발표 예절

❶ 우리는 학교에서 발표를 합니다. 발표는 자신의 생각을 말하는 활동입니다. 발표하는 사람과 듣는 사람 모두 ♥예절을 지켜야 합니다. 발표할 때 지켜야 하는 예절에는 무엇이 있을까요?

중심 내용 발표하는 사람과 듣는 사람 모두 예절을 지켜야 한다.

5 ❷ 첫째, 발표하는 사람은 ♥진지한 태도로 말해야 합니다. 자신이 발표할 내용이 질문에 알맞은 것인지 꼼꼼하게 살펴본 뒤에 발표합니다. 또한 다른 사람들이 잘 알아들을 수 있도록 또박또박 자신 있게 말해야 합니다.

중심 내용 발표하는 사람은 진지한 태도로 말해야 한다.

10 ❸ 둘째, 발표하는 사람은 ♥차례를 지켜 말해야 합니다. 하고 싶은 말이 있어도 친구 말이 다 끝날 때까지 기다립니다. 그리고 자신의 차례가 되었을 때 발표합니다. 차례차례 발표하면 우리 모두 공평하게 말할 수 있습니다.

중심 내용 발표하는 사람은 차례를 지켜 말해야 한다.

문해력 팡팡

♥**예절**(禮 예도 례, 節 마디 절): 다른 사람을 존중하는 바르고 공손한 태도나 행동을 뜻하는 말입니다. '禮(례)'는 '예의', '존경'이라는 뜻이고, '節(절)'은 '규칙', '규범'이라는 뜻입니다.

- **글의 종류**: 주장하는 글
- **글의 특징**: 발표할 때 지켜야 하는 예절이 무엇인지 알 수 있습니다.
- ♥**진지**(眞 참 진, 摯 잡을 지)**한**: 마음 쓰는 태도나 행동 따위가 참되고 착실한.
- ♥**차례**(次 버금 차, 例 법식 례): 어떤 일을 하거나 어떤 일이 일어나는 순서.

교과서 핵심

○ **발표할 때 지켜야 하는 예절**
- 진지한 태도로 말한다.
- 차례를 지켜 말한다.

---

1 발표는 어떤 활동인지 알맞게 설명한 것은 무엇입니까? ( )

① 자신의 생각을 말하는 활동입니다.
② 자신의 생각을 기억하는 활동입니다.
③ 자신의 생각을 글로 쓰는 활동입니다.
④ 다른 친구의 생각을 듣는 활동입니다.
⑤ 다른 친구의 생각을 그림으로 표현하는 활동입니다.

2 진지하게 발표하는 태도로 알맞은 것을 모두 골라 ○표를 하시오.

(1) 또박또박 자신 있게 말한다. ( )
(2) 듣는 사람들이 재미있어할 표정과 몸짓으로 말한다. ( )
(3) 발표할 내용이 질문에 알맞은지 꼼꼼하게 살펴본 뒤에 발표한다. ( )

3 차례를 지켜 발표하면 좋은 점은 무엇입니까? ( )

① 발표를 빨리 끝낼 수 있다.
② 모두 공평하게 말할 수 있다.
③ 발표할 내용을 빼놓지 않고 말할 수 있다.
④ 하고 싶은 말이 있을 때 바로 말할 수 있다.
⑤ 자신의 차례가 올 때까지 마음 편하게 쉴 수 있다.

서술형

4 보기 는 문장의 짜임에 따라 문장을 어느 부분에서 띄어 읽은 것인지 쓰시오.

> **보기**
>
> 우리는∨학교에서 발표를 합니다.

❹ 셋째, 듣는 사람은 발표하는 친구를 ♥존중해야 합니다. 친구가 말하는 동안 다른 행동이나 딴생각을 하지 않습니다. 우리는 가끔 친구 말을 이해하지 못하기도 합니다. 그때에는 발표한 친구의 5 기분을 ㉠생각하며 예의 바르게 ㉡궁금한 점을 ㉢질문합니다.

> 중심 내용 듣는 사람은 발표하는 친구를 존중해야 한다.

❺ 우리 모두 발표 예절을 잘 지켜야 합니다. 서로서로 배려하며 말하는 친구와 듣는 친구들 모두 ♥만족하는 발표를 합시다.

> 중심 내용 발표 예절을 잘 지켜서 모두 만족하는 발표를 하자.

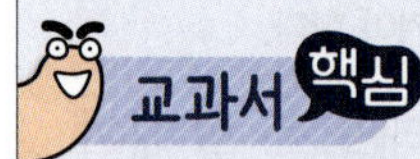

문해력 팡팡

♥**만족**(滿 찰 만, 足 발 족): 마음에 조금도 모자람이 없을 정도로 넉넉하여 흐뭇하고 좋은 느낌을 뜻하는 말입니다. '足(족)'에는 '넉넉하다'라는 뜻이 있습니다.

♥**존중**(尊 높을 존, 重 무거울 중)**해야**: 높이어 귀하고 중요하게 대해야.

교과서 핵심

○ **발표할 때 지켜야 하는 예절**
- 발표를 듣는 사람은 발표하는 친구를 존중해야 한다.

○ **글을 유창하게 소리 내어 읽는 방법**
- '누가/무엇이' 다음에 조금 띄어 읽는다.
- 문장과 문장 사이는 조금 더 길게 띄어 읽는다.
- 문장 부호 뒤에서는 조금 더 길게 띄어 읽는다.

---

5 발표하는 친구를 존중하려면 어떤 자세로 발표를 들어야 하는지 알맞은 것을 두 가지 고르시오. (,)

① 친구가 발표하는 내용을 모두 받아 적으면서 듣는다.
② 친구의 말을 이해하지 못하더라도 다 알아들은 척한다.
③ 친구가 말하는 동안 다른 행동이나 생각을 하지 않는다.
④ 궁금한 부분이 있을 때에는 예의 바르게 질문하고 듣는다.
⑤ 발표한 친구의 기분을 생각하여 계속 웃는 표정을 유지하고 듣는다.

6 모두가 만족하는 발표를 하기 위해서는 어떻게 해야 하는지 빈칸에 알맞은 말을 각각 쓰시오.

- 발표 ( )을/를 잘 지키고, 서로 ( )해야 한다.

7 ㉠~㉢과 뜻이 비슷한 말을 찾아 ○표를 하시오.

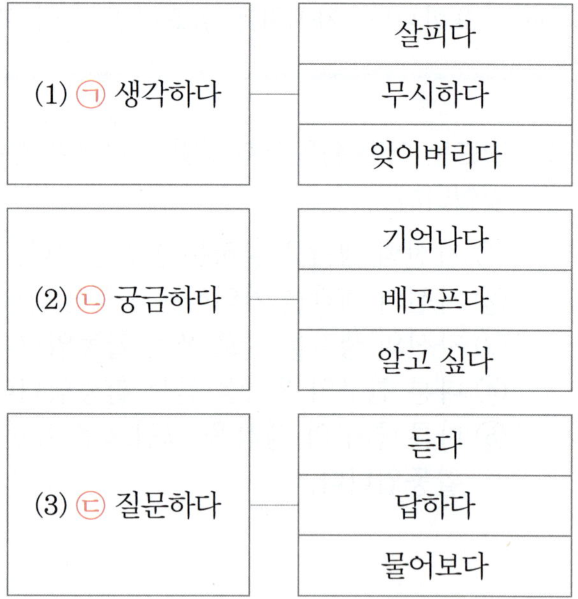

(1) ㉠ 생각하다	살피다
	무시하다
	잊어버리다

(2) ㉡ 궁금하다	기억나다
	배고프다
	알고 싶다

(3) ㉢ 질문하다	듣다
	답하다
	물어보다

핵심

8 글을 유창하게 소리 내어 읽으려면 어떻게 해야 하는지 빈칸에 알맞은 말을 쓰시오.

- 문장 부호 뒤에서는 조금 더 ( ) 띄어 읽는다.

교과서 문해력 키우기

1 다음 뜻에 알맞은 낱말을 글자의 첫소리를 참고하여 쓰시오.

(1) 어떤 일을 하거나 어떤 일이 일어나는 순서.

→ ㅊ ㄹ

(2) 마음 쓰는 태도나 행동 따위가 참되고 착실하다.

→ ㅈ ㅈ 하다

(3) 다른 사람을 존중하는 바르고 공손한 태도나 행동.

→ ㅇ ㅈ

2 다음 문장에 들어갈 낱말을 보기 에서 찾아 쓰시오.

보기

| 존중하는 | 만족하는 | 진지하게 |

(1) 다른 사람의 다름을 (   ) 자세가 필요하다.

(2) 친구가 고민을 이야기할 때 나는 (   ) 들어 줬다.

(3) 어제 본 시험의 점수가 좋아서 (   ) 마음으로 집에 갔다.

3 1~2번에 나온 낱말을 활용하여 나만의 문장을 만들어 보시오.

하나 둘 셋 찰칵! 김치, 치즈, 카프카

선현경

❶ 오늘은 토요일. 할아버지와 외출하는 날이에요. 할아버지는 여행을 좋아해요. 밤마다 세계여행을 꿈꾸며 잠이 드신대요. 하지만 건강이 좋지 않아 긴 여행은 할 수가 없어요.

5 그래서 우린 계획을 하나 세웠어요. 토요일마다 할아버지와 함께 동네 여행을 하기로 말이에요. 우리 동네에는 세계 여러 나라 친구들이 살고 있거든요. 우리만의 세계여행인 셈이죠. 기념사진도 꼭 찍을 거예요.

중심 내용 건강이 좋지 않아 긴 여행을 할 수 없는 할아버지를 위해 **토요일마다 할아버지와 함께 동네 여행을 하기로 계획을 세웠다.**

10 ❷ 하나 둘 셋 "치즈!"

여행을 시작하는 ♥기념으로 첫 사진을 찍어요. 치즈는 웃음 주문 같아요.

"치즈!" 하면 입안에 침이 스르륵 고이면서 나도 모르게 웃게 되죠.

할아버지가 그러는데 여행은 떠나기 전 ♥설레는 기분부터 시작이래요. 그러니까 할아버지의 세계여행은 어제부터 시작된 거예요. 새 친구들을 만 5 날 생각에 어제부터 두근거렸기 때문이죠.

중심 내용 주인공 가족은 여행을 시작하는 기념으로 첫 사진을 찍었다.

- **글의 종류**: 이야기
- **글의 내용**: 건강이 좋지 않아서 긴 여행을 가지 못하는 할아버지를 위해 특별한 '동네 세계여행'을 하는 가족의 이야기입니다.

♥**기념**(紀 벼리 기, 念 생각 념): 어떤 뜻깊은 일이나 훌륭한 인물 등을 오래도록 잊지 아니하고 마음에 간직함.
예 아버지는 새로 이사 온 **기념**으로 이웃들에게 떡을 돌리셨습니다.

♥**설레는**: 마음이 가라앉지 아니하고 들떠서 두근거리는.

---

1 할아버지가 여행을 할 수 없게 된 까닭은 무엇인지 빈칸에 알맞은 말을 쓰시오.

- ( )이/가 좋지 않으셔서

2 세계여행을 꿈꾸는 할아버지를 위해 우리 가족이 세운 계획은 무엇입니까? ( )

① 세계 여러 나라의 말을 배우는 것
② 할아버지를 모시고 세계여행을 떠나는 것
③ 토요일마다 세계 각국에서 찍은 영화를 보는 것
④ 세계여행을 다녀온 사람들의 이야기를 함께 들어 보는 것
⑤ 세계 여러 나라에서 온 이웃들을 만나며 우리만의 세계여행을 하는 것

3 주인공 가족이 여행을 시작하는 기념으로 첫 사진을 찍으면서 외친 말을 찾아 <u>두 글자로</u> 쓰시오.

( )

4 글쓴이가 할아버지의 세계여행이 어제부터 시작되었다고 말한 까닭을 고르시오. ( )

① 할아버지가 어제부터 여행을 하셔서
② 어제 여행을 기념하는 사진을 찍어서
③ 새 친구들을 만날 생각에 어제부터 두근거렸어서
④ 어제부터 인터넷으로 여행지에 대해 검색하기 시작해서
⑤ 어제부터 여행을 시작하려고 했다가 날짜를 미룬 것이어서

❸ 첫 여행지는 중국. ㉠나랑 가장 친한 친구 아린 다네 집이에요.

중국에서는 사진을 찍을 때 "치에즈!"

치즈랑 발음은 비슷하지만 뜻은 달라요. 중국 말
5 로 가지라는 뜻이래요.

아린다의 동생 샤오준은 우릴 위해 ♥쿵후를 연 습했대요. 넘어져 울긴 했지만 말이죠.

샤오준은 잘 넘어져 무릎에 항상 반창고가 붙어 있어요.

중심 내용 첫 여행지는 중국에서 온 친구네 집이었고, 중국에서는 사진을 찍을 때 "치에즈!"라고 한다.

10 ❹ 엄마의 친구 도미니끄 아저씨의 헤어 살롱이에 요. 도미니끄 아저씨는 우리 동네 최고의 이발사 예요.

㉡아저씨는 프랑스에서 태어났대요.

프랑스에서는 사진을 찍을 때 ㉢"위스띠띠!"

15 프랑스 말로 비단원숭이라는 뜻이래요.

㉣왜 하필 원숭이냐고요?

"위스띠띠!"라고 말할 때 입이 예쁘게 벌어지기 때문이에요.

중심 내용 두 번째 여행지는 프랑스에서 태어난 아저씨의 헤어 살롱이었고, 프랑스에서는 사진을 찍을 때 "위스띠띠!"라고 한다.

♥쿵후: 무기 없이 부드러운 동작으로 손과 발을 이용하여 공격하는 중국식 운동.

교과서 핵심

○ **이야기를 실감 나게 읽기** 예
- "나랑 가장 친한 친구 아린다네 집이에요."에서 '가장'은 강조하 듯이 읽습니다.
- "치에즈!"와 "위스띠띠!"는 사진을 찍을 때 말하는 것처럼 읽습니다.
- "아저씨는 프랑스에서 태어났대요."는 뜻이 잘 전달되도록 또박 또박 읽습니다.
- "왜 하필 원숭이냐고요?"는 물어볼 때처럼 읽습니다.

---

5 중국에서 사진을 찍을 때 하는 말의 뜻은 무 엇인지 쓰시오.

(   )

6 프랑스에서 사진을 찍을 때 "위스띠띠!"라고 외치는 까닭은 무엇입니까? (   )
① 프랑스 사람들이 비단원숭이를 좋아해서
② "위스띠띠!"라고 말하면 기분이 좋아져서
③ "위스띠띠!"라는 말이 사진과 관련이 있 어서
④ "위스띠띠!"라고 말할 때 입이 예쁘게 벌 어져서
⑤ "위스띠띠!"가 프랑스 사람들이 자주 하 는 말이어서

핵심

7 ㉠~㉣을 실감 나게 읽는 방법을 찾아 선으 로 이으시오.

(1) ㉠ •   • ① '가장'을 강조하 듯이 읽는다.

(2) ㉡ •   • ② 뜻이 잘 전달되 도록 또박또박 읽 는다.

(3) ㉢ •   • ③ 물음표의 역할 을 생각하여 물어 볼 때처럼 읽는다.

(4) ㉣ •   • ④ 큰따옴표를 사 용한 까닭을 생각 하며 말하듯이 읽 는다.

❺ 하와이에 살고 있는 우디 삼촌과 라니 숙모가 우리 집에 왔어요. 우리들의 세계여행 계획을 듣고 하와이안 ♥의상을 가져왔죠.

하와이에서는 사진을 찍을 때 다 함께 "샤카!"라고 외치며 '샤카'라고 하는 손 인사를 한대요.

샤카란 '걱정은 잊고 ♥느긋한 하루를 보내라'는 인사래요.

우리는 숙모에게 훌라 춤을 배우며 샤카로 인사를 건넸어요.

중심 내용 하와이에서는 사진을 찍을 때 "샤카!"라고 외치며 '샤카'라고 하는 손 인사를 한다.

❻ 친구 사가네 집이에요. 사가의 엄마 안느 아줌마는 핀란드에서 왔어요.

핀란드에서는 사진을 찍을 때 무조건 "무이꾸!" 무이꾸는 핀란드 사람들이 즐겨 먹는 생선이래요.

안느 아줌마는 산타클로스랑도 "무이꾸!"라고 하면서 사진을 찍었대요. 핀란드에는 산타 마을이 있어 산타를 만날 수 있다고 했죠. 거긴 밤에도 해가 지지 않는 ♥백야라는 밤도 있대요.

중심 내용 핀란드에서는 사진을 찍을 때 무조건 "무이꾸!"라고 한다.

❼ 일본에서 온 사오리 언니네 집이에요.

일본에서는 사진을 찍을 때 "니이!"

일본 말로 숫자 2라는 뜻이래요.

"니이!" 하면 입이 옆으로 벌어져 자연스럽게 웃는 표정이 돼요.

사오리 언니네 집 앞은 우리 동네 길고양이 식당이에요. 우린 같이 길고양이 음식을 갖다주는 사이예요.

중심 내용 일본에서는 사진을 찍을 때 "니이!"라고 한다.

문해력 팡팡

♥백야(白 흰 백, 夜 밤 야): 해가 지지 않아 밤에 어두워지지 않는 현상을 말합니다. 주로 여름철에 극지방에서 해가 지지 않고 계속 밝은 밤을 가리킵니다. 여기서 '白(백)'은 '흰색'이라는 뜻도 있지만 '밝다'를 의미하기도 합니다.

♥의상(衣 옷 의, 裳 치마 상): 겉에 입는 옷.

♥느긋한: 마음에 조금도 모자람이 없을 정도로 만족스러워 여유가 있고 넉넉한. 예 오늘은 밖에 나가서 놀지 않고 집에서 느긋한 하루를 보내기로 했습니다.

---

8 문단 ❺에서 주인공 가족이 경험한 일을 보기에서 두 가지 골라 기호를 쓰시오.

보기
㉠ 샤카로 인사를 건넸다.
㉡ 숙모에게 훌라 춤을 배웠다.
㉢ 하와이에 사는 숙모의 집에 갔다.
㉣ 하와이에서 유명한 음식을 먹었다.

(,   )

9 하와이에서 사진 찍을 때 하는 손 인사인 '샤카'의 뜻으로 알맞은 것에 ○표를 하시오.

(1) 훌라 춤을 뜻한다. (   )
(2) 슬퍼하지 말고 도전하라는 뜻이다. (   )
(3) 걱정은 잊고 느긋한 하루를 보내라는 뜻이다. (   )

10 핀란드와 일본에서 사진 찍을 때 하는 말을 찾아 선으로 이으시오.

(1) 핀란드 •　　•① 니이!

(2) 일본 •　　•② 무이꾸!

11 일본에서 사진을 찍을 때 하는 말에 대한 설명으로 알맞은 것을 두 가지 고르시오.

(,   )

① 숫자 2를 뜻한다.
② 발음할 때 웃는 표정이 된다.
③ 사진을 찍을 때만 하는 말이다.
④ 발음할 때 입이 동그란 모양이 된다.
⑤ 요즘에는 잘 사용하지 않는 표현이다.

❽ 오늘은 여행 마지막 날이에요.

이제 날이 쌀쌀해져 할아버지와 함께 여행하기 힘들거든요.

그동안 우리의 세계여행을 도와준 친구들이 모두 모였어요.

우리나라에서는 사진을 찍을 때 "김치!"

우린 다 함께 사진도 찍고, 맛있는 음식도 먹었어요.

할아버지는 세계 여러 나라 친구들이 생겨 ♥든든하대요. 친구가 생기는 건 아는 별이 생기는 거래요. 사람은 누구나 자기의 별이 있는데 그 별에서 왔다가 다시 그 별로 돌아간다고 했죠.

중심 내용 여행 마지막 날, 그동안 세계여행을 도와준 친구들이 모두 모여 "김치!" 하고 사진을 찍고 맛있는 음식도 먹었다.

❾ 할아버지는 이제 할아버지의 별로 떠났어요. 우리는 할아버지가 보고 싶을 때마다 할아버지와 함께 찍은 여행 사진을 봐요. 그래도 보고 싶으면 하늘을 보죠. 밤하늘 어딘가에서 할아버지의 별이 웃고 있거든요.

중심 내용 할아버지는 할아버지의 별로 떠나셨다.

❿ 카프카는 우리 집 고양이 이름이에요.

떠올리기만 해도 저절로 웃게 되는 이름이죠. 그래서 우리 집에서는 사진을 찍을 때 "카프카!"를 외쳐요.

할아버지도 별에서 "카프카!"를 외치고 있을까요?

중심 내용 우리 집에서는 사진을 찍을 때 "카프카!"를 외친다.

♥**든든하대요**: 어떤 것에 대한 믿음으로 마음이 허전하거나 두렵지 않고 굳세대요.

교과서 핵심

● **이야기를 실감 나게 읽기** 예

- "오늘은 여행 마지막 날이에요."는 서운한 목소리와 말투로 읽고, "그동안 우리의 세계여행을 도와준 친구들이 모두 모였어요."는 활기찬 목소리와 말투로 읽습니다.
- "김치!"와 "카프카!"는 느낌표(!)의 느낌을 살려 읽습니다.

---

12 여행 마지막 날에는 무엇이라고 외치며 사진을 찍었는지 이 글에서 찾아 두 글자로 쓰시오.

(   )

핵심

13 문단 ❿의 장면을 실감 나게 읽은 친구의 이름을 쓰시오.

> 유나: "카프카!"를 느낌표의 느낌을 살려 읽었어.
> 정훈: 목소리와 말투에 변화를 주지 않고 덤덤하게 읽었어.

(   )

14 주인공 가족이 사진을 찍을 때 "카프카!"를 외치는 까닭은 무엇입니까? (   )

① 주인공 가족만 아는 말이어서
② 카프카를 떠올리면 웃음이 나와서
③ "카프카!"를 외치면 사진이 잘 나와서
④ "카프카!"를 외치면 고양이가 좋아해서
⑤ 할아버지도 별에서 "카프카!"를 외치고 있어서

역량 **서술형**

15 사진을 찍을 때 외치는 말을 하나 만들어 보고, 그렇게 만든 까닭을 쓰시오.

사진을 찍을 때 외치는 말	(1)
그렇게 만든 까닭	(2)

문해력 키우기

1 다음 뜻에 알맞은 낱말을 글자의 첫소리를 참고하여 쓰시오.

(1) 겉에 입는 옷.

→ | ㅇ | ㅅ |

(2) 해가 지지 않아 밤에 어두워지지 않는 현상.

→ | ㅂ | ㅇ |

(3) 어떤 뜻깊은 일이나 훌륭한 인물 등을 오래도록 잊지 아니하고 마음에 간직함.

→ | ㄱ | ㄴ |

2 다음 문장에 들어갈 낱말을 보기 에서 찾아 쓰시오.

> 보기
>
> 설레어　　　　든든한　　　　느긋하게

(1) 어머니는 늘 나를 응원해 주시며 (　　　　　　　　) 버팀목이 되어 주었다.

(2) 내일 놀이공원으로 소풍을 갈 생각에 마음이 (　　　　　　　　) 잠이 오지 않았다.

(3) 내일은 일요일이니까 늦잠도 자고 영화도 보면서 (　　　　　　　　) 휴일을 보내야겠다.

3 1～2번에 나온 낱말을 활용하여 나만의 문장을 만들어 보시오.

핵심

1 문장의 짜임에 맞게 쓴 문장이 <u>아닌</u> 것은 무엇입니까? ( )

① 나비가 날아갑니다.
② 지호는 학생입니다.
③ 창포물은 노랗습니다.
④ 모자가 바람에 날아갑니다.
⑤ 잘 익은 앵두는 뛰었습니다.

2 문장의 짜임을 생각하며 다음 문장을 나누어 쓰시오.

고양이가 귀엽다.

(1)	(2)
누가/무엇이	어떠하다

내 친구는 그림을 그린다.

(3)	(4)
누가/무엇이	어찌하다

노란 옷을 입은 사람이 내 동생이다.

(5)	(6)
누가/무엇이	무엇이다

3 다음 문장에서 알맞은 말에 ○표를 하시오.

(1) 도서관에서 큰 소리로 말하면
(안 , 않) 됩니다.
(2) 물이 깊은 곳에 들어가지
(안아야 , 않아야) 합니다.

4 다음 낱말의 뜻을 찾아 선으로 이으시오.

(1) 노르스레하다 • • ① 조금 붉다.

(2) 거무스레하다 • • ② 조금 푸르다.

(3) 불그스레하다 • • ③ 조금 노르다.

(4) 푸르스레하다 • • ④ 빛깔이 조금 검은 듯하다.

5 다음 대화를 보고 파란색 낱말과 뜻이 비슷한 낱말을 4번 문제에서 찾아 쓰시오.

아빠: 참외가 <u>노르스름하게</u> 익었구나.
세미: 참외가 잘 익은 것 같아요.

(   )

단원 평가

1 다른 사람과 생각이나 느낌을 나누기 위해 글을 읽고 쓸 때 주의해야 할 점으로 알맞지 <u>않</u>은 것은 무엇입니까? ( )

① 글자나 낱말을 바르게 쓴다.
② 문장을 알맞게 띄어 읽는다.
③ 글자를 하나하나 끊어 읽는다.
④ 알맞은 목소리 크기로 글을 읽는다.
⑤ 생각이나 느낌이 잘 드러나게 문장을 정확하게 쓴다.

2~3 글을 읽고, 물음에 답하시오.

> ㉠오늘은 일요일입니다. ㉡오랜만에 날씨가 맑습니다. ㉢하늘은 파랗습니다. 바람은 시원합니다. 공원에는 사람들이 많습니다. ㉣지호는 할아버지, 할머니와 함께 공원을 걷습니다. ㉤지호는 공원에 있는 꽃밭에 도착합니다.

2 지호가 할아버지, 할머니와 함께 걸은 곳은 어디인지 쓰시오.

( )

중요

3 ㉠~㉤을 문장의 짜임에 따라 구분해 기호를 쓰시오.

누가/무엇이 + 어찌하다	(1)
누가/무엇이 + 어떠하다	(2)
누가/무엇이 + 무엇이다	(3)

4 '어찌하다'와 '어떠하다'를 나타내는 낱말이 알맞게 짝 지어진 것은 무엇입니까? ( )

	어찌하다	어떠하다
①	맑다	시원하다
②	뻗다	행복하다
③	푸르다	일어나다
④	따뜻하다	웃다
⑤	날아다니다	먹다

중요

5 '어찌하다'와 '어떠하다'를 알맞게 이해한 친구의 이름을 쓰시오.

> 민주: '푸르다'는 상태를 나타내니까 '어찌하다'에 해당하는 낱말이야.
> 윤이: '착하다'는 성질을 나타내니까 '어떠하다'에 해당하는 낱말이야.

( )

6~7 글을 읽고, 물음에 답하시오.

> 단오는 음력 5월 5일입니다. 이때부터 우리나라의 날씨는 점점 더워집니다. ㉠조상들은 더위를 이겨 내려고 부채를 주고받았습니다. 창포를 삶은 물에 머리를 감기도 했습니다. 그러면 나쁜 기운을 없앨 수 있다고 믿었습니다.

6 단오와 관련된 내용으로 알맞지 <u>않</u>은 것은 무엇입니까? ( )

① 음력으로 5월 5일이다.
② 조상들은 단옷날 부채를 주고받았다.
③ 단옷날은 우리나라의 날씨가 점점 더워질 때쯤이다.
④ 조상들은 단옷날 창포를 삶은 물에 머리를 감기도 했다.
⑤ 조상들은 단옷날 나쁜 기운을 없애기 위해 제사를 지냈다.

7 ㉠을 문장의 짜임에 따라 나누어 쓰시오.

(1)	(2)
누가/무엇이	어찌하다

8~9 글을 읽고, 물음에 답하시오.

> 단옷날에 먹는 음식으로는 수리취떡과 앵두화채가 있습니다. 수리취떡은 수레바퀴 모양과 닮았습니다. 앵두화채는 수리취떡과 어울리는 음식입니다. 초여름에 잘 익은 앵두는 빨갛습니다. 사람들은 앵두로 시원한 화채를 만들어 먹었습니다. 시원한 앵두화채를 마시며 여름철 피로를 풀었습니다.

8 이 글에서 설명하는 것은 무엇인지 빈칸에 알맞은 말을 쓰시오.

• 단옷날에 먹는 (   )

실력 UP

9 문장의 짜임에 따라 '누가/무엇이'와 '어찌하다/어떠하다/무엇이다'를 ∨표시로 나누었습니다. 이 중 알맞지 <u>않은</u> 것은 무엇입니까?

(   )

① 단옷날에 먹는 음식으로는∨수리취떡과 앵두화채가 있습니다.
② 수리취떡은∨수레바퀴 모양과 닮았습니다.
③ 앵두화채는∨수리취떡과 어울리는 음식입니다.
④ 초여름에 잘 익은∨앵두는 빨갛습니다.
⑤ 사람들은∨앵두로 시원한 화채를 만들어 먹었습니다.

서술형

10 다음 그림을 보고, 그림의 내용을 문장으로 쓰시오.

____

____

11~13 글을 읽고, 물음에 답하시오.

> ㉠발표할 때 지켜야 할 예절에는 무엇이 있을까요? / 첫째, 발표하는 사람은 진지한 태도로 말해야 합니다. 자신이 발표할 내용이 질문에 알맞은 것인지 꼼꼼하게 살펴본 뒤에 발표합니다. 또한 다른 사람들이 잘 알아들을 수 있도록 또박또박 자신 있게 말해야 합니다.
>
> 둘째, 발표하는 사람은 차례를 지켜 말해야 합니다. 하고 싶은 말이 있어도 친구 말이 다 끝날 때까지 기다립니다. 그리고 자신의 차례가 되었을 때 발표합니다. 차례차례 발표하면 우리 모두 공평하게 말할 수 있습니다.

11 이 글에서 알 수 있는 글쓴이의 생각을 **보기** 에서 두 가지 골라 기호를 쓰시오.

> **보기**
> ㉠ 발표 내용을 모두 이해해야 한다.
> ㉡ 진지한 태도로 발표해야 한다.
> ㉢ 발표할 때 자신의 생각을 말해야 한다.
> ㉣ 발표하는 사람은 차례를 지켜 말해야 한다.

(,   )

12 발표할 때 또박또박 말해야 하는 까닭은 무엇입니까? (   )

① 발표를 천천히 하기 위해
② 준비한 내용을 빼먹지 않기 위해
③ 질문에 알맞은 내용을 발표하기 위해
④ 모두 말할 기회를 공평하게 얻기 위해
⑤ 다른 사람들이 잘 알아들을 수 있도록 하기 위해

중요

13 문장의 짜임을 생각하며 ㉠에서 띄어 읽을 부분에 ∨표시를 하시오.

> 발표할 때 지켜야 할 예절에는 무엇이 있을까요?

단원 평가

14~16 글을 읽고, 물음에 답하시오.

가 첫 여행지는 중국. 나랑 가장 친한 친구 아린다네 집이에요.
　중국에서는 사진을 찍을 때 "치에즈!"
　치즈랑 발음은 비슷하지만 뜻은 달라요.
나 하와이에서는 사진을 찍을 때 다 함께 "샤카!"라고 외치며 '샤카'라고 하는 손 인사를 한대요. / 샤카란 '걱정은 잊고 느긋한 하루를 보내라'는 인사래요.
다 핀란드에서는 사진을 찍을 때 무조건 "무이꾸!" / 무이꾸는 핀란드 사람들이 즐겨 먹는 생선이래요.

14 각 나라에서 사진을 찍을 때 외치는 말을 찾아 선으로 이으시오.

(1) 중국 ・　　・① 샤카

(2) 하와이 ・　　・② 치에즈

(3) 핀란드 ・　　・③ 무이꾸

15 하와이에서 하는 손 인사에 담긴 뜻은 무엇인지 빈칸에 알맞은 말을 각각 쓰시오

・(1) (　　　　)은/는 잊고
　(2) (　　　　) 하루를 보내라.

중요
16 이 이야기를 실감 나게 읽은 친구의 이름을 쓰시오.

동주: "무이꾸!"는 사진을 찍을 때 말하는 것처럼 읽었어.
무영: '치즈랑 발음은 비슷하지만 뜻은 달라요.'는 물어볼 때처럼 읽었어.
나래: '나랑 가장 친한 친구 아린다네 집이에요.'에서 '가장'을 작은 소리로 읽었어.

(　　　　　　　　　　)

17~18 글을 읽고, 물음에 답하시오.

　그동안 우리의 세계여행을 도와준 친구들이 모두 모였어요.
　우리나라에서는 사진을 찍을 때 "김치!" / 우린 다 함께 사진도 찍고, 맛있는 음식도 먹었어요.
　할아버지는 세계 여러 나라 친구들이 생겨 든든하대요. 친구가 생기는 건 아는 별이 생기는 거래요. 사람은 누구나 자기의 별이 있는데 그 별에서 왔다가 다시 그 별로 돌아간다고 했죠.

17 할아버지는 친구가 생기는 것을 무엇이라고 이야기하셨습니까? (　　　)

① 함께 여행을 하는 것이다.
② 아는 별이 생기는 것이다.
③ 돌아갈 별이 많아지는 것이다.
④ 생각만 해도 행복해지는 것이다.
⑤ 자기의 별을 친구에게 주는 것이다.

서술형
18 이 글에 등장하는 할아버지에 대한 나의 생각은 어떠한지 쓰시오.

____

____

19 문장의 짜임에 맞지 **않는** 문장에 ×표를 하시오.
(1) 나비가 날아갑니다.　　　(　　　)
(2) 창포물은 노랗습니다.　　　(　　　)
(3) 잘 익은 앵두는 뛰었습니다.　　　(　　　)

20 빈칸에 들어갈 낱말로 알맞은 것을 **보기** 에서 골라 쓰시오.

보기
안　　않

・도서관에서 큰 소리로 말하면
(　　　　) 됩니다.

3

짜임새 있는 글, 재미와 감동이 있는 글

무엇을 배울까요?

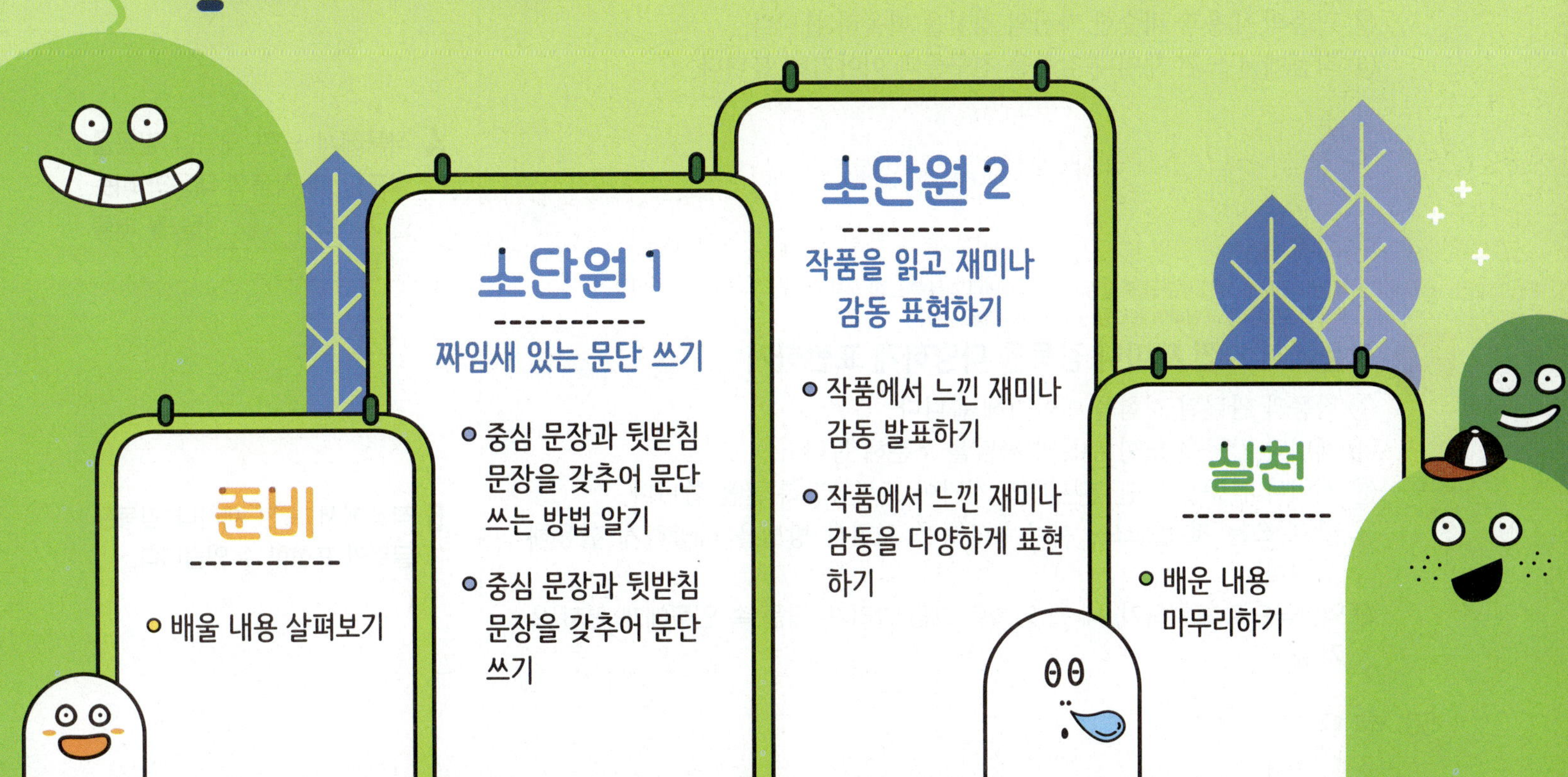

준비
- 배울 내용 살펴보기

소단원 1
짜임새 있는 문단 쓰기

- 중심 문장과 뒷받침 문장을 갖추어 문단 쓰는 방법 알기
- 중심 문장과 뒷받침 문장을 갖추어 문단 쓰기

소단원 2
작품을 읽고 재미나 감동 표현하기

- 작품에서 느낀 재미나 감동 발표하기
- 작품에서 느낀 재미나 감동을 다양하게 표현하기

실천
- 배운 내용 마무리하기

1 문단, 중심 문장, 뒷받침 문장

문단	문장이 모여 한 가지 생각을 나타내는 글의 단위
중심 문장	문단의 내용을 대표하는 문장
뒷받침 문장	중심 문장을 강조하거나 잘 나타내기 위해 덧붙여 설명하거나 예를 드는 방법 등으로 표현한 문장

2 짜임새 있게 문단을 쓰는 방법

→ 문단을 짜임새 있게 써야 읽는 사람이 글을 더 쉽게 이해할 수 있습니다.

→ 중심 문장이 항상 문단 첫머리에 나오는 것은 아닙니다. 문단 중간이나 끝부분에 나올 수도 있습니다.

① 문단의 첫머리는 한 칸 들여 씁니다.
② 중심 문장은 그 문단에서 말하고 싶은 내용이 잘 드러나게 씁니다.
③ 뒷받침 문장은 중심 문장을 강조하거나 잘 나타내 주는 내용으로 씁니다.
④ 한 문단이 끝나고 새로운 문단을 시작할 때에는 줄을 바꿉니다.

3 작품에서 느낀 재미나 감동 발표하기

① 작품을 읽고 떠오르는 장면을 이야기해 봅니다.
② 작품의 내용과 비슷한 자신의 경험을 떠올려 봅니다.
③ 작품에서 느낀 재미나 감동을 친구들과 이야기해 봅니다.

4 작품에서 느낀 재미나 감동을 다양하게 표현하기

→ 재미나 감동을 느낀 부분을 중심 문장으로, 재미나 감동을 느낀 까닭을 뒷받침 문장으로 표현하여 문단을 구성할 수도 있습니다.

① 작품과 관련된 경험을 이야기해 봅니다.
② 재미나 감동을 느낀 부분과 까닭을 구분해 봅니다.
③ 재미나 감동을 느낀 부분과 그 까닭이 드러나도록 글을 씁니다.
④ 글로 쓰는 것 말고도, 재미나 감동을 표현할 방법을 다양하게 활용해 봅니다.
⑩ 역할극으로 표현하기, 네 칸 만화로 그림 그리기, 작품 속 인물에게 편지 쓰기 등

핵심 확·인·문·제

정답과 해설 ● 10쪽

1 ⬜⬜은/는 문장이 모여 한 가지 생각을 나타내는 글의 단위입니다.

2 다음 문장에서 알맞은 낱말을 찾아 ○표를 하시오.

> 문단의 내용을 대표하는 문장을 (중심 , 뒷받침) 문장이라고 합니다.

3 뒷받침 문장은 중심 문장을 모아 한 가지 생각으로 나타나게 씁니다.
(○ , ×)

4 작품에서 느낀 재미나 감동을 발표할 때 작품의 내용과 비슷한 자신의 ⬜⬜을/를 떠올려 볼 수 있습니다.

5 작품에서 느낀 재미나 감동은 글로만 표현할 수 있습니다.
(○ , ×)

[1~5] 글을 읽고, 물음에 답하시오.

> 『흥부전』을 읽고 흥부가 부러진 제비 다리를 치료해 준 부분에서 감동을 느꼈다. ㉠나는 제비가 자신의 집을 왜 나무 위가 아니라 처마 밑에 집을 짓는지 궁금했다. 감동을 느낀 까닭은 작은 생명도 소중히 여기는 흥부의 착한 마음이 느껴졌기 때문이다.

1 글쓴이는 어떤 책을 읽고 글을 썼는지 책의 제목을 쓰시오.

(   )

2 글쓴이는 책을 읽고 어떤 부분에서 감동을 느꼈다고 하였습니까? (   )
① 제비가 집을 짓는 부분
② 제비의 부러진 다리가 낫는 부분
③ 제비가 흥부에게 은혜를 갚는 부분
④ 흥부가 생명을 함부로 생각하는 부분
⑤ 흥부가 부러진 제비 다리를 치료해 준 부분

3 글쓴이가 2번 문제의 정답 부분에서 감동을 느낀 까닭은 무엇인지 빈칸에 알맞은 말을 쓰시오.
• 작은 (   )도 소중히 여기는 흥부의 착한 마음이 느껴졌기 때문에

4 다음은 이 글을 읽고 성주가 말한 내용입니다. 성주가 이렇게 말한 까닭은 무엇인지 고르시오. (   )

> 성주: 글에서 ㉠ 부분이 짜임새 있게 연결되지 않았어.

① 사실과 다른 이야기를 해서
② 이해하기 어려운 낱말을 사용해서
③ 자신이 궁금한 점을 밝히지 않아서
④ 다른 사람은 다 알고 있는 내용을 혼자만 궁금하다고 해서
⑤ 책에 대한 이야기를 하다가 갑자기 제비 집에 대한 이야기를 해서

5 이 글을 다음과 같이 고쳐 썼다고 할 때 고쳐 쓴 글에 대해 바르게 말한 것은 무엇입니까? (   )

> 『흥부전』을 읽고 흥부가 부러진 제비 다리를 치료해 준 부분에서 감동을 느꼈다. 왜냐하면 작은 생명도 소중히 여기는 흥부의 착한 마음이 느껴졌기 때문이다. 앞으로 나도 흥부처럼 모든 생명을 소중히 여겨야겠다.

① 다른 책을 읽고 썼다.
② 감동을 느낀 부분이 다르다.
③ 흥부가 한 행동이 옳지 않다고 하였다.
④ 흥부가 어떤 일을 했는지 나와 있지 않다.
⑤ 글쓴이가 말하려고 하는 내용이 더 잘 이해된다.

핵심 **서술형**

6 글쓴이의 생각이 잘 드러난 글은 어떤 특징이 있는지 쓰시오.

(   )

플라스틱의 두 얼굴

우리 주변에는 플라스틱으로 만든 물건이 많습니다. 플라스틱은 과학자인 리오 베이클랜드가 ♥발명한 인공 재료입니다. 그런데 이러한 플라스틱은 좋은 점도 있고 나쁜 점도 있습니다.

사람의 힘으로 만들어 내는 일.

중심 내용 플라스틱은 좋은 점도 있고 나쁜 점도 있습니다.

가 플라스틱은 좋은 점이 많아 우리 생활에서 널리 사용됩니다. 플라스틱
5 은 일정한 온도에서 모양을 자유롭게 바꿀 수 있어 장난감, 페트병과 같은 다양한 물건을 만드는 데 쓰입니다. 또한 플라스틱으로 만든 물건은 단단하고 가벼울 뿐만 아니라 녹이 슬지 않습니다.

따뜻함과 차가움의 정도.

쇠붙이가 공기나 물과 닿아서 생기는 붉은색, 검은색, 또는 푸른색의 물질.

중심 내용 플라스틱은 좋은 점이 많아 우리 생활에서 널리 사용됩니다.

나 그러나 플라스틱 때문에 환경이 ♥오염되기도 합니다. 플라스틱은 썩는 데 300년에서 500년이 걸리기 때문에 쓰레기가 되어 땅에 묻혔을 때
10 땅이 오염됩니다. 또 바다로 흘러들어가 해양 환경을 해치기도 합니다.

넓고 큰 바다.

중심 내용 플라스틱 때문에 환경이 오염되기도 합니다.

이처럼 플라스틱은 생활에서 널리 사용되어 편리함을 주지만 이로 인해 환경이 오염되기도 합니다. 따라서 플라스틱으로 만든 물건을 사용할 때, 이러한 플라스틱의 두 얼굴을 기억해야겠습니다.

중심 내용 플라스틱으로 만든 물건을 사용할 때, 플라스틱의 좋은 점과 나쁜 점을 모두 기억해야 합니다.

- **글의 종류**: 설명하는 글
- **글의 특징**: 우리 생활에서 널리 사용하는 플라스틱의 좋은 점과 나쁜 점을 모두 설명한 글입니다.

♥**발명**(發 필 발, 明 밝을 명): 아직까지 없던 기술이나 물건을 새로 생각하여 만들어 냄.

♥**오염**(汚 더러울 오, 染 물들일 염): 더러운 상태가 됨.

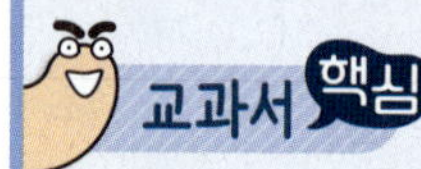 교과서 핵심

○ **문단, 중심 문장, 뒷받침 문장**

문단	문장이 모여 한 가지 생각을 나타내는 글의 단위
중심 문장	문단의 내용을 대표하는 문장
뒷받침 문장	중심 문장을 강조하거나 잘 나타내기 위해 덧붙여 설명하거나 예를 드는 방법 등으로 표현한 문장

핵심

1 문단 가 와 나 의 중심 문장에는 ○표, 뒷받침 문장에는 △표를 하시오.

(1) 플라스틱은 좋은 점이 많아 우리 생활에서 널리 사용됩니다.

(2) 플라스틱은 일정한 온도에서 모양을 자유롭게 바꿀 수 있어 장난감, 페트병과 같은 다양한 물건을 만드는 데 쓰입니다.

(3) 플라스틱 때문에 환경이 오염되기도 합니다.

(4) 바다로 흘러들어가 해양 환경을 해치기도 합니다.

2 플라스틱이 두 얼굴을 지녔다고 한 까닭은 무엇입니까? (   )

① 녹이 슬지 않아서
② 썩는 데 오래 걸려서
③ 다양한 물건으로 만들어져서
④ 모양을 자유롭게 바꿀 수 있어서
⑤ 생활에서 널리 사용되어 편리함을 주지만 환경 오염의 원인이 되기도 해서

3 문단 가 와 문단 나 를 살펴보며 빈칸에 알맞은 낱말을 보기 에서 찾아 쓰시오.

보기

줄   뒷받침   중심 생각

- 한 문단에는 보통 하나의 (   )이 들어간다.

1 다음 뜻에 알맞은 낱말을 글자의 첫소리를 참고하여 쓰시오.

(1) 따뜻함과 차가움의 정도.

→ ㅇ ㄷ

(2) 사람의 힘으로 만들어 내는 일.

→ ㅇ ㄱ

(3) 쇠붙이가 공기나 물과 닿아서 생기는 붉은색, 검은색, 또는 푸른색의 물질.

→ ㄴ

2 다음 문장에 들어갈 낱말을 보기 에서 찾아 쓰시오.

보기		
발명	오염	해양

(1) 쓰레기를 아무 데나 버리면 땅이 (   )된다.

(2) 나는 언젠가 멋진 로봇을 (   )하는 과학자가 되고 싶다.

(3) (   ) 생물들이 안전하게 살 수 있도록 바다를 보호해야 한다.

3 1 ~ 2번에 나온 낱말을 활용하여 나만의 문장을 만들어 보시오.

● 문단의 짜임새를 확인하며 글 읽기

> 우리 학교에는 다양한 장소가 있습니다. 학생들이 수업을 듣는 교실이 있습니다. 책을 읽거나 빌릴 수 있는 도서관도 있습니다. 체육 시간에 운동을 하거나 학교의 ♥행사가 열리는 ♥강당이 있습니다. 저는 체육 시간에 친구들과 ♥피구를 하는 것이 가장 좋습니다.

문해력 팡팡

♥**행사**(行 다닐 행, 事 일 사): 어떤 일을 시행함. 또는 그런 일을 뜻합니다. '行(행)' 자는 '행하다'라는 뜻으로 쓰이기도 합니다.

♥**강당**(講 이야기할 강, 堂 집 당): 강연이나 강의 따위를 할 때에 쓰는 건물이나 큰 방을 뜻합니다.

♥**피구**(避 피할 피, 球 공 구): 일정한 구역 안에서 두 편으로 갈라서 한 개의 공으로 상대편을 맞히는 공놀이를 뜻합니다. '구(球)'가 들어가는 다른 낱말인 '야구, 축구, 농구, 배구'도 모두 공으로 하는 경기를 뜻합니다.

• **글의 특징**: 우리 학교에 있는 다양한 장소를 소개하는 글입니다.

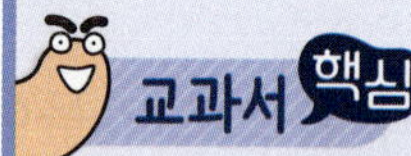

교과서 핵심

● 짜임새 있게 문단 쓰기

• 문단에서 말하고 싶은 내용이 잘 드러나게 중심 문장을 씁니다.

• 중심 문장을 덧붙여 설명하거나 예를 드는 방법 등으로 표현하는 문장(뒷받침 문장)을 씁니다.

• 문단을 시작할 때에는 들여쓰기를 하고, 문단이 바뀌는 경우 줄을 바꿔 씁니다.

핵심

1 이 글의 중심 문장은 무엇입니까? (   )

① 우리 학교에는 다양한 장소가 있습니다.

② 학생들이 수업을 듣는 교실이 있습니다.

③ 책을 읽거나 빌릴 수 있는 도서관도 있습니다.

④ 저는 체육 시간에 친구들과 피구를 하는 것이 가장 좋습니다.

⑤ 체육 시간에 운동을 하거나 학교의 행사가 열리는 강당이 있습니다.

핵심

3 2번 문제에서 찾은 문장을 적절한 뒷받침 문장으로 바꾼 것은 무엇입니까? (   )

① 우리 지역에는 다양한 장소가 있습니다.

② 함께 수업을 듣는 교실을 깨끗이 해야 합니다.

③ 오늘 급식에는 비빔밥, 파전, 배춧국이 나옵니다.

④ 학생들이 아플 때 치료받을 수 있는 보건실도 있습니다.

⑤ 저는 책을 마음껏 읽을 수 있는 도서관을 가장 좋아합니다.

2 이 글에서 중심 문장에 어울리지 <u>않는</u> 뒷받침 문장을 찾아 쓰시오.

____

____

4 이 글의 내용을 낱말로 간단히 정리할 때, 빈 칸에 알맞은 말을 쓰시오.

우리 학교의 장소		
(1)	도서관	(2)

1 다음 뜻에 알맞은 낱말을 글자의 첫소리를 참고하여 쓰시오.

(1) 어떤 일을 시행함. 또는 그런 일.

→ ㅎ ㅅ ____________________

(2) 강연이나 강의 따위를 할 때에 쓰는 건물이나 큰 방.

→ ㄱ ㄷ ____________________

(3) 일정한 구역 안에서 두 편으로 갈라서 한 개의 공으로 상대편을 맞히는 공놀이.

→ ㅍ ㄱ ____________________

2 다음 문장에 들어갈 낱말을 보기 에서 찾아 쓰시오.

보기

| 장소 | 행사 | 다양한 |

(1) 이 카페는 조용해서 이야기를 나누기에 좋은 (　　　　　　　　)이다.

(2) 이 지역의 축제는 관광객들에게 (　　　　　　　　) 볼거리를 제공한다.

(3) 학생들이 솜씨를 뽐내는 학교 (　　　　　　　　)에 학부모들도 초대되었다.

3 1 ~ 2번에 나온 낱말을 활용하여 나만의 문장을 만들어 보시오.

____

____

____

비밀번호

문현식

우리 집 비밀번호
□□□□□□□

누르는 소리로 알아요
□□□ □□□□는 엄마
□□ □□□ □□는 아빠
□□□□ □□□는 누나
할머니는
□ □ □ □
□ □ □

제일 천천히 눌러도
제일 빨리 나를 부르던
이제 기억으로만 남은 소리

보 고 싶 은
할 머 니.

• **글의 종류**: 시
• **글의 특징**: 우리 집 비밀번호를 누르는 소리로 할머니에 대한 그리움을 표현한 시입니다.

교과서 핵심

○ **시를 읽고 재미나 감동 느끼기**
• 시를 읽고 떠오르는 장면을 정리해 봅니다.
• 시의 내용과 비슷한 자신의 경험을 떠올려 봅니다. 예 전학 간 친구가 즐겨 부르던 노래를 듣고 그 친구가 보고 싶어졌던 경험
• 시에서 느낀 재미나 감동을 친구들에게 이야기해 봅니다.

---

1 '나'는 비밀번호 누르는 소리로 무엇을 알 수 있다고 하였습니까? (   )
① 누가 눌렀는지
② 지금 몇 시인지
③ 몇 명이 집에 왔는지
④ 가족들의 기분이 어떤지
⑤ 다른 가족들이 어디에 있는지

2 다음은 가족 중에서 누가 비밀번호를 누르는 소리입니까? (   )

□□□□ □□□

① 나   ② 엄마
③ 아빠   ④ 누나
⑤ 할머니

3 '나'는 누구를 보고 싶다고 하였는지 쓰시오.
(   )

핵심 **서술형**
4 이 시의 내용과 비슷한 자신의 경험을 떠올려 쓰시오.

____

____

수상한 선글라스

고수산나

❶ 오랜만에 보는 파란 하늘이 눈부신 토요일 오후였습니다. 중앙 공원에는 초록색 나무가 많아 기분까지 상쾌했습니다. 동네 사람들이 전부 찾아왔는지 공원은 무척이나 북적였습니다.

5 "와, 생각보다 사람이 정말 많다."

많은 사람이 한곳에 모여 매우 수선스럽게 들끓었습니다.

"그러게. 물건도 많아. 사고 싶은 게 많겠는걸."

공원에서 열린 알뜰 장터에 간 은솔이와 한솔이는 눈이 ♥휘둥그레졌습니다.

공원 입구에는 커다란 ♥현수막이 붙어 있었습니다.

10 "나눠 쓰고 아껴 쓰면 우리도 지구도 행복해요."

현수막에는 환하게 웃는 한 아저씨의 얼굴도 그려져 있었습니다. 그 밑에는 ㉠오늘 행사를 주최한 여러 단체의 이름이 쓰여 있었습니다.

행사나 모임을 주장하고 기획해 연.

공원 곳곳에 흰색 천막이 쳐져 있고 천막 안과

15 밖에는 많은 물건이 놓여 있었습니다. '나눔 장터', '변신 장터', '분실물 장터' 등 팻말에 쓰인 글씨들이 보였습니다. 땅바닥에 자리를 깔고 물건들을 진열해 놓은 사람도 많았습니다.

여러 사람에게 보이기 위하여 물건을 죽 늘어 놓아.

사람들이 쓰던 물건을 내놓은 벼룩 장터를 지나 쌍둥이는 나눔 장터로 향했습니다.

"자, 나눔 장터로 오세요. 여기서 사는 물건들의 ♥수익금은 모두 불우한 이웃을 돕는 데 쓰입니다."

문해력 팡팡

♥**휘둥그레지다**: '놀라거나 두려워서 눈이 크고 둥그렇게 되다.'를 뜻합니다.

♥**현수막**(懸 매달 현, 垂 드리울 수, 幕 막 막): 광고, 어떤 요구나 주장 따위를 적어 걸어 놓은 천을 뜻합니다.

♥**수익금**(收 거둘 수, 益 더할 익, 金 쇠 금): 이익으로 들어오는 돈을 뜻합니다. '숲(金)'에는 '쇠'라는 뜻 말고도 '돈'이라는 뜻도 있습니다.

- 글의 종류: 이야기
- 글의 내용: 은솔이와 한솔이가 공원 알뜰 장터에서 신비한 선글라스를 빌려 착용하며 물건의 과거 주인과 이야기를 보게 되고, 이를 통해 물건의 소중함과 나눔의 가치를 깨닫는다는 이야기입니다.

교과서 핵심

● 글과 관련된 경험 이야기하기 예
- 1학년 때 생일 선물로 받았던 로봇 장난감을 집에 놀러 온 사촌 동생에게 주었다.

---

1 은솔이와 한솔이는 공원에서 열린 어떤 행사에 갔는지 쓰시오.

(   )

2 ㉠은 무엇을 하는 행사입니까? (   )

① 쓰던 물건을 사고파는 행사
② 외국에서 수입한 물건을 파는 행사
③ 평소 구하기 어려웠던 물건을 파는 행사
④ 잃어버린 물건의 주인을 찾아 주는 행사
⑤ 자신이 아끼는 물건을 사람들에게 자랑하는 행사

3 이 글에서 다음의 뜻을 가진 낱말은 무엇입니까?

(   )

> 많은 사람이 한곳에 모여 매우 수선스럽게 들끓다.

① 상쾌하다   ② 북적이다
③ 진열하다   ④ 주최하다
⑤ 휘둥그레지다

핵심 **서술형**

4 사용한 물건을 물려받거나 다른 사람에게 나누어 준 경험을 떠올려 쓰시오.

____

____

은솔이와 한솔이는 '나누면 행복해요'라고 쓰인 앞치마를 맞춰 입은 사람들 사이로 지나갔습니다.

"우아, 저 가방 정말 예쁘다. 이럴 줄 알았으면 용돈을 아껴서 모아 놓는 건데!"

5 은솔이는 수많은 물건을 훑어보느라 한솔이를 놓칠 뻔했습니다.

"은솔아, 내 줄넘기를 사기로 했잖아. 그것부터 찾아봐야지."

중심 내용 은솔이와 한솔이는 공원에서 열린 알뜰 장터에 가서 물건을 구경했다.

❷ 둘은 어느새 은행나무 뒤에 자리한 선글라스를
일정한 공간을 차지한.
10 파는 곳까지 왔습니다. 판매대 위에는 다양한 선
상품 따위를 벌여 놓은 대.
글라스가 놓여 있었습니다.

"얘들아, 여기 어린이용 선글라스도 있단다. 이 걸 쓰면 ♥멋쟁이가 되지. 한번 써 보지 않겠니?"

멋진 콧수염을 기른 아저씨가 한솔이와 은솔이
15 에게 선글라스를 내밀었습니다.

"와, 정말 마음에 들어요."

은솔이는 선글라스를 받자마자 바로 써 보았습니다.

"한솔아, 나 어때? 어른 같지 않아?"

은솔이는 선글라스를 쓰고 고개를 이리저리 돌려 보았습니다. 한솔이도 얼른 써 보고 싶었지만, 5 그냥 선글라스를 만지작거리기만 했습니다.

"아저씨, 죄송해요. 저희는 지금 돈이 없어서 선글라스를 살 수가 없어요. 줄넘기를 사야 하거든요."

한솔이의 말에 은솔이도 어깨를 축 늘어뜨린 채 선글라스를 벗어 아저씨에게 돌려주었습니다. 10

"맞아요. 저는 돈이 한 푼도 없어요."

문해력 팡팡

♥**멋쟁이**: 멋있거나 멋을 잘 부리는 사람을 뜻하는 말입니다. '멋장이'로 쓰지 않도록 주의해야 합니다. 어떤 기술이 있는 사람에게는 '–장이', 그 밖에는 '–쟁이'를 붙입니다.

–장이	예 대장장이, 간판장이, 옹기장이
–쟁이	예 멋쟁이, 심술쟁이, 말썽쟁이

---

5 은솔이가 한솔이를 놓칠 뻔한 까닭은 무엇입니까? (　　　)

① 수많은 물건을 훑어보느라
② 은솔이가 줄넘기를 한다고 해서
③ 한솔이가 말도 없이 멀리 가 버려서
④ 콧수염을 기른 아저씨가 말을 걸어서
⑤ 선글라스를 끼니까 눈앞이 깜깜해서

6 은솔이와 한솔이가 사려고 한 것은 무엇인지 쓰시오.

(　　　　　　　)

7 콧수염을 기른 아저씨가 은솔이와 한솔이에게 내민 것은 무엇인지 쓰시오.

(　　　　　　　)

8 은솔이와 한솔이가 선글라스를 살 수 <u>없는</u> 까닭은 무엇입니까? (　　　)

① 돈이 없어서
② 아저씨가 불친절해서
③ 이미 선글라스가 있어서
④ 선글라스의 가격이 너무 비싸서
⑤ 선글라스가 마음에 들지 않아서

아이들 말에 콧수염 아저씨는 어깨를 <u>으쓱하고</u>
갑자기 어깨를 한 번 올렸다 내렸다 하고.
올렸다 내렸습니다.

　"애들아, 그럼 두 시간만 빌려줄까? 빌려주는 건
무료거든. 대신 꼭 두 시간이 지나면 돌려줘야 해.
5　아저씨가 너희를 믿고 빌려주는 거니까 말이야."

　콧수염 아저씨는 빙그레 웃으며 선글라스를 다
시 내밀었습니다. 아저씨의 콧수염이 저절로 움직
이는 것처럼 <u>실룩거렸습니다.</u>
근육의 한 부분이 자꾸 한쪽으로 기울어지게 움직였습니다.

　"와, 정말요? 감사합니다. 여기 장터를 돌아보고
10　집에 돌아갈 때 꼭 돌려드릴게요. 약속해요."

　"네. 저희를 믿으셔도 돼요. 꼭 가져올게요. 감
사합니다."

　신이 난 은솔이와 한솔이는 제자리에서 통통 뛰
었습니다. 선글라스를 파는 아저씨도 기분이 좋은
15　지 콧수염을 쓱쓱 잡아당겼습니다.

중심 내용 은솔이와 한솔이는 콧수염 아저씨가 빌려 주신 선글라스를 끼고 장터를 돌아보았다.

❸ 쌍둥이는 선글라스를 끼고 ♥**분실물** 장터 쪽으
로 향했습니다. 분실물 장터는 주인이 찾지 않는
버려진 물건들을 파는 곳이었습니다. 공원이나 도
서관 등 사람들이 이용하는 시설에서 오랫동안 주
인을 찾지 못한 물건들이었지요.　　　　　　　5

　분실물 장터의 물건을 바라보던 한솔이에게 무
언가 다른 것이 보였습니다. 한솔이는 놀라서 얼
른 선글라스를 벗었습니다. 선글라스를 벗은 상태
에서는 눈에 보이는 그대로의 모습이 보였습니다.
하지만 선글라스를 쓰면 또 다른 세상이 보였습니　10
다. 마치 영화를 보는 것처럼 다른 장면들이 보였
습니다.

문해력 팡팡

♥**분실물**(紛 어지러울 분, 失 잃을 실, 物 물건 물): 자기도 모
르는 사이에 잃어버린 물건을 뜻하는 말입니다. 비슷한 말로
'유실물(遺失物)'이 있습니다. 뜻이 반대되는 말로는 주워서
얻은 물건이라는 뜻인 '습득물(拾得物)'이 있습니다.

---

9 돈이 없다는 아이들에게 콧수염 아저씨는 어
떤 말을 했습니까?　　　　　　　　（　　　）

① 분실물 장터로 가 봐라.
② 선글라스를 빌려주겠다.
③ 선글라스를 더 싸게 팔겠다.
④ 너희를 믿고 선글라스를 무료로 주겠다.
⑤ 안 쓰는 물건과 선글라스를 교환해 주겠
　다.

10 은솔이와 한솔이가 선글라스를 끼고 간 곳은
어디인지 쓰시오.

　　　　（　　　　　　　　　　）

11 10번 문제에서 답한 곳은 어떤 곳인지 빈칸에
알맞은 말을 쓰시오.

・주인이 찾지 않는 （　　　　　）을/를
　파는 곳

12 선글라스를 쓴 한솔이에게 일어난 일은 무엇
입니까?　　　　　　　　　　　（　　　）

① 사람들은 보이지 않고 물건만 보였다.
② 평소 보고 싶었던 영화가 눈앞에 펼쳐
　졌다.
③ 눈앞이 캄캄해져서 아무것도 보이지 않
　았다.
④ 선글라스를 벗었을 때와 똑같은 모습이
　보였다.
⑤ 눈에 보이는 그대로의 모습 말고 또 다
　른 세상이 보였다.

"은, 은솔아. 이상해. 내 선글라스가 좀 이상한 것 같아."

한솔이는 손을 더듬어 아까부터 조용히 있던 은솔이를 잡았습니다. 은솔이도 고개를 끄덕이며 대답했습니다.

"그러게. 내 선글라스도 이상해. 뭐가 보이긴 하는데, 뭔지 모르겠어."

둘은 사람들이 밀치고 지나가는 것도 모르고 제자리에 서 있었습니다. 선글라스를 끼고 보는 세상에서는 장터에 없는 사람들이 보였습니다. 장터에 있는 물건들을 사는 사람들과 선물받은 사람들이 보였습니다.

"도대체 이게 뭐지? 장터에 있는 물건을 쓰는 사람들이 보여. 분명히 지금은 물건을 그냥 팔고 있는데 말이야."

한솔이는 두 개의 다른 세상이 보이는 것에 혼란스러웠습니다. 한동안 선글라스를 끼고 장터의 물건들을 보고 있던 은솔이가 입을 열었습니다. 마치 보물 상자를 찾아낸 것처럼 잔뜩 들뜬 목소리였습니다.

마음이나 분위기가 가라앉지 아니하고 조금 흥분된.

"한솔아. 가만히 보니까 말이야, 여기 있는 물건들을 옛날에 썼던 사람이 보이는 것 같아. 이 선글라스는 신비한 능력을 가진 선글라스가 틀림없어."

"뭐, 정말? 물건의 원래 주인의 모습이 보이는 거라고? 그걸 보여 주는 요술 선글라스라니, 말도 ♥안 돼!"

중심 내용 은솔이와 한솔이는 선글라스에 물건을 옛날에 썼던 사람이 보이는 신비한 능력이 있다는 것을 알게 되었다.

❹ 한솔이는 은솔이가 가리키는 작은 신발을 보았습니다. 택배원 조끼를 입은 할아버지가 어린이 신발을 사는 것이 보였습니다. 한솔이는 은솔이와 함께 가만히 그 모습을 지켜보았습니다.

문해력 팡팡

♥안 돼: '안 돼'에서 '돼'는 '되다'의 '되–'에 '–어'가 붙은 형태로, '되어'가 줄은 것입니다. 따라서 '안 되'라고 쓰면 틀린 말이고, '안 돼'라고 써야 합니다.

---

13 선글라스를 끼고 보는 세상에서 보이는 것을 두 가지 고르시오. (　　,　　)

① 물건을 몰래 버리는 사람들
② 망가진 물건을 고치는 사람들
③ 공장에서 물건을 만드는 사람들
④ 장터에 있는 물건들을 사는 사람들
⑤ 장터에 있는 물건들을 선물받은 사람들

14 한솔이는 두 개의 다른 세상이 보이는 것에 어떤 기분을 느꼈는지 쓰시오.

(　　　　　　　　　　)

15 선글라스를 끼면 생기는 능력에 대한 설명으로 알맞은 것은 어느 것입니까? (　　)

① 물건과 직접 이야기를 나눌 수 있다.
② 낡은 물건을 새것처럼 바꿀 수 있다.
③ 물건이 언제 어떻게 만들어졌는지 알 수 있다.
④ 낡은 물건들 사이에 숨겨진 보물을 찾을 수 있다.
⑤ 물건들을 보면 그 물건을 옛날에 사용했던 사람들이 보인다.

서술형

16 은솔이와 한솔이가 작은 신발을 보자 어떤 것이 보였는지 쓰시오.

(　　　　　　　　　　)

"이 신발 얼마요? 우리 손자 녀석 사 주려고 그러는데. 사이즈가 맞을지 모르겠네."

할아버지는 택배를 나르느라 얼굴과 등이 땀으로 범벅이 되어 있었습니다. 꼬깃꼬깃한 돈을 꺼

질척질척한 것이 몸에 잔뜩 묻은 상태를 이르는 말.

5 내어 신발을 계산한 할아버지는 싱글벙글 웃으며 손자를 찾아갔습니다.

"할애비가 신발 사 왔단다. 신어 보렴."

세 살쯤 되어 보이는 꼬마 아이는 신발을 신고 아장아장 걸었습니다. 걸을 때마다 신발에서 뻑뻑

어린아이나 작은 짐승이 이리저리 찬찬히 걷는 모양.

10 소리가 나자 꼬마 아이는 신나서 손뼉을 쳤습니다.

"그래, 이 맛에 돈을 벌지."

할아버지는 함박웃음을 지으며 이마의 땀을 닦았

크고 환하게 웃는 웃음.

습니다. 하지만 꼬마 아이가 자라자 신발은 ♥금세 버려졌습니다. 버려진 신발은 새것 같아 분실물

15 센터까지 오게 되었습니다.

한솔이는 선글라스를 벗고 작은 신발을 다시 보았습니다. 은솔이도 선글라스를 벗고 다가왔습니다.

"할아버지가 고생해서 번 돈으로 손자 신발을 사셨어. 얼마 못 신어서 할아버지가 서운하셨겠다."

"아이들은 금방 크니까 어쩔 수 없지. 그런데 정말 아깝긴 하다. 누군가 사 가서 또 신으면 좋을 텐데."

"웬일이냐? 만날 새것만 좋아하는 이은솔이잖아."

5 은솔이는 한솔이의 말에 다른 곳을 보는 척 딴청을 피웠습니다.

어떤 일과 전혀 관계없는 일이나 행동.

중심 내용 은솔이와 한솔이는 할아버지가 손자에게 사 주셨던 신발을 보고 그 신발을 누군가 또 신으면 좋겠다고 생각했다.

문해력 팡팡

♥금세: '금시에'라는 말이 줄어든 말로, '지금 바로.'라는 뜻입니다. '금새'로 쓰지 않도록 주의합니다.

교과서 핵심

● 글을 읽고 재미나 감동을 느낀 부분과 까닭 구분하기 예

재미나 감동을 느낀 부분	나는 택배를 나르느라 땀범벅이 된 할아버지 모습에서 감동을 느꼈다.
재미나 감동을 느낀 까닭	왜냐하면 몸이 힘드신데도 손자가 기뻐할 것을 먼저 생각하시는 할아버지의 마음을 느꼈기 때문이다. 나도 우리 할아버지가 떠올라서 마음이 뭉클해졌다.

17 할아버지는 누구에게 주려고 신발을 샀는지 쓰시오.

(   )

18 이 글의 내용으로 볼 때, 콧수염 아저씨가 은솔이와 한솔이에게 선글라스를 빌려준 까닭은 무엇이라고 짐작할 수 있습니까? (   )

① 분실물 센터에 보내기 아까워서
② 할아버지의 고마움을 알게 하려고
③ 알뜰 장터에서 신발을 사라고 말하려고
④ 알뜰 장터에 재미있는 볼거리가 많다는 것을 알려 주려고
⑤ 알뜰 장터에 나온 물건들에 소중한 추억이 담겨 있다는 것을 알려 주려고

핵심 역량

19 이 글을 읽고 재미나 감동을 느낀 부분을 그 까닭과 함께 쓰시오.

(1) 재미나 감동을 느낀 부분	
(2) 재미나 감동을 느낀 까닭	

1 다음 뜻에 알맞은 낱말을 글자의 첫소리를 참고하여 쓰시오.

(1) 멋있거나 멋을 잘 부리는 사람.

→ ㅁ ㅈ ㅇ

(2) 자기도 모르는 사이에 잃어버린 물건.

→ ㅂ ㅅ ㅁ

(3) 놀라거나 두려워서 눈이 크고 둥그렇게 되다.

→ ㅎ ㄷ ㄱ ㄹ ㅈ ㄷ

2 다음 문장에 들어갈 낱말을 보기 에서 찾아 쓰시오.

보기

| 금세 | 현수막 | 수익금 |

(1) 비가 그치자 (　　　　　　　) 하늘이 맑아졌다.

(2) 가수는 공연의 (　　　　　　　) 전액을 기부하기로 했다.

(3) (　　　　　　　)에는 큰 글씨로 '환영합니다'라고 쓰여 있었다.

3 1 ~ 2번에 나온 낱말을 활용하여 나만의 문장을 만들어 보시오.

실천 — 배운 내용 마무리하기

핵심

1 문단, 중심 문장, 뒷받침 문장에 대한 설명으로 알맞지 <u>않은</u> 것은 무엇입니까? (　　)

① 한 문단에는 보통 하나의 중심 문장이 들어 있다.

② 문단은 문장이 모여 한 가지 생각을 나타내는 글의 단위이다.

③ 중심 문장은 뒷받침 문장을 강조하거나 잘 나타내는 역할을 한다.

④ 중심 문장은 그 문단에서 말하고 싶은 내용이 잘 드러나게 쓴다.

⑤ 뒷받침 문장은 중심 문장을 덧붙여 설명하거나 예를 드는 방법 등으로 표현한 문장이다.

2 다음 문장에서 알맞은 말에 ○표를 하시오.

> 문단을 시작할 때에는 한 칸을
> (들여 , 내어) 쓴다.

역량 **서술형**

3 짜임새를 갖추어 쓴 문단을 읽으면 어떤 점이 좋은지 쓰시오.

____

____

4 '않고'를 바르게 발음한 것은 무엇입니까? (　　)

① [않고]　　　② [안고]
③ [암고]　　　④ [안코]
⑤ [안꼬]

5 밑줄 그은 말의 알맞은 발음을 쓰시오.

> 컵을 식탁에 놓다가 실수로 물을 엎질러 버렸어!

(　　　　　　　　　)

6 낱말을 알맞게 발음한 것에 ○표를 하시오.

| (1) 입학 | [이박] |
| | [이팍] |

| (2) 국화 | [구콰] |
| | [구콰] |

7 보기 와 같이, 한 가지 뜻을 나타내는 여러 낱말이 <u>모두</u> 표준어인 낱말을 빈칸에 쓰시오.

보기

짜장면	자장면

만날	(1)
날개	(2)
봉선화	(3)

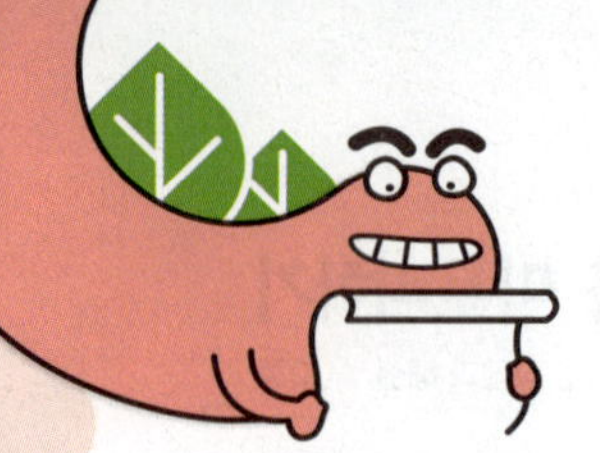

단원 평가

• 단원 평가 더 풀기 >> 평가 교재 14~19쪽

1~3 글을 읽고, 물음에 답하시오.

> **가** 『흥부전』을 읽고 흥부가 부러진 제비 다리를 치료해 준 부분에서 감동을 느꼈다. 나는 제비가 왜 나무 위가 아니라 처마 밑에 집을 짓는지 궁금했다. 감동을 느낀 까닭은 작은 생명도 소중히 여기는 흥부의 착한 마음이 느껴졌기 때문이다.
>
> **나** 『흥부전』을 읽고 흥부가 부러진 제비 다리를 치료해 준 부분에서 감동을 느꼈다. 왜냐하면 작은 생명도 소중히 여기는 흥부의 착한 마음이 느껴졌기 때문이다. 앞으로 나도 흥부처럼 모든 생명을 소중히 여겨야겠다.

1 글 **가**와 **나**의 글쓴이가 책을 읽고 감동을 느낀 까닭은 무엇입니까? ( )

① 제비의 집을 수리해 주는 흥부의 마음이 따뜻해서

② 흥부의 치료로 제비의 다리가 낫는 것이 신기해서

③ 동물을 좋아하는 흥부의 마음이 자신의 마음과 같아서

④ 작은 생명도 소중히 여기는 흥부의 착한 마음이 느껴져서

⑤ 사람이 아닌 제비와 우정을 나누는 흥부의 모습이 재미있어서

2 글 **가**와 **나** 가운데, 짜임새 있게 쓰지 못한 글의 기호를 쓰시오.

( )

3 문제 2번에서 답한 글에서 짜임새 있게 연결되지 않은 부분을 찾아 쓰시오.

____

4~7 글을 읽고, 물음에 답하시오.

> **가** ㉠플라스틱은 좋은 점이 많아 우리 생활에서 널리 사용됩니다. 플라스틱은 일정한 온도에서 모양을 자유롭게 바꿀 수 있어 장난감, 페트병과 같은 다양한 물건을 만드는 데 쓰입니다. 또한 ㉡플라스틱으로 만든 물건은 단단하고 가벼울 뿐만 아니라 녹이 슬지 않습니다.
>
> **나** 그러나 ㉢플라스틱 때문에 환경이 오염되기도 합니다. ㉣플라스틱은 썩는 데 300년에서 500년이 걸리기 때문에 쓰레기가 되어 땅에 묻혔을 때 땅이 오염됩니다. ㉤또 바다로 흘러들어가 해양 환경을 해치기도 합니다.

4 플라스틱의 좋은 점이 아닌 것은 무엇입니까? ( )

① 가볍다.

② 단단하다.

③ 녹이 슬지 않는다.

④ 오랜 시간 썩지 않는다.

⑤ 일정한 온도에서 모양을 자유롭게 바꿀 수 있다.

5 플라스틱은 썩는 데 얼마가 걸린다고 했는지 쓰시오.

( )

중요

6 ㉠~㉤ 중 문단 **가**와 **나**의 중심 문장으로만 짝 지어진 것은 무엇입니까? ( )

① ㉠, ㉡ ② ㉠, ㉢ ③ ㉡, ㉢
④ ㉡, ㉣ ⑤ ㉢, ㉣

서술형

7 글을 **가**와 **나**처럼 문단으로 구분하면 어떤 점이 좋은지 쓰시오.

8 ㉠~㉢ 중 다음 문단의 중심 문장을 찾아 기호를 쓰시오.

> ㉠개는 무섭거나 두려울 때 꼬리를 내려 뒷다리 사이로 숨깁니다. ㉡고양이는 무서울 때 털을 바짝 세우거나 몸을 웅크립니다. ㉢달팽이는 공포를 느낄 때 더듬이를 숨깁니다. ㉣이처럼 동물마다 무서울 때 자신의 감정을 표현하는 방법이 다릅니다.

(   )

9 중심 문장에 대한 설명으로 알맞은 것에 ○표를 하시오.

(1) 항상 문단 첫머리에 나온다. (   )
(2) 보통 한 문단에 여러 개가 있다. (   )
(3) 그 문단에서 말하고 싶은 내용이 잘 드러나게 써야 한다. (   )

10~11 글을 읽고, 물음에 답하시오.

> 우리 학교에는 다양한 장소가 있습니다. 학생들이 수업을 듣는 교실이 있습니다. 책을 읽거나 빌릴 수 있는 도서관도 있습니다. 체육 시간에 운동을 하거나 학교의 행사가 열리는 강당이 있습니다. ㉠저는 체육 시간에 친구들과 피구를 하는 것이 가장 좋습니다.

10 무엇에 대해 설명하는 글입니까? (   )

① 우리 학교의 다양한 장소
② 내가 가장 좋아하는 운동
③ 학생들이 수업을 듣는 방법
④ 도서관에서 책 빌리는 방법
⑤ 강당에서 열리는 여러 가지 행사

실력 UP

11 ㉠을 적절한 뒷받침 문장으로 바꾸어 쓰시오.

(   )

12~14 시를 읽고, 물음에 답하시오.

> 우리 집 비밀번호
> □□□□□□
>
> 누르는 소리로 알아요
> □□□ □□□□는 엄마
>
> □□ □□□ □□는 아빠
> □□□□ □□□는 누나
> 할머니는
> □ □ □
> □ □ □
>
> 제일 천천히 눌러도
> 제일 빨리 나를 부르던
> 이제 기억으로만 남은
>
> 보 고 싶 은 / 할 머 니.

중요

12 이 시를 읽고 감동을 표현하는 방법으로 알맞지 않은 것은 무엇입니까? (   )

① 시의 짜임새를 생각하며 읽는다.
② 시를 읽고 떠오르는 장면을 정리한다.
③ 시의 내용과 비슷한 경험을 떠올린다.
④ 시에서 느낀 감동을 친구들에게 이야기한다.
⑤ 재미를 느낀 부분을 다양한 방법으로 표현한다.

13 다음은 가족 가운데 누가 비밀번호를 누르는 소리인지 쓰시오.

> □□ □□□ □□

(   )

14 이 시에서 글쓴이의 마음으로 알맞은 것은 무엇입니까? (   )

① 무섭다   ② 그립다   ③ 기쁘다
④ 황당하다   ⑤ 지루하다

단원 평가

15~17 글을 읽고, 물음에 답하시오.

> 공원에서 열린 알뜰 장터에 간 은솔이와 한솔이는 눈이 휘둥그레졌습니다.
> 공원 입구에는 커다란 현수막이 붙어 있었습니다.
> "나눠 쓰고 아껴 쓰면 우리도 지구도 행복해요."
> 현수막에는 환하게 웃는 한 아저씨의 얼굴도 그려져 있었습니다. 그 밑에는 오늘 행사를 주최한 여러 단체의 이름이 쓰여 있었습니다.
> 공원 곳곳에 흰색 천막이 쳐져 있고 천막 안과 밖에는 많은 물건이 놓여 있었습니다. '나눔 장터', '변신 장터', '분실물 장터' 등 팻말에 쓰인 글씨들이 보였습니다. 땅바닥에 자리를 깔고 물건들을 진열해 놓은 사람도 많았습니다.

15 공원에서 열리는 행사는 어떤 행사인지 알맞은 것에 ○표를 하시오.

(1) 자신의 물건을 자랑하는 행사　（　　　）
(2) 사용하던 물건을 사고파는 행사（　　　）
(3) 분실물의 원래 주인을 찾아 주는 행사
　（　　　）

16 이 글에서 다음 뜻을 지닌 말은 무엇입니까?
　（　　　）

> 여러 사람에게 보이기 위하여 물건을 죽 벌여 놓다.

① 나누다　　　　② 아끼다
③ 환하다　　　　④ 주최하다
⑤ 진열하다

17 이 글과 같이, 자신의 물건을 다른 사람과 나눈 경험을 떠올려 쓰시오.

____

____

18~20 글을 읽고, 물음에 답하시오.

> "뭐, 정말? 물건의 원래 주인이 모습이 보이는 거라고? 그걸 보여 주는 요술 선글라스라니, 말도 안 돼!"
> 한솔이는 은솔이가 가리키는 작은 신발을 보았습니다. 택배원 조끼를 입은 할아버지가 어린이 신발을 사는 것이 보였습니다. 한솔이는 은솔이와 함께 가만히 그 모습을 지켜보았습니다.
> "이 신발 얼마요? 우리 손자 녀석 사 주려고 그러는데. 사이즈가 맞을지 모르겠네."
> 할아버지는 택배를 나르느라 얼굴과 등이 땀으로 범벅이 되어 있었습니다. 꼬깃꼬깃한 돈을 꺼내어 신발을 계산한 할아버지는 싱글벙글 웃으며 손자를 찾아갔습니다.

18 한솔이와 은솔이는 무엇을 통해 물건의 원래 주인의 모습을 보았는지 쓰시오.

　（　　　　　　　　　）

19 한솔이와 은솔이가 작은 신발을 보자 어떤 모습이 보였습니까?　（　　　）

① 선글라스를 쓴 할아버지의 모습
② 택배원 조끼를 입은 아이의 모습
③ 할아버지가 손자 신발을 사는 모습
④ 택배를 받고 기뻐하는 아이의 모습
⑤ 아이가 신발을 잃어버리고 우는 모습

20 ㉠, ㉡을 감동을 느낀 부분과 까닭으로 구분해 기호를 쓰시오.

> ㉠나는 택배를 나르느라 땀범벅이 된 할아버지 모습에서 감동을 느꼈다. ㉡왜냐하면 몸이 힘드신데도 손자가 기뻐할 것을 먼저 생각하시는 할아버지의 마음을 느꼈기 때문이다.

(1) 감동을 느낀 부분: （　　　）
(2) 그 까닭: （　　　）

서로 배려하며 소통해요

이 단원은 매체로 소통할 때 지켜야 할 예절과
보호해야 할 저작권을 학습하여 실천하는 단원입니다.
매체 단원은 한 학기 동안 언제든지 공부할 수 있습니다.
학교 수업에 맞추어 활용하세요.

매체 활동

[다가가기]
· 매체를 사용한 경험 이야기하기

[이해하기]
· 매체를 활용하여 소통할 때 지켜야 할 예절 알기
· 매체를 활용할 때 보호해야 할 저작권의 뜻과
  필요성 알기

[실천하기]
· 생활 속에서 매체를 활용하여 바르게 소통하기

≫ 매체를 사용한 경험 이야기하기

1 매체에 대해 알아보기

- **매체란?**

  책, 신문, 라디오, 휴대 전화, 텔레비전, 컴퓨터, 태블릿 피시, 인터넷처럼 생각이나 정보를 전달하거나 소통하는 도구를 매체라고 합니다.

- **매체의 특징**

  ① 문자, 소리, 사진, 동영상 등을 활용해서 생각이나 정보를 전달합니다.

  ② 매체마다 문자, 소리, 사진, 동영상을 활용하는 방식이 다릅니다.

2 매체를 사용한 경험 살펴보기

- **책, 신문**

  예 우리나라의 특정 지역과 관련된 책을 읽으며, 그 지역에는 국가유산이 많이 있다는 정보를 알 수 있었습니다.

  예 신문을 읽으며, ○○ 지역에서 국가유산 전시회가 열린다는 정보를 알 수 있었습니다.

- **라디오**

  예 차에서 라디오를 들으며, □□ 도로에서 발생한 사고 때문에 차가 막힌다는 정보를 알 수 있었습니다.

- **휴대 전화**

  예 내일 함께 놀고 싶은 친구에게 휴대 전화로 전화를 하거나 메시지를 보내서 약속을 잡을 수 있었습니다.

- **텔레비전**

  예 다른 나라의 모습을 보여 주는 텔레비전 프로그램을 보며, 그 나라에는 물 위에 지은 집인 수상 가옥이 발달한 점을 알 수 있었습니다.

- **컴퓨터, 태블릿 피시, 인터넷**

  예 컴퓨터나 태블릿 피시로 인터넷에 접속하여 종이 접기 동영상을 볼 수 있었습니다.

≫ 매체를 활용하여 소통할 때 지켜야 할 예절 알기

1 댓글을 쓸 때 지켜야 할 예절

- **댓글이란?**

  온라인 게시 글에 대해 자신의 생각이나 느낌을 표현하는 글을 말합니다.

- **글의 내용에 어울리는 댓글 쓰기**

  ① 댓글을 쓸 때에는 게시 글과 관련 있는 내용인지 생각해 봅니다.

  ② 게시 글의 내용에 대한 공감이나 칭찬, 감사를 담아서 댓글을 쓸 수 있습니다.

  ③ 게시 글의 내용과 비슷한 경험을 담아 댓글로 쓸 수 있습니다.

  ④ 게시 글을 읽고 나서 궁금한 점을 댓글로 질문할 수 있습니다.

- **익명 게시판이란?**

  자신이 누구인지 밝히지 않고 자신의 생각이나 정보를 소통하는 공간입니다.

- **댓글을 쓸 때 지켜야 할 예절**

  ① 나의 댓글을 읽을 사람을 배려하며 댓글을 써야 합니다.

  ② 상대가 상처받지 않는 내용으로 써야 합니다.

  ③ 대화 상대가 누구인지 모를 때에는 반말보다는 높임말을 사용해야 합니다.

  ④ 상대의 의견을 존중하는 표현을 사용해야 합니다.

  ⑤ 상대에게 불쾌감을 주는 표현을 사용하지 않습니다.

2 온라인 대화를 할 때 지켜야 할 예절

- **줄임말이란?**

  여러 낱말을 한 낱말로 줄여서 나타내는 말로 온라인 대화에서 흔히 볼 수 있습니다.

  예 '열심히 공부하다.'를 '열공'으로, '너의 의견이 곧 나의 의견'을 '너곧나'로 줄이는 것

- **줄임말을 쓸 때 생길 수 있는 문제점**

  ① 줄임말의 뜻을 정확히 몰라서 오해가 생길 수 있습니다.

  ② 원활한 대화가 이루어지지 않을 수 있습니다.

- **온라인 대화를 할 때 지켜야 할 예절**

  줄임말을 사용할 때에는 상대가 이해할 수 있는지 생각해야 합니다.

▶▶ 매체를 활용할 때 보호해야 할 저작권의 뜻과 필요성 알기

1 저작권에 대해 알아보기

○ 저작권이란?

저작권은 글, 음악, 그림이나 사진, 동영상 등을 만든 사람이 가지는 권리입니다. 우리는 다른 사람의 저작권을 존중하고 보호해야 합니다.

○ 출처란?

만든 사람, 자료의 이름, 만든 곳과 같은 정보를 말합니다.

2 저작권 보호가 필요한 까닭

① 누군가 애써 만든 작품이 함부로 사용되는 것을 막을 수 있기 때문입니다.
② 저작권을 인정받으면 더 좋은 작품을 계속 만들고 싶어지기 때문입니다.
③ 창작자가 안심하고 새로운 작품을 만들게 되어 문화 발전에 도움을 줄 수 있기 때문입니다.

3 저작권을 보호하는 방법

① 다른 사람이 만든 자료를 자신이 만든 것처럼 사용하지 않습니다.
② 만든 사람에게 허락을 받고 사용합니다.
③ 사용 허락을 받았어도 내 마음대로 수정하면 안 됩니다.
④ 다른 사람이 만든 자료를 사용할 때에는 출처를 밝혀야 합니다.

○ 자료에 알맞은 출처 밝히기 예

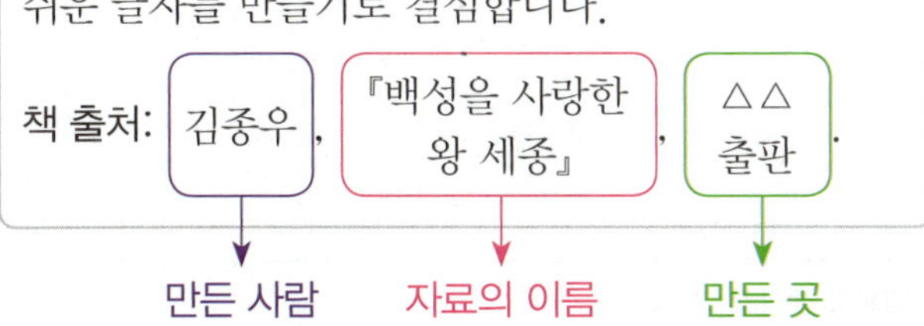

백성을 진심으로 사랑한 왕

3학년 1반 ○○○

제가 소개할 우리나라의 훌륭한 인물은 세종 대왕입니다. 그 시절 백성은 어려운 한자를 읽고 쓰지 못해 억울한 일을 당하는 경우가 많았습니다. 이 모습을 보고 마음이 아팠던 세종 대왕은 백성이 배우기 쉬운 글자를 만들기로 결심합니다.

책 출처: 김종우 · 『백성을 사랑한 왕 세종』 · △△ 출판

▶▶ 생활 속에서 매체를 활용하여 바르게 소통하기

1 소개하고 싶은 여러 나라의 음식을 조사하기

① 여러 나라의 음식을 찾아보고 자신이 소개하고 싶은 음식을 정합니다.
② 자신이 소개할 음식에 대해 조사하고 싶은 내용을 '맛, 재료, 먹는 방법, 요리 방법' 등으로 정리합니다.
③ '책, 신문, 라디오, 휴대 전화, 태블릿 피시, 컴퓨터, 인터넷' 등 여러 매체를 활용하여 소개할 음식에 대해 조사하고, 조사한 내용을 씁니다.
④ 조사한 내용을 찾은 출처도 함께 정리합니다.

2 음식 소개 카드 만들기

① 소개할 음식을 정하고, 카드에 음식 그림을 그립니다.
② 음식의 재료, 요리 방법, 맛, 식감 등 음식과 관련된 내용들을 카드에 정리합니다.
③ 음식 소개 카드에 적은 내용을 찾은 출처를 정리합니다.
④ 완성한 음식 소개 카드를 온라인 학급 게시판에 쓰거나 교실에 전시하여 친구들과 공유합니다.

3 친구들의 음식 소개 카드를 읽고 댓글을 써 보기

방법	댓글 예시
궁금한 내용을 질문할 수 있습니다.	예 밥이 왜 노란색인지 물어봐야지.
관련 있는 경험을 표현할 수 있습니다.	예 스페인의 다른 음식을 먹어 본 경험을 공유해야겠다.
공감하는 마음을 표현할 수 있습니다.	예 맛있을 것 같다고 말해 줘야지.
잘한 점을 찾아 칭찬할 수 있습니다.	예 그림이 있어 이해하기 쉽다고 말해 줘야겠어.

수행 평가

1 온라인 게시 글에 자신의 생각이나 느낌을 표현하는 글을 '댓글'이라고 합니다. 이러한 댓글을 쓸 때 지켜야 하는 예절을 세 가지 쓰시오.

(1) ____

(2) ____

(3) ____

도움말 댓글을 보는 상대방의 마음은 어떠할지 생각해 보며 적습니다.

2 저작권 보호의 중요성을 널리 알리는 캠페인 문구를 작성하려고 합니다. 저작권 관련 내용을 정리하고, 이 내용을 참고하여 캠페인 문구를 작성하시오.

저작권 관련 내용 정리하기	저작권이란?	(1)
	저작권 보호가 필요한 까닭은?	(2)
	저작권을 보호하는 방법은?	(3)
저작권 보호 캠페인 문구 작성하기	(4)	

도움말 저작권 관련 내용을 정리하면서, 캠페인 문구로 적절한 낱말과 내용을 생각해 봅니다.

역량 비판적·창의적 사고

4

중요한 내용을 찾아요

무엇을 배울까요?

준비

- 배울 내용 살펴보기

소단원 1

중요한 내용을 파악하며 듣기

- 설명을 듣고 중요한 내용 파악하기
- 영상을 보고 중요한 내용 파악하기

소단원 2

글을 읽고 중요한 내용 파악하기

- 설명하는 글을 읽고 중요한 내용 파악하기
- 이야기를 읽고 일어난 일 파악하기

실천

- 배운 내용 마무리하기

1 설명을 듣고 중요한 내용 파악하기

① 설명을 듣기 전에 듣는 목적을 생각합니다.
② 듣는 내용과 관련된 경험이나 아는 내용을 떠올립니다.
③ 중요한 내용이 무엇인지 생각하며 간단히 정리해 봅니다.
  → 중요한 내용을 간단히 쓴 글을 메모라고 합니다. 메모를 하면 내용을 효과적으로 기억할 수 있습니다.

2 중요한 내용을 간단히 정리하는 방법

① 숫자를 사용해서 내용을 한눈에 알아볼 수 있게 정리합니다.
② 들은 내용에 어울리는 제목을 씁니다.
③ 중요한 내용을 별표와 같은 기호로 표현합니다.
  예 「매미가 내뿜는 액체」를 듣고 중요한 내용을 정리한 메모

> 제목: 매미가 내뿜는 액체
> 1. 배 밑의 구멍에서 액체를 내뿜음.
> 2. 액체를 내뿜으며 몸을 보호함. ☆
> 3. 액체는 단맛이 남.

3 영상을 보고 중요한 내용 파악하기

① 영상에서 나오는 소리를 집중해서 듣습니다.
② 소리뿐만 아니라 화면의 그림과 글을 주의 깊게 보면 전달하는 내용을 쉽게 파악할 수 있습니다.
③ 영상에서 강조하고 있는 내용이 무엇인지 생각해 봅니다.

4 설명하는 글을 읽고 중요한 내용 파악하기

① 글에서 중요한 낱말을 찾아봅니다.
② 글의 각 문단에서 중심 문장과 뒷받침 문장을 찾아봅니다.

중심 문장	문단의 내용을 대표하는 문장으로, 문단에서 가장 중심이 되는 문장입니다.
뒷받침 문장	중심 문장을 도와주는 문장으로, 중심 문장을 구체적으로 설명합니다.

  → 문단은 중심 문장과 뒷받침 문장으로 이루어집니다.

5 이야기에서 중요한 내용 파악하기

① 시간 순서대로 일어난 일을 정리해 봅니다.
② 장소나 인물의 마음이 어떻게 변하는지 살펴봅니다.

핵심 확 인 문 제

정답과 해설 ● 13쪽

1 설명을 듣기 전에 듣는 목적을 생각하면, 설명을 듣고 중요한 내용을 잘 파악할 수 있습니다.
(○ , ×)

2 중요한 내용을 간단히 정리할 때 사용하면 좋은 것에 모두 ○표를 하시오.
(1) 숫자 ( )
(2) 기호 ( )
(3) 영어 ( )

3 영상의 중요한 내용을 파악할 때에는 소리뿐만 아니라 화면의 □□와/과 □을/를 주의 깊게 보아야 합니다.

4 문단의 내용을 대표하는 문장은 뒷받침 문장입니다.
(○ , ×)

5 이야기에서 중요한 내용을 파악하려면 □□ 순서대로 일어난 일을 정리해 봅니다.

1~4 다음을 보고, 물음에 답하시오.

● 준우가 어떤 내용을 기록하는지 살펴보기

가 인터넷으로 자료를 조사하는 준우

나 문자를 보는 준우

다 머릿속에서 생각한 내용을 정리하는 준우

1 **가~다**에서 준우는 무엇을 하고 있는지 알맞은 말에 ○표를 하시오.

• (중요한 , 재미있는) 내용을 간단히 정리하고 있습니다.

2 **가~다**에서 준우가 기록한 내용을 각각 찾아 기호를 쓰시오.

> ㉠ 유적지 탐방 계획
> ㉡ 바뀐 약속 시간과 장소
> ㉢ 공벌레의 모습에 대해 조사한 내용

(1) **가**: (   )
(2) **나**: (   )
(3) **다**: (   )

3 **다**에서 준우가 기록한 내용을 어떻게 나누었는지 빈칸에 알맞은 내용을 쓰시오.

(1) [　　　] ― 서원, 향교
(2) [　　　] ― 민수, 지원
(3) [　　　] ― 토요일이나 일요일

핵심

4 준우가 기록한 방법과 다른 방법을 말한 친구의 이름을 쓰시오.

> 은결: 나들이를 가서 하루 종일 있었던 일을 모두 일기에 썼어.
> 연우: 박물관에서 새롭게 알게 된 내용을 정리해 본 적이 있어.
> 경준: 현장 체험 학습을 갔을 때 선생님께서 경복궁에 대해 설명해 주시는 내용을 귀 기울여 들으며 메모했어.

(   )

4 단원　월　일

1~3 글을 읽고, 물음에 답하시오.

매미가 내뿜는 액체

날씨 맑은 여름날, 매미 소리가 들리는 나무 밑에서 물방울을 맞은 적이 있나요? 하늘은 맑은데 나무 밑에서 맞는 물방울, 그 정체는 무엇일까요? 그것은 바로 매미가 내뿜는 액체일 수도 있습니다. 매미가 내뿜는 액체를 알아볼까요?

첫째, 매미는 배 밑의 구멍에서 자신이 먹은 것을 내뿜어요. 매미는 자신의 몸무게보다 훨씬 많은 나무의 수액을 마셔요. 그리고 먹은 것 대부분을 몸 밖으로 내뿜어요. → 땅속에서 나무의 줄기를 통하여 잎으로 올라가는 액체.

둘째, 매미는 액체를 내뿜으면서 자신의 몸을 보호하기도 해요. 몸속에 저장한 수액을 내뿜은 매미는 몸이 가벼워져서 빨리 날아서 천적에게서 도망갈 수 있거든요. → 어떤 동물이 다른 동물을 잡아먹는 관계일 때, 잡아먹는 동물.

셋째, 매미가 내뿜는 액체는 단맛이 납니다. 만약 맑은 날 나무 아래에서 갑자기 물방울을 맞았다면 "아, 시원하네!" 하고 한껏 웃어 봐요.

1 매미는 어떻게 액체를 내뿜는지 빈칸에 알맞은 말을 쓰시오.

• (　　　　　　　)에서 자신이 먹은 것을 내뿜는다.

2 매미는 무엇을 마신다고 하였는지 알맞은 것에 ○표를 하시오.

(눈물 , 수액 , 설탕)

3 매미가 액체를 내뿜는 까닭은 무엇입니까?

(　　　)

① 짝을 찾기 위해
② 배고플 때 먹기 위해
③ 천적을 공격하기 위해
④ 나무에 물을 주기 위해
⑤ 천적에게서 재빨리 도망가기 위해

4~5 다음을 보고, 물음에 답하시오.

● 「매미가 내뿜는 액체」의 내용을 정리한 메모 살펴보기

가
매미,
나무 아래, 물방울,
천적, 시원하다,
신맛, 친척

나
날씨 맑은 여름날, 매미 소리가 들리는 나무 밑에서 물방울을 맞은 적이 있나요? 하늘은 맑은데 나무 밑에서 맞는 물방울, 그 정체는 무엇일까요?……

다
제목: 매미가 내뿜는 액체
1. 배 밑의 구멍에서 액체를 내뿜음.
2. 액체를 내뿜으며 몸을 보호함. ☆
3. 액체는 단맛이 남.

4 다음은 친구들이 **가**~**다**를 보고 한 말입니다. 빈칸에 알맞은 메모의 기호를 쓰시오.

(1) 다영: (　　　　　　)는 설명과 다른 내용을 썼어.
(2) 우재: (　　　　　　)는 중요한 내용을 알아보기 쉽게 정리했어.
(3) 현민: (　　　　　　)는 설명하는 내용을 정리하지 않고 그대로 다 썼어.

5 **다**를 보고 중요한 내용을 간단히 정리하는 방법을 떠올린 것으로 알맞지 <u>않은</u> 것에 ×표를 하시오.

(1) 낱말로만 정리한다. (　　　)
(2) 내용에 어울리는 제목을 쓴다. (　　　)
(3) 중요한 내용을 별표와 같은 기호로 표현한다. (　　　)
(4) 숫자를 사용해서 내용을 한눈에 알아볼 수 있게 정리한다. (　　　)

6~8 글을 읽고, 물음에 답하시오.

버스 탑승 안전 수칙

안전하고 행복한 현장 체험 학습을 위해 버스 ♥탑승 시 지켜야 할 사항을 말씀드리겠습니다.

먼저, 버스를 타고 내릴 때의 주의 사항을 말씀드리겠습니다. 버스 출입문은 앞쪽에 한 개가 있습니다. 이 문을 이용하실 때에는 질서를 지켜서 차례차례 오르내리려야 합니다. 양보하지 않고 뛰거나 밀치면 큰 사고가 발생할 수 있으므로 이 점을 꼭 지켜 주시기 바랍니다.

→ 힘껏 밀면.

다음으로, 버스를 탄 뒤의 안전 사항을 말씀드리겠습니다. 버스를 타고 안전을 위해 여러분이 가장 먼저 해야 할 일은 바로 여러분이 앉은 ♥좌석에 놓인 안전띠를 매는 일입니다. 조금 불편하시더라도 자리에서 양쪽 띠를 딸칵 소리가 나게 채워 주시기 바랍니다. 그리고 버스가 움직일 때에는 자리에서 함부로 일어나거나 이동하지 않습니다. 화장실 등의 급한 볼일이 있을 때에는 손을 들고 선생님을 찾으면 선생님께서 불편한 점을 확인해 주실 것입니다.

안전을 위해 지켜야 할 규칙을 기억하며 가시는 곳까지 편안한 여행이 되길 바랍니다. 고맙습니다.

문해력 팡팡

♥**탑승**(搭 탈 탑, 乘 탈 승): '배나 비행기, 차 따위에 올라 탐.'을 뜻합니다.

♥**좌석**(坐 자리 좌, 席 자리 석): 앉을 수 있게 마련된 자리를 뜻합니다. 반대말은 '입석(立 설 립, 席 자리 석)'입니다. 입석은 열차, 버스 등에서 지정된 자리가 없어서 서서 타는 자리를 뜻합니다.

핵심

6 이 설명을 듣기 전에 떠올릴 수 있는 경험으로 알맞은 것에 ○표를 하시오.

(1) 친구의 생일잔치에 갔던 경험 ( )

(2) 달리기를 하다가 넘어진 경험 ( )

(3) 반 친구들과 버스를 탔던 경험 ( )

---

7 이 설명의 내용으로 알맞은 것을 <u>두 가지</u> 고르시오. (,)

① 버스를 탄 뒤에는 가장 먼저 안전띠를 맨다.

② 버스가 움직이기 시작하면 자리에서 일어나도 된다.

③ 버스에 타고 내릴 때 사고가 나지 않도록 질서를 지키고 양보한다.

④ 버스를 탈 때는 앞쪽 문을 이용하고, 내릴 때는 뒤쪽 문을 이용한다.

⑤ 버스에 타고 있을 때 화장실에 가고 싶으면 운전기사님께 말씀드린다.

핵심

8 다음은 설명을 듣고 중요한 내용을 정리한 것입니다. 빈칸에 알맞은 말을 쓰시오.

> 제목: (   ) 탑승 안전 수칙
>
> 1. 버스에 타고 내릴 때
>   – (   )을/를 지켜 차례대로 오르내리기
>   – 뛰거나 밀치지 않고 양보하기
> 2. 버스에 타고 있을 때
>   – (   )
>   – 함부로 이동하지 않기
>   – 급한 볼일이 있을 때 선생님 찾기

교과서 핵심

○ **설명을 듣기 전에 생각해야 할 점**
- 듣는 목적을 생각합니다.
- 내용과 관련된 경험이나 아는 내용을 떠올립니다.
- 강조하는 내용이 무엇인지 생각합니다.

○ **중요한 내용을 간단히 정리하는 방법**
- 듣거나 읽은 내용에 어울리는 제목을 씁니다.
- 숫자를 사용해서 내용을 한눈에 알아볼 수 있게 정리합니다.
- 중요한 내용을 별표와 같은 기호로 표현합니다.

교과서 문해력 키우기

1 다음 뜻에 알맞은 낱말을 글자의 첫소리를 참고하여 쓰시오.

(1) 앉을 수 있게 마련된 자리.

➡ ㅈ ㅅ ✏ ____________

(2) 땅속에서 나무의 줄기를 통하여 잎으로 올라가는 액체.

➡ ㅅ ㅇ ✏ ____________

(3) 위험이 생기거나 사고가 날 염려가 없음. 또는 그런 상태.

➡ ㅇ ㅈ ✏ ____________

2 다음 문장에 들어갈 낱말을 보기 에서 찾아 쓰시오.

> 보기
>
> 천적   탑승   밀치면

(1) 고양이는 쥐의 (   )이다.

(2) 사람을 (   ) 다칠 수 있으니 조심해야 한다.

(3) 우리는 놀이공원에서 놀이기구에 (   )했다.

3 1 ~ 2번에 나온 낱말을 활용하여 나만의 문장을 만들어 보시오.

✏ ____

____

____

5월 31일이 ○○를 위한 날이라고?

❶ 5월은 우리가 잘 알고 있는 어린이날, 어버이날, 스승의 날, 바다 식목일 같은 기념일, 그리고 축제, 행사가 많은 달이죠! 그런데 5월 31일도 ♥기념일이란 것 알고 계신가요? 바로 바다의 날입니다. 해양 생물들의 ♥아늑한 보금자리이자 누군가의 삶의 터전, 휴식처이기도 한 바다를 위한
5 기념일이 있다는 사실! 많은 분들이 모르고 계셨을 거예요. 혹시 모르고 계셨다면 바다의 날이 무엇이고 왜 5월 31일인지 우리 함께 알아볼까요?

넓고 큰 바다.
생활하는 곳.

중심 내용 5월 31일은 바다를 위한 기념일인 바다의 날이다.

❷ 바다의 날은 바다의 소중함과 ㉠가치를 국민에게 알리고 바다 관련 사업의 중요성에 대한 ㉡인식을 높이기 위해 1996년에 ♥제정된 법정 기념일이에요. 그런데 왜 하필 5월 31일을 바다의 날로 정했는지 문득 궁금
10 해지는데요. 바로 통일 신라 시대, 동북아 해상 ㉢무역을 지배하던 바다의 왕 장보고와 관련이 있습니다.

법으로 정함.
사고파는 물품을 배로 옮기는 무역.

중심 내용 바다의 날이 5월 31일인 것은 장보고와 관련이 있다.

• 글의 내용: 영상 자료 「5월 31일이 ○○를 위한 날이라고?」의 대본으로, 5월 31일을 바다의 날로 정한 까닭과 바다의 날이 가진 역사적 의미를 알려 주는 내용입니다.

♥기념일(紀 벼리 기, 念 생각할 념, 日 날 일): 축하하거나 기릴 만한 일이 있을 때, 해마다 그 일이 있었던 날을 기억하는 날.

♥아늑한: 따뜻하고 편안한 느낌이 있는.

♥제정(制 지을 제, 定 정할 정)된: 제도나 법률 따위가 만들어져서 정하여진.

4
단원
월
일

---

1 이 글이 설명하는 기념일은 무엇입니까?
( )
① 어린이날　② 어버이날
③ 스승의 날　④ 바다의 날
⑤ 바다 식목일

2 바다의 날을 기념일로 정한 이유를 두 가지 고르시오. (,)
① 바다 근처에 사는 국민이 많아서
② 바다의 소중함과 가치를 알리기 위해
③ 예로부터 해상 무역이 활발했기 때문에
④ 바다와 관련한 일의 중요성을 알리기 위해
⑤ 우리나라는 삼면이 바다로 둘러싸여 있기 때문에

3 바다의 날과 관련이 있는 인물의 이름을 쓰시오.
( )

4 낱말 ㉠~㉢의 뜻을 찾아 알맞게 선으로 이으시오.

(1) ㉠ 가치 • • ① 사물이 지니고 있는 쓸모나 중요성.

(2) ㉡ 인식 • • ② 나라와 나라 사이에 서로 물품을 사고파는 일.

(3) ㉢ 무역 • • ③ 어떤 것을 보고, 듣고, 느끼면서 그것이 무엇인지 아는 것.

❸ 당시 당나라의 해적들이 신라인을 납치해서 노비로 사고파는 참혹한
비참하고 끔찍한.
모습에 충격을 받은 장보고가 이를 막기 위해 828년, 군사 1만 명과 함께
청해에 진을 ♥설치하여 해적들을 소탕하였는데요. 거기다 청해진을 중심
적에 맞서 싸우기 위한 군대가 있는 곳.   휩쓸어 모두 없애 버림.
으로 신라와 당, 일본을 잇는 해상 무역로를 개척, 당나라와 일본을 잇는
새로운 영역이나 길을 찾아서 열어 나감.
5 중개 무역을 통해 동아시아의 해상 무역을 주도하였습니다. 이 청해진을
두 나라 사이에서 다른 나라 물건을 사고파는 일을 도와주는 무역. 앞장서서 조직이나 무리를 이끎.
설치한 날이 바로 5월 31일이랍니다. 바다의 날이 이런 역사적 의미를 가
지고 있다니 참으로 놀라운데요. 바다의 날이 주는 의미와 함께 소중한
사람들과 특별한 추억도 만들어 보시길 바라요.

중심 내용 바다의 날은 장보고가 청해진을 설치한 날이라는 역사적 의미를 지니고 있다.

♥**설치**(設 베풀 설, 置 둘 치)**하여**: 어떤
일을 하는 데 필요한 기관 따위를 베풀
어 두어.

교과서 핵심

○ **영상을 보고 중요한 내용을 파악하는
방법**
- 영상에서 강조하는 내용이 무엇인지
생각합니다.
- 영상에서 나오는 소리뿐만 아니라 화
면의 그림과 글에 집중하면 전달하는
내용을 쉽게 파악할 수 있습니다.

---

5 장보고가 청해진을 설치한 날이 언제인지 쓰
시오.

(   )

역량

6 「5월 31일이 ○○를 위한 날이라고?」를 보고
중요한 내용을 메모했습니다. 빈칸에 들어갈
내용으로 알맞은 것에 ○표를 하시오.

> 제목: 바다의 날
> 1. 바다의 날이란?
>   − 5월 31일
>   − 바다를 위한 법정 기념일
> 2. ____________
>   − 바다의 소중함과 가치, 바다 관련 사업
>   의 중요성을 알리기 위해.
> 3. 바다의 날이 5월 31일인 까닭
>   − 통일 신라 시대에 장보고는 청해진을
>   설치하여 해적을 소탕하고 해상 무역을
>   주도함.
>   − 장보고가 청해진을 설치한 날이 5월 31
>   일임. ☆

(1) 5월에 있는 기념일   (   )
(2) 바다의 날이 지닌 역사적 의미 (   )
(3) 바다의 날을 기념일로 정한 까닭 (   )

역량

7 6번 문제의 메모가 중요한 내용을 잘 정리했
는지 점검할 때 확인할 점으로 알맞지 <u>않은</u>
것은 무엇입니까?   (   )

① 내용에 알맞은 제목을 썼나요?
② 영상의 내용과 다른 내용이 없나요?
③ 숫자나 기호를 사용하여 정리했나요?
④ 자신의 생각이 분명하게 나타났나요?
⑤ 내용을 한눈에 알아볼 수 있게 정리했
나요?

핵심

8 중요한 내용을 파악하며 영상을 보는 방법을
알맞게 말하지 <u>못한</u> 친구에게 ×표를 하시오.

(1)

(   )

(2)

(   )

(3)

(   )

1 다음 뜻에 알맞은 낱말을 글자의 첫소리를 참고하여 쓰시오.

(1) 넓고 큰 바다.

→ ㅎ ㅇ

(2) 비참하고 끔찍한.

→ ㅊ ㅎ ㅎ

(3) 따뜻하고 편안한 느낌이 있는.

→ ㅇ ㄴ ㅎ

2 다음 문장에 들어갈 낱말을 보기 에서 찾아 쓰시오.

> 보기
>
> 기념일   제정한   설치하여

(1) 내 방에 에어컨을 (   ) 여름에도 시원하게 공부할 수 있었다.

(2) 한글날은 세종 대왕이 창제한 훈민정음의 반포를 기념하기 위하여 (   ) 국경일이다.

(3) 부모님의 30주년 결혼(   )을 축하하기 위해 우리는 특별한 선물을 준비하기로 했다.

3 1 ~ 2번에 나온 낱말을 활용하여 나만의 문장을 만들어 보시오.

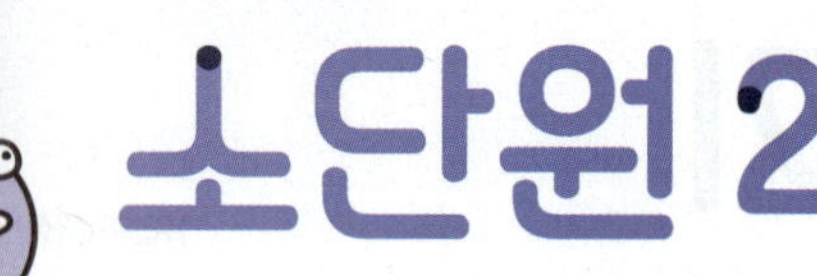 

소단원 2 · 설명하는 글을 읽고 중요한 내용 파악하기

된장을 만드는 방법

❶ 된장은 우리나라의 대표적인 먹거리입니다. 된장은 콩으로 만든 메주를 재료로 사용합니다. 메주로 된장을 만드는 방법을 알아봅시다.

중심 내용 우리나라의 대표적인 먹거리인 **된장을 만드는 방법**을 알아보자.

❷ ㉠먼저, 된장의 재료가 되는 메주를 만들어 잘 말립니다. ㉡찧은 콩 반죽을 대게 네모난 모양으로 빚습니다. ㉢따뜻한 곳에서 메주를 ♥꾸덕꾸덕
5 할 때까지 말립니다. ㉣메주를 따뜻한 곳에 두면 우리 몸에 이로운 성분이 생깁니다. ㉤23일간 메주를 잘 말려 볏짚으로 묶어 ♥띄울 준비를 합니다.

중심 내용 찧은 콩 반죽으로 된장의 재료가 되는 메주를 만들어 따뜻한 곳에서 말린다. → 벼의 낟알을 떨어낸 줄기.

❸ 그다음으로, 메주를 볏짚으로 묶어 바람이 잘 통하는 곳에 매달아 놓습니다. 볏짚과 공기 중에는 메주를 ♥발효시키는 여러 가지 ♥미생물이 살고 있습니다. 메주를 서너 달 동안 매달아 놓으면 된장의 고유한 맛과 향
10 을 내는 미생물이 많이 퍼집니다. 이 성분을 사람들이 먹으면 몸이 튼튼하고 건강해집니다. 이렇게 잘 띄운 메주를 깨끗이 씻어서 햇볕에 적당히 말립니다.

중심 내용 메주를 볏짚으로 묶어 바람이 잘 통하는 곳에 서너 달 동안 매달아 놓고, 잘 띄운 메주를 깨끗이 씻어서 햇볕에 말린다.

문해력 팡팡

♥**미생물**(微 작을 미, 生 날 생, 物 물건 물): 눈으로 볼 수 없는 아주 작은 생물을 뜻합니다. 여기서 '미(微)' 자는 '작다'를 뜻합니다.

- **글의 종류**: 설명하는 글
- **글의 특징**: 콩으로 메주를 빚는 것부터 삭힌 메주로 된장을 만들기까지의 과정을 차례대로 알려 주고 있습니다.

♥**꾸덕꾸덕할**: 물기 있는 물체의 겉이 조금 마르거나 얼어서 꽤 굳어 있을.

♥**띄울**: 누룩이나 메주 따위를 발효시킬.

♥**발효**(醱 술 괼 발, 酵 발효할 효)**시키는**: 음식물을 저장할 때 음식의 맛과 향이 좋아지는 미생물이 생기게 하는.

교과서 핵심

❶~❸의 중심 문장
- 중심 문장은 문단의 내용을 대표하는 문장입니다.

문단	중심 문장
❶	메주로 된장을 만드는 방법을 알아봅시다.
❷	먼저, 된장의 재료가 되는 메주를 만들어 잘 말립니다.
❸	그다음으로, 메주를 볏짚으로 묶어 바람이 잘 통하는 곳에 매달아 놓습니다.

---

1 무엇에 대해 설명하는 글인지 빈칸에 알맞은 말을 쓰시오.

- ( )을/를 만드는 방법

2 메주를 띄우기 위해 따뜻한 곳에 두는 이유는 무엇입니까? ( )

① 맛이 좋아지게 하려고
② 메주를 빨리 마르게 하려고
③ 미생물이 생기지 않게 하려고
④ 메주의 네모난 모양을 잘 유지하려고
⑤ 우리 몸에 이로운 성분이 많이 생기게 하려고

핵심

3 문단 ❷에서 중심 문장과 뒷받침 문장을 찾아 각각 기호를 쓰시오.

(1) 중심 문장	
(2) 뒷받침 문장	

4 메주를 볏짚으로 묶어 바람이 잘 통하는 곳에 매달아 놓는 까닭에 ○표를 하시오.

(1) 우리 몸에 해로운 성분이 생기는 것을 막기 위해서 ( )
(2) 메주에서 나는 심한 냄새를 바람에 날려 버리기 위해서 ( )
(3) 된장의 고유한 맛과 향을 내는 미생물이 많이 퍼지게 하기 위해서 ( )

❹ 마지막으로, 항아리에 메주와 소금물, 붉은 고추, 숯을 넣어 ♥삭힙니다. 붉은 고추와 숯은 ♥잡균을 없애고 냄새를 제거하는 역할을 합니다. 20~30일이 지나면 항아리에서 메주를 건져 냅니다. 건져 낸 메주를 삭혀 된장을 만듭니다.

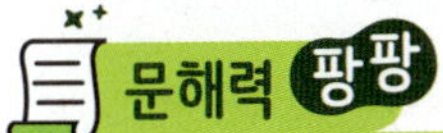
중심 내용 항아리에 메주와 소금물, 붉은 고추, 숯을 넣어 삭힌 뒤 메주를 건져 내 된장을 만든다.

5 **❺** 또 우리 조상은 장 만드는 재료를 정성껏 손질하고 ♥장독을 소중히 관리했습니다. 장마철이 오기 전에 장항아리 뚜껑을 열어 햇볕과 바람을 쐬어 장이 잘 발효되도록 했습니다.

중심 내용 조상들은 장 만드는 재료를 정성껏 손질하고 장독을 소중히 관리했다.

📋 문해력 팡팡

> ♥**삭히다/삭이다**: '삭히다'와 '삭이다'는 비슷하게 들리지만, 뜻과 쓰임이 다릅니다. '삭히다'는 '김치나 젓갈 따위의 음식물이 발효되어 맛이 들게 하다.'라는 뜻으로, '된장을 삭히면 시간이 지나면서 맛이 깊어집니다.'와 같이 쓰입니다. 반면 '삭이다'는 '먹은 음식물을 소화하다.' 또는 '긴장이나 화를 풀어 마음을 가라앉히다.'를 뜻합니다.
>
> ♥**잡균**(雜 섞일 **잡**, 菌 세균 **균**): 잡스러운 여러 가지 종류의 세균을 뜻합니다.

♥**장**(醬 장 **장**)**독**: 간장, 된장, 고추장 따위를 담아 두거나 담그는 독.

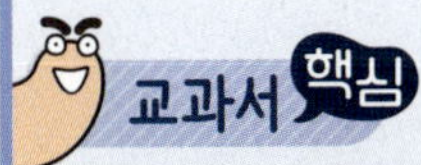

교과서 핵심

❹~❺의 중심 문장

문단	중심 문장
❹	마지막으로, 항아리에 메주와 소금물, 붉은 고추, 숯을 넣어 삭힙니다.
❺	우리 조상은 장 만드는 재료를 정성껏 손질하고 장독을 소중히 관리했습니다.

---

5 메주를 만들 때 붉은 고추와 숯이 하는 역할을 두 가지 고르시오. (,)

① 잡균을 없앤다.
② 짠맛을 없앤다.
③ 냄새를 제거해 준다.
④ 메주가 썩지 않게 한다.
⑤ 메주의 색깔을 곱게 해 준다.

6 된장을 만드는 방법에 맞게 차례대로 기호를 쓰시오.

> ㉠ 항아리에서 메주 삭히기
> ㉡ 삭힌 메주로 된장 만들기
> ㉢ 메주를 볏짚으로 묶어 바람에 말리기
> ㉣ 찧은 콩 반죽을 대게 네모난 모양으로 빚어 따뜻한 곳에서 말리기

( ) → ( ) → ( ) → ( )

핵심

7 「된장을 만드는 방법」을 간추려 쓴 글의 빈칸에 알맞은 말을 차례대로 쓰시오.

> 된장을 만들려면 먼저 된장의 재료가 되는 ( )을/를 만들어 잘 말립니다. 찧은 ( )(으)로 메주를 빚어 따뜻한 곳에서 말립니다. 그런 다음 메주를 볏짚으로 묶어 매달아 놓고 바람에 말립니다. 마지막으로 항아리에 메주와 ( ), 붉은 고추, 숯을 넣어 삭힙니다. 이렇게 잘 삭힌 메주로 ( )을/를 만듭니다.

(, , ,)

역량 **서술형**

8 이 글을 읽고 새롭게 안 내용이나 더 알고 싶은 점을 쓰시오.

____

____

교과서 문해력 키우기

1 다음 뜻에 알맞은 낱말을 글자의 첫소리를 참고하여 쓰시오.

(1) 없애 버리다.

➡ ㅈ ㄱ 하다 ✎ ______________________

(2) 손을 대어 잘 매만지다.

➡ ㅅ ㅈ 하다 ✎ ______________________

(3) 물기 있는 물체의 겉이 조금 마르거나 얼어서 꽤 굳어 있다.

➡ ㄲ ㄷ ㄲ ㄷ 하다 ✎ ______________________

2 다음 문장에 들어갈 낱말을 보기 에서 찾아 쓰시오.

보기

잡균	장독	삭혀서

(1) 할머니는 멸치젓을 (   ) 김치를 만드는 데 사용하셨다.

(2) 우리 집은 수돗물의 (   )을 없애기 위해 정수기를 사용한다.

(3) 할아버지께서 (   )에 든 고추장을 퍼서 맛이 잘 들었는지 맛보셨다.

3 1 ~ 2번에 나온 낱말을 활용하여 나만의 문장을 만들어 보시오.

✎ ______________________________________

____

____

내 감자가 생겼어요

이영득

❶ 우리 식구는 토요일이면 할머니 집에 자주 가요. 할머니 집은 시골이에요. 마루에 서면 산만 보여요.

나는 할머니는 좋은데, 시골은 싫어요.

5 할머니랑 엄마, 아빠는 밭에 가서 일만 하고, 나는 같이 놀 ♥동무도 없고 심심해요.

참, 내 ♥또래가 있긴 해요. 할머니 뒷집에 사는 상구요. 그런데 나만 보면 숨어요, 바보같이.

> 중심 내용 솔이는 할머니 집에 자주 가는데 할머니 집이 있는 시골을 싫어한다.

❷ 아까 저녁을 먹는데, 전화가 왔어요.

10 "솔이냐? 할미다. 내일 할미 집에 올 끼가? 솔이 감자 솔이가 캐야제?"

할머니가 손자, 손녀에게 자기 자신을 이르는 말.

다른 때 같으면 가기 싫다고 했을 텐데, 내 감자가 생각나서 얼른 간다고 했어요.

문해력 팡팡

♥동무: 어떤 일을 짝이 되어 함께 하는 사람을 뜻합니다. '놀이 동무'와 같이 쓰입니다.

• 글의 특징: 도시에 사는 솔이가 시골 할머니 집에 자줏빛 감자를 캐러 가서 일어난 일을 쓴 이야기로, 시골과 자연을 대하는 솔이의 마음 변화가 잘 나타나 있습니다.

♥또래: 나이나 수준이 서로 비슷한 무리.

교과서 핵심

◉ 이야기에서 일어난 일을 파악하는 방법
• 시간 순서대로 내용을 정리합니다.
• 장소나 인물의 마음이 어떻게 변화하는지 살펴봅니다.

4단원

월

일

---

1 솔이 할머니의 집은 어디에 있는지 알맞은 곳에 ○표를 하시오.

(1) 도시　　　　　　　　　(　　　)
(2) 시골　　　　　　　　　(　　　)
(3) 외국　　　　　　　　　(　　　)

3 할머니는 솔이에게 전화를 걸어 무슨 말씀을 하셨는지 빈칸에 알맞은 말을 쓰시오.

• (　　　　　　　)을/를 캐러
  (　　　　　　　)에 오라고 하셨다.

2 이 글에 나타난 솔이의 마음으로 알맞은 것을 두 가지 고르시오.　　　(　　,　　)
① 시골이 싫다.
② 할머니가 무섭다.
③ 할머니 집에 가면 심심하다.
④ 엄마 아빠랑 밭에 가서 일하고 싶다.
⑤ 할머니 집 주변엔 산이 있어서 좋다.

4 솔이가 전화를 받고 할머니 집에 얼른 가겠다고 한 까닭은 무엇입니까?　　　(　　　)
① 동무랑 놀고 싶기 때문에
② 맛있는 감자를 먹고 싶기 때문에
③ 시골에 있는 산에 가고 싶기 때문에
④ 할머니 집에 가는 것을 좋아하기 때문에
⑤ 할머니 밭에 있는 자신의 감자가 생각났기 때문에

내 감자가 생긴 건 한 달도 더 앞이에요. 할머니네 감자밭을 지나는데, ♥이랑마다 감자꽃이 하얗게 피어 있었어요.

그런데 자줏빛 꽃 하나가 눈에 띄었어요.

5 "히야!"

자줏빛 꽃을 보니, 고구마가 생각났어요.

"할머니, 저기에는 고구마가 달려?"

이랬더니 할머니랑 아빠가 막 웃었어요. 엄마는 고개를 ♥갸웃했어요. 아빠가 웃으며 말했어요.

10 "어무이, 저 감자에 뭐가 달리나 수수께끼 내입시더."
'어머니'를 뜻하는 경상도 지방의 방언

"그라까? 솔이랑 어멈이 맞힐랑가?"

엄마는 고개를 ㉠절레절레, 그래서 내가 말했어요.

"할머니, 지금 ♥캐면 안 돼?"

15 "때 되마 솔이가 캐면 되제."
   되면

"그럼 저거 내 감자 할 거야. 할머니가 잘 가꿔야 돼!"

"오야오야. 자주 꽃 핀 감자, 이제 솔이 끼다."
 오냐오냐   거다

그래서 내 감자가 생긴 거예요.

중심 내용 솔이는 감자를 캐러 오라는 할머니의 전화를 받고 한 달 전에 할머니네 밭에서 자줏빛 꽃이 핀 감자를 자신의 감자로 정한 일이 생각났다.

문해력 팡팡

♥캐다: '감자를 캐다'에 쓰인 '캐다'는 '땅속에 묻힌 돌이나 금속, 식물 따위를 파서 꺼내다.'를 뜻합니다. '캐다'에는 '드러나지 않은 사실을 밝혀내다.'라는 뜻도 있습니다. '사건에 숨겨진 비밀을 캐다.'와 같이 쓰입니다.

♥이랑: 논이나 밭을 갈아 골을 타서 두두룩하게 흙을 쌓아 만든 곳.

♥갸웃했어요: 고개나 몸을 한쪽으로 조금 기울였어요.

교과서 핵심

○ 솔이에게 일어난 일과 솔이의 마음 ①

일어난 일	한 달 전에 할머니 밭에서 자줏빛 감자꽃을 찾아 '솔이 감자'라고 정함.
인물의 마음 예	• 자줏빛 꽃이 신기함. • 자줏빛 감자를 볼 생각에 설렘.

---

5 일이 일어난 장소는 어디인지 글에서 찾아 쓰시오.

(   )

핵심

6 자줏빛 감자꽃을 본 솔이의 마음을 알맞게 말한 친구를 두 명 찾아 이름을 쓰시오.

> 단우: 자줏빛 감자를 볼 생각에 매우 설렜을 거야.
> 태민: 감자밭에서 자줏빛 꽃을 보고 무서워서 도망가고 싶었을 거야.
> 윤재: 감자꽃은 보통 하얀색인데 자줏빛 꽃이 피어서 신기했을 거야.

(,   )

7 솔이에게 생긴 '내 감자'는 어떤 감자입니까?

(   )

① 가장 큰 감자
② 하얀 꽃 핀 감자
③ 자주 꽃 핀 감자
④ 솔이가 직접 캔 감자
⑤ 고구마처럼 생긴 감자

8 ㉠'절레절레'의 뜻으로 알맞은 것에 ○표를 하시오.

(1) 머리를 좌우로 자꾸 흔드는 모양. (   )

(2) 머리나 몸을 앞으로 많이 숙였다가 드는 모양. (   )

(3) 고개 따위를 자꾸 아래위로 가볍게 움직이는 모양. (   )

❸ 토요일.

고속 도로를 달리다 작은 길로 빠져나왔어요.

할머니네 마을 이름이 새겨진 바위가 보였어요.

♥골짝을 따라 길고 꼬불꼬불, 아름드리나무도
둘레가 한 아름이 넘는 큰 나무.
5 많았어요. 나는 할머니 집에 가자마자 감자 캐러

가자고 졸랐어요. 호미 들고 자루 메고 밭으로 갔

어요.

그런데 감자꽃이 다 ♥져 버렸어요.

"할머니, 내 감자 어딨어?"

10 "꽃이 없으이 할미도 모르겠네. 저징가? 다 캐면

솔이 감자 표 날 테니 기다리 봐라."

할머니는 맨 앞 이랑에 앉아 감자를 캐기 시작했

어요. 아빠는 다음 이랑, 엄마는 그다음 이랑에 앉

았어요. 나는 내 감자를 찾으려고 아무 감자나 막

15 뽑아 봤어요.

조금 뒤, 할머니 뒤에 감자가 ♥수북이 쌓였어요.

아빠 엄마 뒤에도 감자가 쌓였어요. 하지만 표

나는 감자는 없었어요.

"치!"

나는 골이 나서 감자 하나를 홱 던졌어요.
마음에 거슬리거나 언짢아서 성이 나서.
감자는 캐지 않은 이랑에 툭 떨어졌어요.

문해력 팡팡

♥수북이: '쌓이거나 담긴 물건 따위가 불룩하게 많이.'를 뜻합니다. '수북히'로 잘못 적지 않도록 주의해야 합니다. '수북이'처럼 '깨끗이, 가까이, 틈틈이' 등은 '–이'로 적고, '열심히, 솔직히, 조용히' 등은 '–히'로 적습니다.

♥골짝: 산과 산 사이에 움푹 패어 들어간 곳.

♥져: 꽃이나 잎 따위가 시들어 떨어져.

교과서 핵심

○ 솔이에게 일어난 일과 솔이의 마음 ②

일어난 일	토요일에 할머니 밭에 갔을 때 자주꽃 핀 감자를 찾지 못함.
인물의 마음 예	• 감자꽃이 다 져 버려서 속상함. • 자신의 감자를 찾지 못해 화가 나고 답답함.

---

9 이 글에 등장하지 <u>않는</u> 인물은 누구입니까?

( )

① 솔이 ② 엄마
③ 아빠 ④ 할머니
⑤ 할아버지

핵심

10 이 글의 내용으로 알맞지 <u>않은</u> 것은 무엇입니까?

( )

① 감자밭의 감자꽃이 다 져 버렸다.
② 할머니, 아빠, 엄마가 감자를 캤다.
③ 할머니가 솔이 감자를 찾아 주셨다.
④ 토요일에 솔이는 할머니 집에 갔다.
⑤ 솔이는 자신의 감자를 찾지 못했다.

11 솔이가 감자밭에서 한 행동으로 알맞은 것에 ○표를 하시오.

(1) 호미로 감자를 캤다. ( )
(2) 감자 하나를 던졌다. ( )
(3) 감자를 자루에 담았다. ( )

서술형

12 솔이가 11번 문제에서 답한 행동을 한 까닭은 무엇인지 쓰시오.

____

____

"솔아, 그라믄 못쓴다! 그 감자, 할미 혼자 가꾼 거 아이다."

㉠ 할머니가 ♥**머릿수건**으로 땀을 닦으며 말했어요.

"그럼 누가 또 가꿨어?"

5 "♥**가랑비**랑 이슬, ♥**뙤약볕**도 가꿨제."

중심 내용 솔이는 할머니네 밭에 감자를 캐러 갔지만 감자꽃이 다 지고 자신의 감자를 찾지 못해 골이 났다.

❹ 그때였어요.

할머니 뒤에 흙이 포슬포슬 올라오는 게 보였어요. 나는 깜짝 놀라 소리쳤어요.

"할머니, 큰일 났어! 땅이 막 올라와!"

10 "두더지구마. 솔이가 감자를 떤지서 놀랬는갑다."

"참말로 두더지야?"

두더지가 지나온 자국이 캐지 않은 이랑까지 이어져 있었어요.

나는 호미를 들고 두더지를 쫓아갔어요.

두더지는 여기저기 파헤치고 다녔어요.

속에 있는 것이 드러나도록 파서 겉으로 나오게 하고.

나도 여기저기 파헤치고 다녔어요.

놀란 두더지가 이 구멍 저 구멍 머리만 쏙쏙 내밀다가, 어느새 땅속으로 숨어 버렸어요.

문해력 팡팡

♥**머릿수건**: '머리'와 '수건'이 합해져 만들어진 낱말로, '머리에 쓰는 수건.'을 뜻합니다. 참고로, '감자밭'도 '감자'와 '밭'이 합해진 낱말로 '감자를 심은 밭.'을 뜻합니다.

♥**가랑비**: 가늘게 내리는 비. 이슬비보다는 좀 굵음.

♥**뙤약볕**: 여름날에 강하게 내리쬐는 몹시 뜨거운 햇볕.

교과서 핵심

○ 솔이에게 일어난 일과 솔이의 마음 ③

일어난 일	감자밭에 두더지가 나타남.
인물의 마음 예	두더지가 갑자기 나타나서 놀람.

---

13 할머니는 누구와 함께 감자를 가꿨다고 하셨는지 알맞은 것에 ○표를 하시오.

(1) 마을 사람들 ( )

(2) 솔이 아빠와 엄마 ( )

(3) 가랑비, 이슬, 뙤약볕 ( )

14 ㉠에서 할머니가 솔이에게 전하고 싶은 말은 무엇인지 두 가지 고르시오. (,)

① 감자를 많이 먹어야 한다.

② 감자를 소중히 여겨야 한다.

③ 자줏빛 감자 찾기를 그만두어야 한다.

④ 감자는 다른 사람과 나누지 말아야 한다.

⑤ 감자를 키운 자연의 고마움을 알아야 한다.

15 할머니 뒤로 흙이 올라온 까닭은 무엇인지 빈 칸에 알맞은 말을 쓰시오.

• ( )이/가 올라와서

역량 서술형

16 이 글을 읽고 떠오르는 장면을 쓰시오.

____

____

____

"에이, 가 버렸어."

나는 두더지가 나오기를 기다리며 감자밭을 <u>휘둘러보았어요.</u>
자꾸 이쪽저쪽을 둘러보았어요.

그러다 자줏빛 감자 하나가 두더지 굴 옆으로 <u>삐</u>
5 <u>죽</u> 나온 걸 보았어요.

"와! 할머니, 이것 좀 봐!"

나는 감자를 주워서 높이 들어 보였어요.

"오야오야! 솔이 감자구마."

나는 내 감자를 포기째 뽑았어요.

10 그랬더니 자주감자가 주렁주렁 <u>딸려</u> 나왔어요.
어떤 것에 매이거나 붙어 있게.

나는 두더지 굴에 대고 소리쳤어요.

"두더지야, 잠깐! 이거 하나 갖고 가."

중심 내용 솔이는 감자밭에 나타난 두더지를 쫓아다니다가 자신의 감자인 자줏빛 감자를 찾았다.

교과서 핵심

○ 솔이에게 일어난 일과 솔이의 마음 ④

| 일어난 일 | 두더지를 쫓아다니다가 자줏빛 감자를 찾음. |
| 인물의 마음 **예** | 자줏빛 감자를 찾아서 기쁨. |

4 단원

월

일

---

17 솔이는 자신의 감자를 어떻게 찾을 수 있었습니까? ( )

① 감자를 캐던 할머니가 알려 주어서
② 쌓여 있는 감자 더미를 파헤치다가
③ 두더지 굴 옆에 피어 있는 자줏빛 감자꽃을 보고
④ 두더지를 쫓아 감자밭을 여기저기 파헤치고 다니다가
⑤ 할머니, 아빠, 엄마가 캐지 않은 이랑에서 감자를 캐다가

핵심

18 다음 문장에서 밑줄 그은 낱말의 뜻으로 알맞은 것을 찾아 번호를 쓰시오.

> ① 이리로 저리로 고부라지는 모양.
> ② 열매 따위가 많이 달려 있는 모양.
> ③ 덩이진 가루가 물기가 적어 뭉치지 못하고 바스러지기 쉬운 모양.

(1) 자주감자가 <u>주렁주렁</u> 딸려 나왔어요. ( )

(2) 흙이 <u>포슬포슬</u> 올라오는 게 보였어요. ( )

(3) 골짝을 따라 길이 <u>꼬불꼬불</u>, 아름드리 나무도 많았어요. ( )

핵심

19 이 글에서 일이 일어난 차례대로 번호를 쓰시오.

• 솔이가 자줏빛 감자를 찾음. ( )
• 감자를 캐러 할머니 집에 감. ( )
• 감자꽃이 다 져서 '솔이 감자'를 찾지 못함. ( )
• 솔이가 할머니 밭에 나타난 두더지를 쫓아다님. ( )
• 할머니 밭에서 자줏빛 감자꽃을 본 솔이에게 '솔이 감자'가 생김. ( )

역량

20 이 글에서 솔이의 태도가 어떻게 변했는지 잘못 말한 친구의 이름을 쓰시오.

> 지수: 솔이는 화가 나서 다른 감자를 던졌지만 자줏빛 감자를 찾은 뒤에는 감자를 할머니에게 자랑했어.
> 민우: 솔이는 자연이 있는 시골을 좋아했지만 할머니 밭에서 힘들게 감자를 캔 뒤로 시골을 싫어하게 되었어.
> 예랑: 솔이는 두더지가 신기해서 쫓아다니다가 나중에는 자줏빛 감자를 두더지에게 나누어 주려 하며 친구처럼 생각했어.

( )

교과서 문해력 키우기

1 다음 뜻에 알맞은 낱말을 글자의 첫소리를 참고하여 쓰시오.

(1) 어떤 것에 매이거나 붙어 있다.

→ ㄸ ㄹ ㄷ ✎ ______________________

(2) 땅속에 묻힌 돌이나 금속, 식물 따위를 파서 꺼내다.

→ ㅋ ㄷ ✎ ______________________

(3) 속에 있는 것이 드러나도록 파서 겉으로 나오게 하다.

→ ㅍ ㅎ ㅊ ㄷ ✎ ______________________

2 다음 문장에 들어갈 낱말을 보기 에서 찾아 쓰시오.

보기

뙤약볕	가랑비	수북이

(1) 한여름에 ( ) 아래 서 있었더니 피부가 검게 그을렸다.

(2) 마당에는 할아버지가 쓸어 모은 낙엽들이 ( ) 쌓여 있었다.

(3) 조금 전까지만 해도 ( )이/가 내렸는데 갑자기 굵은 비가 쏟아지기 시작했다.

3 1~2번에 나온 낱말을 활용하여 나만의 문장을 만들어 보시오.

✎ ______________________

____

____

핵심

1 글을 듣거나 읽고, 중요한 내용을 파악하는 방법으로 알맞은 것을 <u>모두</u> 골라 기호를 쓰시오.

> ㉠ 자신이 좋아하는 경험을 떠올린다.
> ㉡ 설명을 들을 때에는 간단히 메모한다.
> ㉢ 문단의 중심 문장과 뒷받침 문장을 파악한다.
> ㉣ 이야기의 중요한 내용은 일어난 일을 중심으로 파악한다.

(   )

핵심

2 이 단원에서 공부한 내용을 생활 속에서 알맞게 실천하지 <u>못한</u> 친구에게 ×표를 하시오.

(1) 명훈: 글을 읽으면서 중요한 내용이 무엇인지 생각해 볼 거야. (   )

(2) 경수: 글을 읽을 때에는 글을 쓴 장소가 어디인지 확인해 봐야겠어. (   )

(3) 세라: 설명을 들을 때에는 중요한 내용을 중심으로 귀 기울여 들을 거야. (   )

(4) 다율: 중요한 내용에는 밑줄을 긋거나 별표와 같은 기호를 표시해야겠어. (   )

3 다음 그림에 알맞은 문장에 ○표를 하시오.

(1) 오늘 밤나무를 심자. (   )
(2) 오늘 밤 나무를 심자. (   )

4 그림을 보고 띄어쓰기를 바르게 한 문장에 ○표를 하시오.

(1)

나물 좀 줘.
나 물 좀 줘.

(2)

용돈 이만 원이 있다.
용돈이 만 원이 있다.

5~6 생각그물을 보고, 물음에 답하시오.

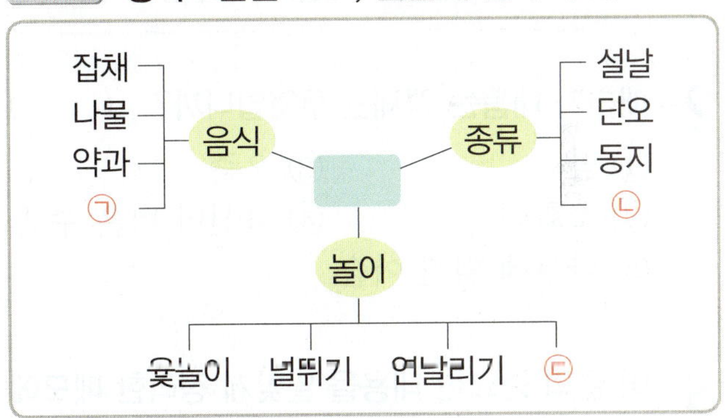

5 어떤 주제로 생각그물을 만든 것인지 쓰시오.

(   )

6 ㉠~㉢에 들어갈 낱말을 보기에서 각각 찾아 쓰시오.

> **보기**
> 추석   떡국   제기차기

(1) ㉠: (   )
(2) ㉡: (   )
(3) ㉢: (   )

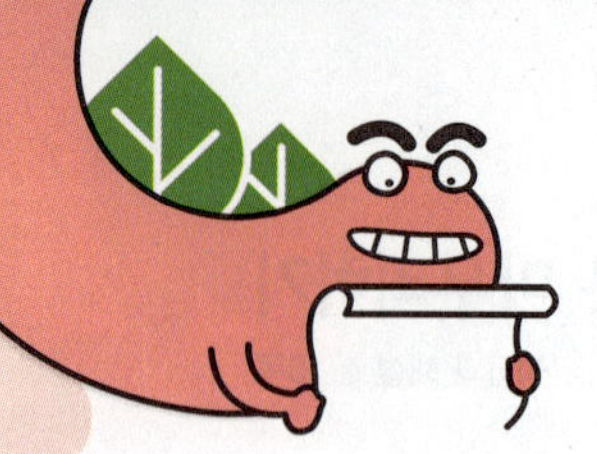

단원 평가

1 중요한 내용을 간단히 정리해야 하는 상황으로 알맞지 <u>않은</u> 것에 ×표를 하시오.

(1) 박물관에서 해설사의 설명을 들을 때 ( )

(2) 숙제를 하기 위해 인터넷에서 정보를 찾을 때 ( )

(3) 친구에게 약속 장소에 일찍 도착했다는 전화를 받았을 때 ( )

2~3 글을 읽고, 물음에 답하시오.

> 매미가 내뿜는 액체를 알아볼까요?
> 첫째, 매미는 배 밑의 구멍에서 자신이 먹은 것을 내뿜어요. 매미는 자신의 몸무게보다 훨씬 많은 나무의 수액을 마셔요. 그리고 먹은 것 대부분을 몸 밖으로 내뿜어요. / 둘째, 매미는 액체를 내뿜으면서 자신의 몸을 보호하기도 해요. 몸속에 저장한 수액을 내뿜은 매미는 몸이 가벼워져서 빨리 날아서 천적에게서 도망갈 수 있거든요. / 셋째, 매미가 내뿜는 액체는 단맛이 납니다.

2 매미가 내뿜는 액체는 무엇입니까? ( )

① 땀 　　　　 ② 오줌
③ 소화액 　　 ④ 자신이 먹은 수액
⑤ 나무에 맺힌 이슬

3 이 글의 중요한 내용을 알맞게 정리한 메모에 ○표를 하시오.

(1)
> 매미,
> 나무 아래, 물방울,
> 천적, 시원하다,
> 신맛, 친척

( )

(2)
> 제목: 매미가 내뿜는 액체
> 1. 배 밑의 구멍에서 액체를 내뿜음.
> 2. 액체를 내뿜으며 몸을 보호함. ☆
> 3. 액체는 단맛이 남.

( )

중요

4 설명을 듣고 중요한 내용을 간단히 정리하는 방법으로 알맞은 것을 <u>두 가지</u> 고르시오.

(,)

① 이미 알고 있는 내용을 정리한다.
② 알게 된 내용을 낱말로만 정리한다.
③ 설명하는 내용을 들리는 대로 다 쓴다.
④ 기호를 활용해 중요한 내용에 표시한다.
⑤ 숫자를 사용해서 내용을 한눈에 알아볼 수 있게 정리한다.

5~6 글을 읽고, 물음에 답하시오.

> 버스를 탄 뒤의 안전 사항을 말씀드리겠습니다. 버스를 타고 안전을 위해 여러분이 가장 먼저 해야 할 일은 바로 여러분이 앉은 좌석에 놓인 안전띠를 매는 일입니다. 조금 불편하시더라도 자리에서 양쪽 띠를 딸칵 소리가 나게 채워 주시기 바랍니다. 그리고 버스가 움직일 때에는 자리에서 함부로 일어나거나 이동하지 않습니다. 화장실 등의 급한 볼일이 있을 때에는 손을 들고 선생님을 찾으면 선생님께서 불편한 점을 확인해 주실 것입니다.

5 무엇에 대해 설명하고 있는지 쓰시오.

( )

서술형

6 이 글의 중요한 내용을 간단히 정리하여 쓰시오.

> 제목: 버스 탑승 안전 수칙
> • 버스에 타고 있을 때
>
> _______________________
>
> _______________________
>
> _______________________

7~10 글을 읽고, 물음에 답하시오.

바다의 날은 바다의 소중함과 ㉠가치를 국민에게 알리고 바다 관련 사업의 중요성에 대한 인식을 높이기 위해 1996년에 제정된 법정 기념일이에요. 그런데 왜 하필 5월 31일을 바다의 날로 정했는지 문득 궁금해지는데요. 바로 통일 신라 시대, 동북아 해상 무역을 지배하던 바다의 왕 장보고와 관련이 있습니다.

당시 당나라의 해적들이 신라인을 납치해서 노비로 사고파는 참혹한 모습에 충격을 받은 장보고가 이를 막기 위해 828년, 군사 1만 명과 함께 청해에 진을 설치하여 해적들을 소탕하였는데요. 거기다 청해진을 중심으로 신라와 당, 일본을 잇는 해상 무역로를 개척, 당나라와 일본을 잇는 중개 무역을 통해 동아시아의 해상 무역을 주도하였습니다. 이 청해진을 설치한 날이 바로 5월 31일이랍니다.

7 바다의 날을 5월 31일로 정한 까닭을 쓰시오.
(   )

8 장보고가 한 일로 알맞은 것을 **두 가지** 고르시오. (,   )
① 청해진 설치
② 신라인 납치
③ 해상 무역 주도
④ 해적 관련 사업
⑤ 바다의 날 지정

9 ㉠의 뜻으로 알맞은 것에 ○표를 하시오.
(1) 사물이 지니고 있는 쓸모나 중요성.
(   )
(2) 나라와 나라 사이에 서로 물품을 사고 파는 일.
(   )

중요 **서술형**
10 이 글이 영상으로 재생된다고 할 때, 중요한 내용을 파악하는 방법을 쓰시오.

____

____

11~13 글을 읽고, 물음에 답하시오.

가 메주로 된장을 만드는 방법을 알아봅시다.
나 먼저, 된장의 재료가 되는 메주를 만들어 잘 말립니다. 찧은 콩 반죽을 대게 네모난 모양으로 빚습니다. 따뜻한 곳에서 메주를 꾸덕꾸덕할 때까지 말립니다.
다 ㉠그다음으로, 메주를 볏짚으로 묶어 바람이 잘 통하는 곳에 매달아 놓습니다. ㉡볏짚과 공기 중에는 메주를 발효시키는 여러 가지 미생물이 살고 있습니다. ㉢메주를 서너 달 동안 매달아 놓으면 된장의 고유한 맛과 향을 내는 미생물이 많이 퍼집니다.
라 마지막으로, 항아리에 메주와 소금물, 붉은 고추, 숯을 넣어 삭힙니다. 붉은 고추와 숯은 잡균을 없애고 냄새를 제거하는 역할을 합니다. 20~30일이 지나면 항아리에서 메주를 건져 냅니다. 건져 낸 메주를 삭혀 된장을 만듭니다.

11 된장을 만들 때 가장 먼저 할 일은 무엇입니까?
(   )
① 따뜻한 곳에서 메주 말리기
② 메주를 건져 내 된장 만들기
③ 찧은 콩 반죽으로 메주 빚기
④ 메주를 항아리에 넣어 삭히기
⑤ 메주를 볏짚으로 묶어 바람에 말리기

중요
12 ㉠~㉢ 중 **다** 문단의 중심 문장은 무엇인지 기호를 쓰시오.
(   )

실력 UP
13 이 글의 중요한 내용을 간추릴 때 꼭 들어가지 않아도 되는 낱말을 쓰시오.

콩	향	메주	된장

(   )

단원 평가

14~17 글을 읽고, 물음에 답하시오.

> **㉮** 할머니네 감자밭을 지나는데, 이랑마다 감자꽃이 하얗게 피어 있었어요.
> 그런데 자줏빛 꽃 하나가 눈에 띄었어요.
> **㉯** "할머니, 지금 캐면 안 돼?"
> "때 되마 솔이가 캐면 되제."
> "그럼 ㉠저거 내 감자 할 거야. 할머니가 잘 가꿔야 돼!"
> "오야오야. 자주 꽃 핀 감자, 이제 솔이 끼다."
> **㉰** ㉡나는 할머니 집에 가자마자, 감자 캐러 가자고 졸랐어요. 호미 들고, 자루 메고 밭으로 갔어요.
> 그런데 감자꽃이 다 져 버렸어요.
> "할머니, 내 감자 어딨어?"
> "꽃이 없으이 할미도 모르겠네."

중요

14 이 글과 같은 이야기에서 일어난 일을 파악하기 위해 살펴보아야 할 것을 <u>두 가지</u> 고르시오. (,)

① 인물의 수
② 인물의 마음
③ 장소의 변화
④ 이야기의 길이
⑤ 인물의 생김새

15 ㉠이 가리키는 것은 무엇인지 쓰시오.

( )

16 솔이가 ㉡과 같이 행동한 까닭으로 알맞은 것에 ○표를 하시오.

(1) 감자가 먹고 싶어서 ( )
(2) 감자밭에서 놀고 싶어서 ( )
(3) 자신의 감자를 캐고 싶어서 ( )

서술형

17 ㉰에서 솔이에게 일어난 일을 쓰고, 일어난 일에 따른 솔이의 마음을 짐작해 쓰시오.

(1) 일어난 일	
(2) 인물의 마음	

18~19 글을 읽고, 물음에 답하시오.

> 나는 호미를 들고 두더지를 쫓아갔어요.
> 두더지는 여기저기 파헤치고 다녔어요.
> 나도 여기저기 파헤치고 다녔어요.
> 놀란 두더지가 이 구멍 저 구멍 머리만 쏙쏙 내밀다가, 어느새 땅속으로 숨어 버렸어요.
> "에이, 가 버렸어."
> 나는 두더지가 나오기를 기다리며 감자밭을 휘둘러보았어요. / 그러다 자줏빛 감자 하나가 두더지 굴 옆으로 삐죽 나온 걸 보았어요.
> "와! 할머니, 이것 좀 봐!"
> 나는 감자를 주워서 높이 들어 보였어요.
> "오야오야! 솔이 감자구마."
> 나는 내 감자를 포기째 뽑았어요.
> 그랬더니 자주감자가 주렁주렁 딸려 나왔어요.
> 나는 두더지 굴에 대고 소리쳤어요.
> ㉠"두더지야, 잠깐! 이거 하나 갖고 가."

18 이 글에서 일어난 일은 무엇인지 빈칸에 알맞은 말을 쓰시오.

- 솔이가 (1) ( )을/를 쫓아가다가 (2) ( )을/를 찾았다.

19 ㉠에서 짐작할 수 있는 솔이의 태도로 알맞은 것을 <u>두 가지</u> 고르시오. (,)

① 두더지를 무서워한다.
② 감자를 함부로 대한다.
③ 두더지에게 고마워한다.
④ 두더지를 친구처럼 친근하게 여긴다.
⑤ 감자밭과 자연이 있는 시골을 싫어한다.

20 그림에 알맞은 문장이 되도록, 띄어쓰기를 바르게 하여 문장을 고쳐 쓰시오.

용돈 이만 원이 있다.

↓

____

5

인물에게 마음을 전해요

무엇을 배울까요?

소단원 1

인물의 성격을 파악하며 이야기 읽기

- 인물의 성격을 파악하는 방법 알기
- 이야기를 읽고 인물의 성격 파악하기
- 인물의 성격을 파악하며 그림책 읽기

소단원 2

마음을 전하는 글 쓰기

- 마음을 전하는 글을 쓰는 방법 알기
- 마음을 전하는 글을 쓸 계획을 세우고 글 쓰기

준비

- 배울 내용 살펴보기

실천

- 배운 내용 마무리하기

개인이 가지고 있는 남다른 성질이나 성품을 말합니다.

1 인물의 성격을 파악하는 방법

① 인물의 성격을 나타내는 말을 살펴봅니다.

> 예 친절하다, 부지런하다, 용감하다, 성질이 급하다

② 상황에 따른 인물의 말이나 행동을 살펴봅니다.

2 이야기를 읽고 인물의 성격 파악하기

① 인물에게 일어난 일을 차례대로 정리해 봅니다.
② 인물의 말이나 행동으로 인물의 성격을 파악해 봅니다.

예 「까먹어도 될까요」에서 인물의 성격 파악하기

인물	말이나 행동	알 수 있는 성격
줄무늬	안 까먹는 방법을 스스로 찾아내겠다고 결심함.	자주적이다.

3 마음을 전하는 글을 쓰는 방법

① 글을 받는 사람과 쓴 사람을 씁니다.
② 글을 쓰는 상황이나 전하려는 내용이 잘 드러나게 씁니다.
③ 전하고 싶은 마음과 그때 자신의 생각이나 느낌이 잘 나타나게 씁니다.
④ 글을 받는 사람이 웃어른일 때에는 알맞은 높임 표현을 사용합니다.
  • 받는 사람 뒤에 '께'를 붙입니다.
  • '-습니다', '요'로 문장을 끝맺습니다.
  • 쓴 사람 뒤에 '올림'을 붙입니다.
⑤ 글의 끝에 더 쓰고 싶은 말이 있을 때에는 추신을 씁니다.

4 마음을 전하는 글을 쓸 계획을 세우고 글 쓰기

① 마음을 전하고 싶은 사람이나 상황을 떠올립니다.
② 글에서 전하려는 마음을 생각합니다.
③ 마음을 나타내는 말을 사용하여 쓸 내용을 정리합니다.
④ 읽을 사람의 마음을 헤아리며 글을 씁니다.

핵심 확·인·문·제

정답과 해설 ● 18쪽

1 '친절하다, 부지런하다, 용감하다'는 인물의 ☐☐을/를 나타내는 말입니다.

2 이야기를 읽고 인물의 성격을 파악할 때 살펴볼 것을 두 가지 골라 ○표를 하시오.
(1) 인물의 말　　　　( )
(2) 인물의 나이　　　( )
(3) 인물의 행동　　　( )

3 마음을 전하는 글에는 받는 사람과 쓴 사람, 글을 쓰는 상황이나 전하려는 내용, 전하고 싶은 마음 등을 씁니다.
(　　○ , × 　　)

4 웃어른께 마음을 전하는 글을 쓸 때에는 쓴 사람 뒤에 '☐☐'을/를 붙입니다.

5 마음을 전하는 글을 쓸 때에는 읽을 사람의 마음을 헤아리며 글을 씁니다.
(　　○ , × 　　)

준비

● **이야기 속 인물에게 마음 전하기**

❶ 자신이 좋아하는 이야기의 인물을 떠올려 봅니다.

이야기 제목	이야기의 인물
『장금이의 꿈』	장금이

❷ 이야기의 인물에게 궁금한 점을 이야기해 봅니다.

승현 ▶

❸ 이야기의 인물에게 전하고 싶은 마음을 떠올려 봅니다.

어떤 인물에게 전하고 싶나요?	어떤 마음을 전하고 싶나요?
장금이	♥**응원하는** 마음, ♥**부러운** 마음, 닮고 싶은 마음을 전하고 싶습니다.

♥**응원(應** 응할 응**, 援** 도울 원**)하는**: 잘하도록 옆에서 격려하거나 도와주는.

♥**부러운**: 남의 좋은 일이나 물건을 보고 자기도 그런 일을 이루거나 그런 물건을 가졌으면 하고 바라는 마음이 있는.

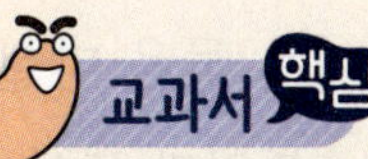

교과서 핵심

● **이야기 속 인물에게 마음 전하기**
- 자신이 좋아하는 이야기의 인물을 떠올려 봅니다.
- 인물에게 궁금한 점을 이야기해 봅니다.
- 인물에게 전하고 싶은 마음을 떠올려 보고, 인물에게 마음을 전해 봅니다.

1 승현이가 장금이에게 궁금한 점은 무엇입니까? ( )

① 가장 힘들었던 순간
② 미래에 하고 싶은 일
③ 요리사가 되고 싶은 까닭
④ 힘든 상황을 이겨 낸 뒤 느낀 점
⑤ 힘든 상황에서도 포기하지 않은 까닭

2 ❸에서 장금이에게 어떤 마음을 전하고 싶다고 하였는지 알맞은 것을 <u>두 가지</u> 고르시오.

(,)

① 미안한 마음
② 슬퍼하는 마음
③ 응원하는 마음
④ 걱정하는 마음
⑤ 닮고 싶은 마음

3 자신이 좋아하는 이야기의 인물을 떠올려 보고, 인물에게 궁금한 점을 쓰시오.

(1) 이야기 제목	
(2) 이야기의 인물	
(3) 인물에게 궁금한 점	

핵심 **서술형**

4 3번 문제에서 답한 인물에게 어떤 마음을 전하고 싶은지 쓰시오.

____

____

까망이와 까미

❶ 햇볕이 쨍쨍 내리쬐는 어느 여름날이었어요. 오랫동안 비가 내리지 않아 시냇물도 바짝바짝 말라 버렸어요. 까망이와 까미는 목이 몹시 말랐어요. ㉠까망이는 까미에게 비가 오기를 기다리지 말고 직접 물을 찾으러 가자고 말했어요. 이곳저곳을 빙빙 날아다니던 까망이와 까미는 마침내
5 물이 든 병을 발견했어요.

"물이다! 물이야! 우리가 물을 찾았어!"

까망이와 까미는 물을 마실 생각에 신이 났어요. 하지만 둘은 물을 마실 수 없었어요. 부리가 짧아 물에 닿지 않았거든요.

중심내용 까망이와 까미는 물을 찾아다니다 물이 든 병을 발견했지만 부리가 짧아 물을 마실 수 없었다.

❷ 평소 성질이 급한 까미는 무작정 물병을 밀었어요. 하지만 물병은 꿈
어떻게 하리라고 미리 정한 것이 없이
10 쩍도 하지 않았지요.

"됐어. 난 할 만큼 했어. 이제 희망이 없어."

실망한 까미는 기운 없이 집으로 돌아갔어요.

- **글의 종류:** 이야기
- **글의 내용:** 목이 마른 까망이와 까미가 물병에 든 물을 마시지 못하는 상황에 처하자 까미는 포기하지만 까망이는 곰곰이 방법을 생각해 내어 물을 마십니다.

교과서 핵심

○ 인물의 성격을 파악하는 방법

- 인물의 성격을 나타내는 말을 살펴봅니다.

> 평소 성질이 급한 까미는 무작정 물병을 밀었어요.

- 인물의 말이나 행동을 살펴봅니다.

말이나 행동	"됐어. 난 할 만큼 했어. 이제 희망이 없어." 실망한 까미는 기운 없이 집으로 돌아갔어요.
까미의 성격	포기가 빠르다.

---

1 까망이와 까미가 처한 상황으로 알맞은 것을 두 가지 고르시오. (　　,　　)

① 목이 몹시 말랐다.
② 먹이가 없어 배가 고팠다.
③ 오랫동안 비가 내리지 않았다.
④ 햇볕이 뜨거워 식물들이 말라 죽었다.
⑤ 시냇물이 더러워져 물을 먹을 수 없었다.

2 핵심 ㉠에서 짐작할 수 있는 까망이의 성격으로 알맞은 것은 무엇입니까? (　　)

① 게으르다.　　② 심술궂다.
③ 조용하다.　　④ 겁이 많다.
⑤ 적극적이다.

3 까망이와 까미가 물이 든 병을 발견하고도 바로 물을 마실 수 없었던 까닭은 무엇입니까? (　　)

① 물이 더러웠기 때문에
② 물병이 너무 작았기 때문에
③ 물병의 입구가 막혀 있었기 때문에
④ 서로 먼저 마시겠다고 싸웠기 때문에
⑤ 부리가 짧아 물에 닿지 않았기 때문에

4 핵심 다음 문장에서 까미의 성격을 나타내는 말을 찾아 번호를 쓰시오.

> 평소 성질이 급한 까미는
> ①　　②
> 무작정 물병을 밀었어요.
> 　·　③

(　　　　　　　)

“이렇게 포기할 수는 없어. 분명히 좋은 방법이 있을 거야.”

혼자 남은 까망이는 곰곰이 생각에 잠겼어요.
여러모로 깊이 생각하는 모양.

“그래! 이러면 되겠다!”

까망이는 작은 돌멩이를 하나씩 물어다 물병 속에 집어넣었어요. 돌

5 멩이가 들어가자 물이 쑥쑥 올라왔어요. 물은 곧 물병 ♥입구까지 차올

랐지요.

“아, 정말 시원해. 이제 좀 살 것 같네.”

까망이는 마침내 물을 실컷 마실 수 있었답니다.
마음에 하고 싶은 대로 한 것.

중심 내용 까미는 물 마시기를 포기하고 집으로 돌아갔지만, 까망이는 포기하지 않고 돌멩이를 하나씩 물어다 물병 속에 집어넣어 마침내 물을 마셨다.

📑 문해력 팡팡

♥입구(入 들 입, 口 입 구): '안으로 들어갈 수 있는 문이나 통로.'를 뜻합니다. 입구와 뜻이 반대인 낱말은 '밖으로 나갈 수 있는 문이나 통로.'를 뜻하는 '출구(出 날 출, 口 입 구)'입니다. 입구와 출구의 역할을 모두 하여 나갔다가 들어왔다가 하는 문이나 통로는 '출입구(出入口)'라고 합니다.

🐛 교과서 핵심

● 인물의 성격 파악하기

말이나 행동	“이렇게 포기할 수는 없어. 분명히 좋은 방법이 있을 거야.” 혼자 남은 까망이는 곰곰이 생각에 잠겼어요.
까망이의 성격	끈기 있다.

---

5 까미가 집으로 돌아간 뒤 까망이가 한 행동은 무엇입니까? ( )

① 까미처럼 물병을 밀어 보았다.
② 물을 찾아 다른 곳으로 날아갔다.
③ 물병을 들고 도와줄 친구를 찾아갔다.
④ 물병의 물을 마실 방법을 곰곰이 생각했다.
⑤ 까미의 집을 찾아가 다시 물을 찾으러 가자고 말했다.

6 까망이는 어떻게 물을 마실 수 있게 되었는지 빈칸에 알맞은 말을 쓰시오.

• (1) ( )을/를 하나씩 물어다 (2) ( ) 속에 집어넣어 물이 물병 위로 차오르게 했다.

핵심
7 물병의 물을 마실 수 없었을 때 두 까마귀가 한 말이나 행동을 살펴보고, 까미와 까망이의 성격으로 알맞은 것을 보기 에서 찾아 쓰시오.

보기

끈기 있다. 포기가 빠르다.

(1)

까미
“됐어. 난 할 만큼 했어. 이제 희망이 없어.” 실망한 까미는 기운 없이 집으로 돌아갔어요.

( )

(2)

까망이
“이렇게 포기할 수는 없어. 분명 좋은 방법이 있을 거야.” 혼자 남은 까망이는 곰곰이 생각에 잠겼어요.

( )

교과서 문해력 키우기

1 다음 뜻에 알맞은 낱말을 글자의 첫소리를 참고하여 쓰시오.

(1) 마음에 하고 싶은 대로 한껏.

→ ㅅ ㅋ ✎ __________

(2) 여러 모로 깊이 생각하는 모양.

→ ㄱ ㄱ ㅇ ✎ __________

(3) 안으로 들어갈 수 있는 문이나 통로.

→ ㅇ ㄱ ✎ __________

2 다음 문장에 들어갈 낱말을 보기 에서 찾아 쓰시오.

보기

실컷	무작정	곰곰이

(1) 문제를 ( ) 생각해 보니 답이 생각났다.

(2) 아무런 계획 없이 ( ) 기차표를 사서 여행을 떠났다.

(3) 뷔페에서 내가 좋아하는 음식을 ( ) 먹을 수 있어서 좋았다.

3 1 ~ 2번에 나온 낱말을 활용하여 나만의 문장을 만들어 보시오.

✎ __________

____

____

까먹어도 될까요

유은실

❶ 깊은 산 까먹마을에 잘 까먹는 다람쥐들이 살았어. 튼튼한 앞니로 단단한 ♥껍데기를 잘 까먹었지. 도토리를 여기저기 잘 묻어 두고 어디 묻었는지 잘 까먹었고.

5 　가을이 되면 바빴어. 겨우내 먹을 도토리를 땅속 보금자리에 저장하느라고. 집 밖에도 저장했어. 여기저기 나누어서. 봄에 먹을 게 떨어지면 찾아 먹으려고.
한겨울 동안 계속해서.

　"가을에 내가 묻은 거야! 네가 그걸 왜 먹어!"

10 　이렇게 따지는 다람쥐는 없었어. 까먹었으니까. 다람쥐들은 '잘 까먹는 세상'이 좋았어. 아기 다람쥐 줄무늬만 빼고.

　줄무늬는 아까웠어. 아무도 못 찾는 도토리는 그냥 썩을 수도 있거든. 다른 동물의 먹이가 되거나.

15 　줄무늬는 억울했어. 줄무늬는 도토리를 빨리빨리 많이 묻었거든. 그럼 빨리빨리 많이 찾아 먹어야 공평하다는 생각이 들었지.
어느 쪽으로도 치우치지 않고 고르다는.

　'어떤 다람쥐는 느릿느릿 조금 묻어 놓고, 빨리빨리 많이 찾아 먹을 수도 있겠네?'

생각할수록 억울했어. 줄무늬는 빈 딱따구리 둥지로 높이 올라갔어. / '이 불공평한 세상을 어떡하지?'

'잘 까먹는 게 다람쥐의 운명이란 말인가?'
우리가 할 수 없고 바꿀 수 없는 어떤 중요한 일이 미리 정해져 있는 것.
줄무늬는 결심했어. '안 까먹는 법'을 알아내겠다고.

중심 내용 까먹마을에 사는 다람쥐들은 도토리 묻은 곳을 까먹고 아무 도토리나 찾아 먹는다. 아기 다람쥐 줄무늬는 이것이 공평하지 않다고 생각하고 '안 까먹는 법'을 알아내겠다고 결심했다.

문해력 팡팡

♥**껍데기**: 달걀이나 조개 따위의 겉을 싸고 있는 단단한 물질을 뜻합니다. 이에 비해 '껍질'은 물체의 겉을 싸고 있는 단단하지 않은 물질을 뜻합니다. '굴 껍데기, 달걀 껍데기', '귤껍질, 양파 껍질'과 같이 뜻에 따라 구분하여 써야 합니다.

- **글의 종류**: 이야기
- **글의 특징**: 잘 까먹는 다람쥐들이 사는 까먹마을에서 다람쥐 '줄무늬'가 안 까먹는 방법을 알아내면서 벌어지는 일을 쓴 이야기입니다. 진정한 '공평함'은 무엇이고, 함께 살아가기 위해 소중히 여겨야 하는 것은 무엇인지에 대해 생각해 볼 수 있습니다.

교과서 핵심

● **이야기의 내용을 파악하는 데 중요한 핵심 낱말**

까먹다	껍질이나 껍데기에 싸여 있는 것을 내어 먹다. 예 도토리를 까먹다.
	어떤 사실이나 내용을 잊어버리다. 예 도토리를 묻어 둔 곳을 까먹다.

---

1 까먹마을에는 누가 살고 있는지 빈칸에 알맞은 말을 쓰시오.

　　　잘 (　　　　　) 다람쥐들

2 줄무늬의 생각으로 알맞은 것을 두 가지 찾아 ○표를 하시오.

(1) 못 찾는 도토리가 아깝다. 　　　　(　　　)
(2) 다람쥐들이 도토리 묻은 곳을 까먹어서 다행이다. 　　　　(　　　)
(3) 자기가 묻은 도토리를 자기가 다 찾아 먹지 못해 억울하다. 　　　　(　　　)

3 줄무늬는 어떤 점이 억울하다고 생각했는지 알맞은 말에 ○표를 하시오.

- 줄무늬는 도토리를 빨리빨리 묻는데, 어떤 다람쥐는 도토리를 느릿느릿 (조금 , 많이) 묻어 놓고, 빨리빨리 많이 찾아 먹을 수도 있어서

핵심

4 줄무늬는 어떤 결심을 하였습니까? 　(　　　)

① 도토리를 아껴 먹겠다.
② 도토리를 더 빨리 묻겠다.
③ 안 까먹는 방법을 알아내겠다.
④ 가을에는 도토리를 묻지 않겠다.
⑤ 까먹마을 다람쥐들의 방식을 따르겠다.

❷ 줄무늬는 ♥약초 할머니를 찾아갔어.

"할머니, 할머니는 안 까먹죠?"

줄무늬가 물었어.

"아니다. 아직 이가 튼튼해서 잘 ㉠까먹고 있다."

5 할머니가 약초를 다듬으며 대답했지.

"그게 아니라, 약초에 대해선 안 ㉡까먹죠?"

"맞다. 안 까먹는다." / "어떻게 안 까먹어요?"

"안 까먹는 방법은……."

줄무늬는 가슴이 두근거렸어. 귀를 기울이고 대
놀람, 불안, 기대 등으로 가슴이 자꾸 세고 빠르게 뛰었어.
10 답을 기다렸지.

"모르겠다. 타고난 거라." / "네?"
성격이나 재능, 운명 등을 가지고 태어난.
"난 ♥천재다."

약초 할머니가 천재라는 건 줄무늬도 알고 있었

어. 가끔, 아주 가끔 태어나는 천재 다람쥐.

15 줄무늬는 속상했어. 줄무늬도 천재로 태어났으

면 좋았을 것 같았지.

"할머니는 그럼 도토리 묻은 곳도 안 까먹겠네요?"

"그건 까먹는다."

"천재인데요?" / "약초만 천재다."

20 줄무늬는 이해가 되지 않았어. 마을에 하나뿐인

천재가 왜 약초만 안 까먹는지.

"정말 약초만 천재예요?" / "응."

"왜 약초 천재만 있어요?"

"약초 천재만 필요하니까. ㉢까먹어도 되는 건,

까먹어도 괜찮으니까."

5 "까먹어도 괜찮다고요?"

"응, 내가 살아 보니까 그렇다. 까먹으면 안 되

는 건, 한 다람쥐라도 기억하고 있더라고. 그럼

난 이만, 약초를 말려야 한다."

할머니는 약초 바위로 올라갔어. 바위에 약초를 10

펴서 ♥널었지.

중심 내용 줄무늬는 약초에 대해 안 까먹는 약초 할머니를 찾아가 까먹지
않는 방법을 물어보지만, 천재 다람쥐인 약초 할머니는 모른다고 말한다.

문해력 팡팡

♥약초(藥 약 약, 草 풀 초): 약으로 쓰는 풀을 뜻합니다. '草
(초)' 자가 들어간 낱말은 풀이나 식물과 관련이 있습니다.
'초식 동물(草食動物)'은 식물을 먹고 사는 동물, '초원(草原)'
은 풀이 나 있는 들판, '화초(花草)'는 꽃이 피는 풀과 나무를
뜻합니다.

♥천재(天 하늘 천, 才 재주 재): 태어날 때부터 남들보다 뛰어난 재주
나 재능을 가진 사람.

♥널었지: 볕을 쬐거나 바람을 쐬기 위하여 펼쳐 놓았지.

---

5 줄무늬가 약초 할머니를 찾아간 까닭으로 알맞은 것에 ○표를 하시오.

(1) 약초가 필요해서 ( )
(2) 도토리 묻은 곳을 물어보려고 ( )
(3) 안 까먹는 방법을 알고 싶어서 ( )

6 약초 할머니에 대해 알맞게 말한 것을 두 가지 고르시오. (,)

① 마을에 하나뿐인 천재이다.
② 안 까먹는 방법을 알고 있다.
③ 약초에 대해서 까먹지 않는다.
④ 도토리 묻은 곳을 안 까먹는다.
⑤ 열심히 공부해서 천재가 되었다.

7 ㉠과 ㉡의 뜻을 찾아 알맞게 선으로 이으시오.

(1) ㉠ •
• ① 어떤 사실이나 내용을 잊어버리다.

(2) ㉡ •
• ② 껍질이나 껍데기에 싸여 있는 것을 내어 먹다.

8 약초 할머니의 말 ㉢에 담긴 뜻은 무엇일지 알맞은 말에 ○표를 하시오.

• (도토리 묻은 곳 , 약초에 대한 것)은 까먹어도 괜찮다.

❸ '까먹어도 되는 건, 까먹어도 괜찮으니까.'

줄무늬는 할머니 말을 곱씹었어. 아무리 생각해도 틀린 말 같았지.

말이나 생각 따위를 곰곰이 되풀이했어.

'까먹어도 된다고 생각해서, 계속 멍청한 다람쥐로 사는 거야!'

'내 생각은 달라. 까먹어도 괜찮지 않아!'

줄무늬는 결심했어. 안 까먹는 방법을 스스로 찾아내겠다고.

줄무늬는 말이야, 찬물에 몸을 담그고 도리도리를 백 번 했어. 숲에서 제일 높은 잣나무에 올라가

어린아이가 머리를 좌우로 흔드는 동작.

"나는 똑똑하다!"라고 백 번 외쳤지. 가슴 털을 쓰다듬으며 "털아, 털아, 똑똑한 털아."라고 백 번 말하고, 털을 뽑아 도토리 묻은 곳마다 하나씩 꽂아 두기도 했고.

잠, 하품, 방귀, 트림, 똥, 오줌을 애써 참아 봤지. 다 소용없었어. 여전히 잘 까먹었지.

"아아, 잘 까먹는 머리를 어떻게 바꾸지?"

줄무늬는 물구나무를 섰어. 혹시 머리 방향을 거꾸로 하면, 뭔가 달라질까 해서.

손으로 바닥을 짚고 발로 땅을 차서 거꾸로 서는 동작.

낮선 느낌이 들었어. 전날 도토리 묻은 곳이 생

각날 듯 말 듯 했지. 가슴이 두근거렸어. 물구나무 서서 이런저런 걸 해 보았어.

하루는 물구나무를 서서 "쥐람다, 쥐람다, 쥐람다." 하고 백 번 말했어. 그러고는 다른 날처럼 도토리를 열 군데 묻었지. 다음 날 눈을 떴는데…… 이게 웬일이야. 기억이 나는 거야.

줄무늬는 도토리를 묻은 곳으로 달려갔어. 그러고는 하나하나 찾기 시작했지.

정말 잘 기억했어. 빠짐없이 찾아냈지. ㉠줄무늬는 폴짝폴짝 뛰었어. 소리를 질렀지. 줄무늬는 더 이상 잘 까먹는 다람쥐가 아니었어. 잘 까먹는 다람쥐의 운명을 바꾼 거야.

중심 내용 줄무늬는 안 까먹는 방법을 스스로 찾아내기 위해 여러 가지 시도를 하고, 마침내 그 방법을 알아냈다.

교과서 핵심

○ 인물의 말이나 행동에서 알 수 있는 성격 ①

줄무늬의 말이나 행동		성격
• 안 까먹는 방법을 스스로 찾아내겠다고 결심한다.	→	• 자주적이다.
• 다양한 시도를 한 끝에 결국 안 까먹는 방법을 찾아낸다.		• 끈기 있다.

---

9 줄무늬가 찾아낸 '안 까먹는 방법'은 무엇입니까? （　　　）

① '나는 똑똑하다!' 백 번 외치기
② 잠, 하품, 방귀, 트림, 똥, 오줌 참기
③ 물구나무서서 '쥐람다'를 백 번 말하기
④ 찬물에 몸 담그고 도리도리 백 번 하기
⑤ 가슴 털을 뽑아 도토리 묻은 곳에 꽂기

IO 줄무늬가 ㉠과 같은 행동을 한 까닭으로 알맞은 것은 무엇입니까? （　　　）

① 기뻐서　　　　② 지겨워서
③ 답답해서　　　④ 힘들어서
⑤ 재미있어서

핵심

II 줄무늬의 말이나 행동을 보고 줄무늬의 성격이 어떠한지 알맞게 짐작하지 못한 친구의 이름을 쓰시오.

선재: 안 까먹는 방법을 스스로 찾아내겠다고 결심한 줄무늬는 남에게 의지하지 않는 자주적인 성격이야.

미소: 약초 할머니의 말은 틀렸고, 자기 생각은 다르다고 한 것으로 보아 줄무늬는 잘난 체하는 성격이야.

다영: 줄무늬는 안 까먹는 방법을 찾으려고 도리도리, 물구나무 등 여러 가지를 계속 해 봤어. 줄무늬는 의지가 강하고 끈기가 있어.

（　　　　　　）

❹ "이제는 까먹지 않을 수 있어. 내가 알아냈거든!"
줄무늬가 친구들에게 말했어.

"이젠 공평하게 자기 몫을 먹을 수 있어요. 제가
알아냈거든요!"
> 무엇을 여럿이 나누어 가질 때 각 사람이 가지게 되는 부분.

5 줄무늬가 어른들에게 말했어. 줄무늬는 준비 운
동을 했지. 물구나무서서 보여 주려고.

"까먹어야 아무나 찾아 먹지."

"까먹지 않으면 싸우게 될 거야. 저마다 자기가
묻은 거라고."

10 "까먹으니까 싹이 날 게 남아 있지. 도토리에서
싹이 나야 나무로 자라고. 나무가 자라야 다시
도토리가 열리지."

㉠다른 다람쥐들은 생각이 달랐어. 줄무늬는 기
다렸지. "뭘 알아냈어?" 하고 묻는 다람쥐를.

15 '하루 종일 아무도 안 오네.' / 줄무늬는 속상했
어.

"에잇! 혼자 살 거야! 까먹는 다람쥐들이랑은 같
이 못 살겠어!"

줄무늬는 결심했어. 마을에서 뚝 떨어진 산꼭대
20 기에서 살기로. 마을에서 제일 튼튼한 집을 짓고,
혼자 살기로.

> **중심 내용** 줄무늬는 까먹지 않는 방법을 알려 주려 했지만 다른 다람쥐들은
> 관심이 없었다. 이 일로 속이 상한 줄무늬는 마을에서 떨어진 곳에서 혼자
> 살기로 결심했다.

❺ 줄무늬는 먼 길을 떠났어. '튼튼한 집 짓는 법'
을 배우려고. 까먹마을에서는 배울 수 없었지. 풀
로 대강 지었으니까.
> 자세히 하지 않고 간단하게.

줄무늬는 열두 ♥봉우리를 넘어, 튼튼마을에 닿았
어. 거기서 튼튼한 집 짓는 법을 배웠지. 배운 건 5
하나도 잊지 않았어. 날마다 물구나무를 서서 "쥐
람다, 쥐람다, 쥐람다."라고 백 번씩 말했으니까.

줄무늬는 쑥쑥 자랐어. 튼튼한 집 짓는 법을 배
우로 나니, 더 이상 아기 다람쥐가 아니었지. 다시
열두 봉우리를 넘었어. 까먹마을로 돌아왔지. 그 10
러고는 산꼭대기에 집을 지었어.

📜 문해력 팡팡

> ♥**봉우리**: 산에서 뾰족하게 높이 솟은 부분을 뜻하는 말로 '산
> 봉우리'라고도 합니다. 봉우리와 헷갈려 잘못 쓰기 쉬운 낱말
> 로는 '봉오리'가 있습니다. '봉오리'는 망울만 맺히고 아직 피
> 지 않은 꽃을 뜻합니다. '꽃봉오리'라고도 합니다.

교과서 핵심

○ **줄무늬와 다른 다람쥐들의 생각 차이**

줄무늬	도토리 묻은 곳을 까먹지 않아야 공평하게 자기가 묻은 만큼 도토리를 먹을 수 있다.
다른 다람쥐들	도토리 묻은 곳을 까먹어야 다툼 없이 함께 살아갈 수 있다.

---

12 ㉠에서 다른 다람쥐들의 생각은 어떠했는지 빈칸에 알맞은 말을 두 가지 고르시오.

(,)

> 도토리 묻은 곳을 까먹어야 [   ]

① 도토리를 더 많이 묻는다.
② 맛있는 도토리를 먹을 수 있다.
③ 공평하게 자기 몫을 먹을 수 있다.
④ 자기가 묻은 도토리라고 싸우지 않는다.
⑤ 찾지 못하고 남은 도토리에서 싹이 나 자랄 수 있다.

> 서술형

13 줄무늬가 마을에서 떨어진 곳에서 살기로 결심한 까닭은 무엇인지 쓰시오.

____

____

14 줄무늬는 튼튼 마을에서 무엇을 배우고 돌아왔는지 쓰시오.

( )

줄무늬는 새집이 마음에 쏙 들었지.

"이제 좋은 도토리를 찾아야지."

줄무늬는 도토리를 찾아 나섰어. 좋은 도토리를 찾는 건 어렵지 않았지. 좋은 열매가 열리는 나무를 잘 기억했으니까. 줄무늬는 집 한 구석에 도토리를 잔뜩 쌓았어. 봄에 먹을 것은 마당에 잘 묻었지. 묻은 곳은 다 기억했어. 날마다 물구나무를 서서 "쥐람다, 쥐람다, 쥐람다."라고 백 번씩 말했으니까.

"억울하지 않아. 내가 모은 만큼 내가 먹으니까."

"아깝지 않아. 도토리를 썩히지 않으니까. 다른 동물에게 뺏기지 않으니까."

줄무늬는 ㉠새로운 삶이 마음에 들었어.

❻ 세월이 흘렀어. 줄무늬는 엄마가 됐어. 쌍둥이를 낳았지. / 줄무늬는 기뻤어. 줄 게 많으니까. 줄무늬네 집은 마을에서 제일 튼튼하고, 줄무늬네 도토리는 마을에서 제일 좋으니까.

"사랑하는 아가들, 걱정 마라. 우리 집은 비바람이 불어도 쓰러지지 않아."

줄무늬는 쌍둥이에게 안 까먹는 방법을 가르쳤어.

"애들아, 엄마는 알고 있어. 오직 엄마만 알고 있지. 안 까먹는 다람쥐로 사는 방법을. 우리는 다람쥐의 운명을 바꾼, 첫 번째 가족이 될 거야."

쌍둥이는 날마다 훈련했어. 물구나무를 선 채 "쥐람다, 쥐람다, 쥐람다."라고 백 번 말했지. 첫째는 엄마가 가르쳐 주는 대로 잘했어. 하지만 둘째는 "람다쥐, 람다쥐." 하면서 깡충거렸지.

"람다쥐, 람다쥐."

첫째도 키득거리며 따라 했어. 둘은 자주 혼났어.

㉡"꼭 백 번을 채워야 해."

줄무늬는 아침마다 말했어. / "네."

교과서 핵심

○ 인물의 말이나 행동에서 알 수 있는 성격 ②

줄무늬의 말이나 행동		성격
• 쌍둥이에게 매일 안 까먹는 방법을 훈련시켰다. • "꼭 백 번을 채워야 해."	→	• 엄격하다. • 꼼꼼하다.

15 다음에서 ㉠의 모습으로 알맞은 것을 두 가지 찾아 번호를 쓰시오.

> ① 튼튼한 집에서 산다.
> ② 좋은 도토리를 집에 잔뜩 쌓아 놓는다.
> ③ 다른 다람쥐들이 묻어 놓은 도토리를 모두 찾아 먹는다.

(,   )

16 줄무늬가 ㉠과 같이 살 수 있게 된 까닭으로 알맞은 것에 ○표를 하시오.

(1) 좋은 이웃들이 있어서 (   )

(2) 안 까먹는 방법을 알아서 (   )

(3) 쌍둥이를 낳고 키우게 되어서 (   )

17 줄무늬가 쌍둥이에게 가르친 것은 무엇인지 쓰시오.

(   )

핵심

18 ㉡을 인물의 성격에 어울리게 읽는 방법으로 알맞은 것은 무엇입니까? (   )

① 울먹이며 부탁하듯 읽는다.

② 쌀쌀맞은 목소리로 빠르게 읽는다.

③ 엄격하고 분명한 목소리로 읽는다.

④ 겁이 나서 떨리는 목소리로 읽는다.

⑤ 부끄러워하며 작은 목소리로 읽는다.

첫째는 시키는 대로 했어. 하지만 둘째는 자꾸 거짓말을 했지. 아흔다섯 번만 물구나무서 놓고, 백 번 했다고. 하지만 속일 수는 없었어. 아무것도 까먹지 않는 줄무늬가 다 보고 있었으니까. 둘째
5 는 날마다 혼났어.

쌍둥이는 무럭무럭 자랐어. 줄무늬에게 혼이 나며 훈련한 대신, 잘 까먹지 않게 되었지. 줄무늬는 행복했어. 바로 그날이 오기 전까지.

중심 내용 쌍둥이를 낳고 엄마가 된 줄무늬는 쌍둥이에게 날마다 안 까먹는 방법을 훈련시켰다.

❼ 그래, 바로 그날이야. 진달래 꽃망울이 ♥맺힌
아직 피지 않은 어린 꽃봉오리.
10 ♥이른 봄날. 그날 지진이 났어. 줄무늬의 할머니의 할머니의 할머니의 할머니도 겪어 본 적 없는 지진이었지.

집이 무너졌어. 창고도 무너지고, 줄무늬는 기둥에 깔렸지.

15 "얘들아!" / 줄무늬가 애타게 불렀어.
몹시 답답하거나 안타까워 속이 끓는 듯하게.
"엄마, 저희 여기 있어요."

줄무늬는 어서 쌍둥이를 구하고 싶었어. 하지만 꼼짝할 수가 없었어. 뒷다리가 기둥에 깔렸거든.

기둥이 무거워서 혼자 힘으로 들 수가 없었지. 밖은 조금씩 어두워졌어. 기둥은 조금씩 더 내려왔고. 쌍둥이가 울었어.

"살려 주세요!"

줄무늬는 힘껏 외쳤어. 외치고 나니 무서운 생각
5 이 들었어.

'우리 집은 산꼭대기에 있잖아. 누가 내 목소리를 들을 수 있겠어?'

㉠줄무늬는 ♥절망에 빠졌어. 마음도 땅처럼 갈라진 것 같았지. 그때였어. "많이 다치셨어요?" 하
10 는 목소리가 들려왔어.

📋 **문해력** 팡팡

♥**이르다**: '기준이 되는 때보다 앞서거나 빠르다.'를 뜻하는 말로 반대말은 '늦다'입니다. '이르다'는 글자와 소리는 같지만 뜻이 다른 낱말이 여러 개 있습니다. '동생은 내가 숙제를 하지 않았다고 엄마에게 일렀다.'에서는 '남의 잘못이나 실수를 다른 사람에게 말하다.'를 뜻하고, '약속 장소에 이르다.'에서는 '어떤 장소에 도착하다.'를 뜻합니다.

♥**맺힌**: 열매나 꽃망울 따위가 생겨난.

♥**절망**(絕 끊을 절, 望 바랄 망): 바라볼 것이 없게 되어 모든 희망을 끊어 버린 상태.

---

19 둘째가 줄무늬에게 날마나 혼난 까닭을 쓰시오.

(   )

20 이른 봄날 일어난 일을 두 가지 고르시오.

(,   )

① 지진이 났다.
② 줄무늬의 집이 무너졌다.
③ 쌍둥이가 기둥에 깔렸다.
④ 줄무늬가 기둥을 들어냈다.
⑤ 줄무늬가 쌍둥이를 구하다 다쳤다.

21 이 글에서 줄무늬의 마음은 어떠했을지 보기 의 번호를 시간 순서대로 쓰시오.

보기
① 행복하다. ② 애가 탄다. ③ 절망스럽다.

(   ) → (   ) → (   )

22 ㉠에서 줄무늬가 절망에 빠진 까닭으로 알맞은 것에 ○표를 하시오.

(1) 둘째가 거짓말을 해서 (   )
(2) 물구나무를 설 수 없어서 (   )
(3) 아무도 자기를 구하러 올 수 없다는 걸 깨달아서 (   )

"애들부터 구해 주세요!" / 줄무늬가 외쳤지.

"예, 그렇게요."

"조금만 기다리세요."

줄무늬네를 구하러 온 다람쥐는 하나가 아니었
5 어. 여럿이 힘을 모아 현관문을 들어냈어. 첫째를
먼저 구했지. 다음으로 굴뚝을 들어냈어. 둘째를
구했지. 마지막으로 기둥을 들어냈어. 줄무늬를
구했지.

*들어냈어: 물건을 들어서 밖으로 옮겼어.

"고맙습니다. 다들 다치셨을 텐데…… 어떻게
10 여기까지 오셨어요?"

줄무늬가 물었어.

"우리 집은 풀로 지었거든요. 풀이 가벼워서 다
치지 않았어요. 풀을 탁탁 털고 나왔죠."

"우린 그냥 땅속에서 살아요. 땅이 흔들려서 얼
15 른 밖으로 나왔죠."

다람쥐들은 부러진 나뭇가지랑 찢어진 이불로
들것을 만들었어. 줄무늬 뒷다리에 나뭇가지를 대
고, 수건을 찢어 감았지. 들것에 줄무늬를 눕혔어.

*들것: 환자나 물건을 실어 나르는 기구.

약초 할머니가 마취초 열매를 짜서 줄무늬 입에 흘
20 려 넣어 주었어.

"엄마, 많이 아파요?" / 첫째가 ♥울먹였어.

"괜찮다. 엄마 나을 거다."

약초 할머니가 첫째의 등을 ♥토닥여 줬지.

"우리 집이 무너졌어요."

둘째도 울먹였어.

"괜찮다. 이제 봄이다. 밖에서도 살 수 있다."
→ 날씨가 따뜻하고 지난 가을에 묻어 놓은 도토리가 있어서

약초 할머니가 둘째의 등을 쓰다듬어 줬지.

중심 내용 어느 봄날 지진이 나서 줄무늬네 집이 무너졌다. 줄무늬와 쌍둥이가 위험에 처했을 때 까먹마을의 다람쥐 여럿이 힘을 합쳐 줄무늬네 가족을 구하고 보살펴 주었다.

♥**울먹였어**: 울상이 되어 자꾸 울음이 터져 나오려고 했어.

♥**토닥여**: 잘 울리지 않는 물체를 가볍게 두드리는 소리를 내.

교과서 핵심

○ **인물의 말이나 행동에서 알 수 있는 성격 ③**

약초 할머니의 말이나 행동		성격
• "괜찮아. 엄마 나을 거다." • "괜찮아. 이제 봄이다. 밖에서도 살 수 있다." • 약초 할머니가 첫째의 등을 토닥여 주고 둘째의 등을 쓰다듬어 주었다.	→	• 다정하다. • 지혜롭다. • 자상하다.

23 누가 줄무늬네 가족을 구하러 왔는지 알맞은 것에 ○표를 하시오.

(튼튼마을 , 까먹마을) 다람쥐들

24 줄무늬와 달리 다른 다람쥐들이 다치지 않은 까닭을 두 가지 고르시오. (,   )

① 집을 가벼운 풀로 지었기 때문에
② 집이 무너지기 전에 피했기 때문에
③ 줄무늬가 사는 곳만 지진이 났기 때문에
④ 줄무늬네보다 집이 더 튼튼해서 무너지지 않았기 때문에
⑤ 땅속에 살아서 땅이 흔들릴 때 얼른 밖으로 나왔기 때문에

25 다람쥐들이 줄무늬네 가족에게 한 일로 알맞지 않은 것에 ×표를 하시오.

(1) 쌍둥이를 달래 주었다.　　　(　　　)
(2) 아픈 줄무늬를 치료해 주었다.　(　　　)
(3) 줄무늬 집에 있는 도토리를 나누어 먹었다.　　　(　　　)

핵심 **서술형**

26 이 글에 나타난 약초 할머니의 성격을 파악해 보고, 그렇게 파악한 까닭도 쓰시오.

(1) 할머니의 성격	
(2) 그렇게 파악한 까닭	

❽ 밤이 되자 다람쥐들은 모두 약초차를 마셨어. 별이랑 달을 보면서. <u>다닥다닥</u> 붙어서 잠을 잤어.
자그마한 것들이 한곳에 많이 붙어 있는 모양.
서로의 <u>온기</u>로 추위를 달래려고. 줄무늬는 잠이
따뜻한 기운.
오지 않았어. 다리가 많이 아파서. 마음도 많이 아

5 파서.

줄무늬는 약초 할머니에게 물었어.

"우리 가족은 이제 뭘 먹고 살죠?"

"걱정 마. 여기저기 지난가을에 묻어 둔 도토리가 있을 거다. 그걸 찾아 먹으면서 봄을 견디면

10 된다." / "저는 여기저기 묻지 않았는데요. 그걸 어떻게 먹어요, 미안해서."

"괜찮다. 누가 묻었는지 아무도 몰라. 우리는 다 잘 까먹는 다람쥐들이다. 자네 가족 <u>빼고</u>."

　　겨울이 지나, 겨울이 지나, 봄이 오면으은

15 　　아아아아아아아, 아무나 찾아 먹어요오

노랫소리가 들렸어. 아이들과 어울려 노래를 부르는 쌍둥이가 보였어. 쌍둥이는 웃고 있었어. 노래 부르며 노는 아이들 모습도, 마음에 깊이 박혔지. 줄무늬 얼굴에 눈물이 흐르기 시작했어.

'모든 게 무너졌는데……. 왜 더 행복해 보일까? 5 그동안 난 무얼 위해 <u>애쓴</u> 거지?'
마음과 힘을 다하여 무엇을 이루려고 힘쓴.

<u>중심 내용</u> 집과 도토리를 잃어 걱정하던 줄무늬는 다 같이 행복하게 노래 부르는 다람쥐들을 보고 눈물을 흘렸다.

교과서 핵심

● 줄무늬네 가족에게 어떤 변화가 생길지 이어질 내용 상상해 보기 예

> 까먹마을로 다시 이사를 온 줄무늬는 이제 더 이상 안 까먹는 방법을 쌍둥이에게 가르치지 않습니다. 그 대신 친구들과 즐겁게 노는 방법이나 누군가 중요한 것을 까먹었을 때 도와주는 방법을 가르쳐 주었습니다.

27 이야기에서 일이 일어난 차례대로 번호를 쓰시오.

　다람쥐들이 힘을 합쳐 줄무늬네 가족을 구해 주었다. (　　)

　줄무늬는 약초 할머니를 찾아갔지만 안 까먹는 방법을 알아내지 못했다. (　　)

　여러 가지 방법을 시도한 끝에 줄무늬는 스스로 안 까먹는 방법을 알아냈다. (　　)

　어느 이른 봄날 지진이 나자 줄무늬네 집은 무너지고 줄무늬와 쌍둥이가 위험에 처하게 되었다. (　　)

　줄무늬는 마을에서 떨어진 산꼭대기에 집을 짓고 쌍둥이에게 안 까먹는 방법을 가르쳤다. (　　)

28 줄무늬는 눈물을 흘리며 어떤 생각을 했을지 알맞게 짐작한 친구의 말에 모두 ○표를 하시오.

(1) 경민: 마을에서 다른 다람쥐들과 떨어져 살았던 것을 후회했을 거야. (　　)

(2) 해솔: 다 함께 행복하게 사는 것보다 자신의 것만 챙기려 한 것을 반성했을 것 같아. (　　)

(3) 준아: 여전히 잘 까먹는 다람쥐들을 보니 안 까먹는 방법을 찾으려 노력한 자신이 자랑스러웠을 거야. (　　)

<u>서술형</u>

29 이야기 속 줄무늬의 경험을 떠올려 보고, 그것과 비슷한 나의 경험을 쓰시오.

____

____

1 다음 뜻에 알맞은 낱말을 글자의 첫소리를 참고하여 쓰시오.

(1) 약으로 쓰는 풀.

→ ㅇ ㅊ ✎ _______________

(2) 산에서 뾰족하게 높이 솟은 부분.

→ ㅂ ㅇ ㄹ ✎ _______________

(3) 기준이 되는 때보다 앞서거나 빠르다.

→ ㅇ ㄹ ㄷ ✎ _______________

2 다음 문장에 들어갈 낱말을 보기 에서 찾아 쓰시오.

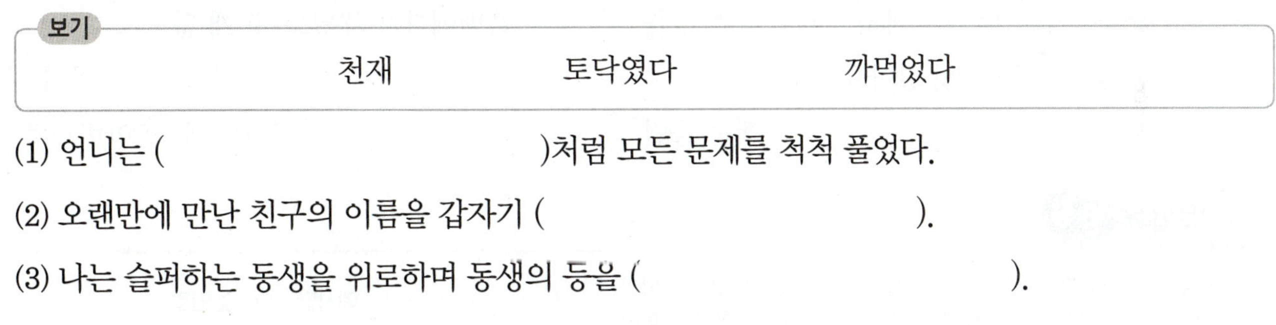

보기		
천재	토닥였다	까먹었다

(1) 언니는 ( )처럼 모든 문제를 척척 풀었다.

(2) 오랜만에 만난 친구의 이름을 갑자기 ( ).

(3) 나는 슬퍼하는 동생을 위로하며 동생의 등을 ( ).

3 1 ~ 2번에 나온 낱말을 활용하여 나만의 문장을 만들어 보시오.

✎ _______________

____

____

그레이엄 할아버지께

· 글: 크리스틴 에반스 · 옮김: 박지예

❶

그레이엄 할아버지께

죄송해요. 축구를 하는데 공이 그만 할아버지 정원으로 들어가 버렸어요. 막 열 번째
_{집 안에 있는 뜰이나 꽃밭.}
골을 넣으려던 때였는데……

정원의 장미가 ㉠무사하면 좋겠어요.

할아버지 드리려고 엄마랑 같이 스콘을 만
_{밀가루에 버터, 우유 따위를 넣고 반죽해 구운 빵.}
들었어요. 맛있게 드세요.

다시 한번 정말 죄송해요.

잭슨 올림

❷

잭슨에게

스콘과 사과 편지 고맙구나.

나도 축구를 하곤 했단다. 하지만 너처럼 하루에 열 골을 넣은 적은 없었어.

너는 축구를 정말 잘하는구나!

내 장미는 멀쩡하단다. 걱정하지 말거라.
_{흠이 없고 본래의 모습이 그대로 고스란히 있단다.}
이번 주말에 우리 집에 와 보렴. 새 장미가 잘 자라도록 ㉡가지치기하는 걸 보여 주마.

마음을 담아, 그레이엄 할아버지로부터

❸

그레이엄 할아버지께

♥생신 축하드려요! 이 카드가 마음에 드시면 좋겠어요. 제 생일은 바로 다음 주예요. 드디어 여덟 살이 돼요.

할아버지는 몇 살이세요? 케이크에 초를 엄청 많이 ㉢꽂을 것 같아요.

잭슨 올림

❹

잭슨에게

생일 축하한다!

내가 여덟 살이었을 때가 기억나는구나. 우리 집에 텔레비전이 처음 생긴 해였단다. 흑백에다가 채널도 몇 개 없었지.

너의 친구,

그레이엄 할아버지로부터

📋 문해력 팡팡

♥**생신**: 세상에 태어난 날인 '생일'을 높여 이르는 말입니다. 할아버지, 선생님과 같은 웃어른의 생일은 '생신'이라고 합니다. 우리말에는 이처럼 높임의 뜻이 있는 낱말들이 있습니다. 이를 '높임말'이라고 하고, 높이거나 낮추는 말이 아닌 보통 말은 '예사말'이라고 합니다.

예사말 → 높임말	
· 집 → 댁	· 나이 → 연세
· 밥 → 진지	· 자다 → 주무시다
· 주다 → 드리다	· 물어보다 → 여쭈어보다

· **그림책의 내용**: 글과 그림이 어우러진 그림책으로, 여덟 살 소년 잭슨과 이웃에 사는 그레이엄 할아버지가 주고받은 편지로 이루어진 이야기입니다. 자신의 마음을 솔직하게 전하는 잭슨과, 잭슨의 마음을 공감하고 배려해 주는 할아버지의 모습을 보며 따뜻한 감동을 느낄 수 있습니다.

🐌 교과서 핵심

○ **인물의 말이나 행동으로 인물의 성격 파악하기** 예

인물	성격	그렇게 생각한 까닭
잭슨	정직하다.	자신의 잘못을 솔직하게 이야기하고 사과했기 때문이다.
그레이엄 할아버지	배려심이 많다.	잭슨의 실수를 너그럽게 이해해 주고, 잭슨에게 공감해 주었기 때문이다.

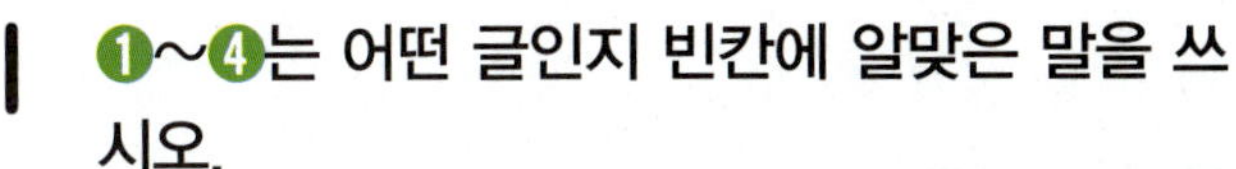

1 ❶~❹는 어떤 글인지 빈칸에 알맞은 말을 쓰시오.

• (　　　　　)와/과 그레이엄 할아버지가 주고받은 (　　　　　)이다.

2 잭슨이 처음에 할아버지께 편지를 쓴 까닭은 무엇입니까? (　　)

① 자신의 축구 실력을 자랑하려고
② 생신을 축하하는 마음을 전하려고
③ 집에 초대해 스콘을 함께 만들려고
④ 할아버지 정원에 들어간 축구공을 빨리 돌려달라고 말하려고
⑤ 축구공이 할아버지 정원으로 들어가서 죄송한 마음을 전하려고

3 할아버지께서 잭슨에게 주말에 집으로 오라고 한 까닭은 무엇입니까? (　　)

① 잭슨에게 생일 선물을 주려고
② 잭슨의 사과를 직접 받으려고
③ 잭슨과 같이 축구를 하고 싶어서
④ 새 장미가 잘 자라도록 가지치기하는 것을 보여 주기 위해
⑤ 정원의 장미가 축구공에 맞아 부러진 것을 보여 주기 위해

4 잭슨과 할아버지의 관계는 어떻게 변하였는지 알맞은 것에 ○표를 하시오.

(1) 서로 편지를 주고받으며 생일을 축하하는 가까운 사이가 되었다. (　　)
(2) 가까운 이웃이었지만 정원의 장미가 축구공에 맞은 일로 멀어졌다. (　　)

5 낱말의 뜻을 보고 보기 에서 알맞은 낱말을 찾아 기호를 쓰시오.

보기

㉠ 무사하면　㉡ 가지치기하는　㉢ 꽂을

(1) 아무 탈 없이 편안하면 (　　)
(2) 식물의 곁가지 따위를 자르고 다듬는 (　　)
(3) 쓰러지거나 빠지지 않게 세우거나 끼울 (　　)

6 다음은 잭슨과 할아버지가 주고받은 글을 보고 인물의 성격을 파악하는 방법을 정리한 것입니다. 빈칸에 알맞은 말을 쓰시오.

• 인물의 (1) (　　　　　)이나
(2) (　　　　　)을/를 살펴보면 인물의 성격을 파악할 수 있다.

핵심

7 아래 표를 참고하여, 이 글에 나타난 인물의 성격을 빈칸에 쓰시오.

(1) 잭슨

성격	
그렇게 생각한 까닭	자신의 잘못을 솔직하게 이야기하고 사과했기 때문이다.

(2) 그레이엄 할아버지

성격	
그렇게 생각한 까닭	잭슨의 실수를 너그럽게 이해해 주고, 잭슨에게 공감해 주었기 때문이다.

1 다음 뜻에 알맞은 낱말을 글자의 첫소리를 참고하여 쓰시오.

(1) '생일'을 높여 이르는 말.

→ ㅅ ㅅ ✎ ___________________

(2) 집 안에 있는 뜰이나 꽃밭.

→ ㅈ ㅇ ✎ ___________________

(3) 흠이 없고 본래의 모습이 그대로 고스란히 있다.

→ ㅁ ㅉ 하다 ✎ ___________________

2 다음 문장에 들어갈 낱말을 보기 에서 찾아 쓰시오.

보기		
꽂고	무사히	가지치기하는

(1) 누나는 귀에 이어폰을 (　　　　　　　) 음악을 듣고 있었다.

(2) 나무의 종류에 따라 (　　　　　　　) 방법이나 시기가 다 다르다.

(3) 오랫동안 꼼꼼하게 준비한 결과, 오늘 준비한 공연을 (　　　　　　　) 마칠 수 있었다.

3 1 ~ 2번에 나온 낱말을 활용하여 나만의 문장을 만들어 보시오.

✎ ___________________

____

____

소단원 2

● 인물의 마음을 생각하며 「그레이엄 할아버지께」를 이어서 읽기

❶

할아버지께

　오늘 어떤 아저씨가 할아버지 집 앞에 '팝니다'라는 표지판을 세웠어요. 그 아저씨가 장미도 마구 밟았어요. 전 너무너무 화가 났어요.
몹시 세차게. 또는 아주 심하게.

　엄마는 사람들이 종종 자기 코앞에 있는 아름다움조차 몰라볼 때가 있다고 했어요.
가끔. 때때로.　아주 가까운 곳을 이르는 말.

잭슨 올림

❷

잭슨에게

　여긴 ♥고요하단다. 정원으로 축구공을 날리는 꼬마도, 갓 구운 스콘을 같이 먹자고 문을 두드리는 꼬마도 없구나. 하지만 여기에는 끝나지 않는 체스 게임과 꺼지지 않는 텔레비전 퀴즈 쇼가 있단다.
이제 막.

　장미를 ♥안전한 곳으로 옮겨 심는 게 좋겠구나. 엄마에게 도와 달라고 하렴.

마음을 담아, 그레이엄 할아버지로부터

문해력 팡팡

♥**고요**: '시끄럽거나 어지럽지 않고 조용함.'을 뜻합니다.

♥**안전**(安 편안할 안, 全 온전할 전): '위험이 생기거나 사고가 날 염려가 없음. 또는 그런 상태.'를 뜻합니다.

● **그림책의 내용**: 어느 날 그레이엄 할아버지는 요양원에 들어가게 되고, 잭슨과 할아버지는 이별을 맞이합니다. 하지만 멀리 떨어져 있어도 두 사람은 편지를 계속 주고받습니다.

교과서 핵심

● 잭슨과 할아버지가 쓴 글의 표현 비교하기

잭슨이 쓴 글	할아버지가 쓴 글
받는 사람	
할아버지께	잭슨에게
전하는 말	
• 표지판을 세웠어요. • 화가 났어요.	• 여긴 고요하단다. • 옮겨 심는 게 좋겠구나.
쓴 사람	
잭슨 올림	할아버지로부터

● 웃어른께 마음을 전하는 글을 쓰는 방법

• 받는 사람 뒤에 '께'를 붙입니다.
• '-습니다', '요'로 문장을 끝맺습니다.
• 쓴 사람 뒤에 '올림'을 붙입니다.

---

1 잭슨이 화가 난 까닭은 무엇인지 빈칸에 알맞은 말을 쓰시오.

• 어떤 아저씨가 할아버지 집 앞에 '(　　　　　)'라는 표지판을 세우고 (　　　　　)을/를 마구 밟았기 때문이다.

2 할아버지의 글에서 '꼬마'는 누구를 가리키는지 쓰시오.

(　　　　　　　　　　)

3 할아버지의 글에서 느껴지는 마음으로 알맞은 것은 무엇입니까? (　　　)

① 가족을 걱정하는 마음
② 잭슨을 그리워하는 마음
③ 고요하게 지내고 싶은 마음
④ 집으로 돌아가기 싫은 마음
⑤ 편지를 그만 쓰고 싶은 마음

핵심

4 잭슨이 편지에 쓴 표현으로 알맞지 <u>않은</u> 것에 ×표를 하시오.

(1) '다'로 문장을 끝맺었다. (　　　)
(2) 받는 사람 뒤에 '께'를 붙였다. (　　　)
(3) 쓴 사람 뒤에 '올림'을 붙였다. (　　　)

소단원 2

● 잭슨이 쓴 글을 보고 마음을 전하는 글에 들어갈 내용 살펴보기

> 할아버지께

(㉠)을 씁니다.

> 오늘 장미를 우리 집 정원으로 옮겨 심었어요. 바로 현관 옆으로요.

글을 쓰는 (㉡)이나 전하려는 내용이 잘 드러나게 씁니다.

> 앞으로 제가 꽃에 물 줄 거예요. 진짜 잘 키울게요. 약속해요.

전하고 싶은 (㉢)과 그때 자신의 생각이나 느낌이 잘 나타나게 씁니다.

> 잭슨 올림

(㉣)을 씁니다.

> ♥추신: 할아버지를 위해 장미를 그렸어요.

글의 끝에 더 쓰고 싶은 말이 있을 때에는 추신을 씁니다.

♥**추신**(追 쫓을 추, 伸 펼 신): 뒤에 덧붙여 말한다는 뜻으로, 편지의 끝에 더 쓰고 싶은 것이 있을 때에 그 앞에 쓰는 말.

교과서 핵심

○ **마음을 전하는 글을 쓰는 방법**

• 글을 받는 사람과 쓴 사람을 씁니다.
• 글을 쓰는 상황이나 전하려는 내용이 잘 드러나게 씁니다.
• 전하고 싶은 마음과 그때 자신의 생각이나 느낌이 잘 나타나게 씁니다.
• 글을 받는 사람이 웃어른일 때에는 알맞은 높임 표현을 씁니다.

핵심

5 ㉠~㉣에 들어갈 말로 알맞은 것을 보기 에서 찾아 쓰시오.

> **보기**
>
> 마음   상황   쓴 사람   받는 사람

(1) ㉠: (   )
(2) ㉡: (   )
(3) ㉢: (   )
(4) ㉣: (   )

6 '추신'은 어떤 경우에 쓰는지 빈칸에 알맞은 말을 쓰시오.

• 편지의 끝에 (   )이/가 있을 때 씁니다.

역량 **서술형**

7 잭슨이 할아버지께 어떤 마음을 전하고 싶을지 생각해 보고, 잭슨의 마음이 잘 드러나도록 빈칸에 알맞은 말을 써서 편지를 완성하시오.

> 할아버지께
>
> 엄마가 할아버지를 만나러 갈 수 있다고 하셨어요! 할아버지가 가장 좋아하는 캐러멜 초콜릿을 가져갈게요. 스콘도요.
>
>
>
> 잭슨 올림

교과서 문해력 키우기

1 다음 뜻에 알맞은 낱말을 글자의 첫소리를 참고하여 쓰시오.

(1) 가끔. 때때로.

→ ㅈ ㅈ ✎ ________________

(2) 시끄럽거나 어지럽지 않고 조용하다.

→ ㄱ ㅇ 하다 ✎ ________________

(3) 뒤에 덧붙여 말한다는 뜻으로, 편지의 끝에 더 쓰고 싶은 것이 있을 때에 그 앞에 쓰는 말.

→ ㅊ ㅅ ✎ ________________

2 다음 문장에 들어갈 낱말을 보기 에서 찾아 쓰시오.

보기		
갓	마구	코앞

(1) 바닷가에 가니 갈매기를 ( )에서 볼 수 있었다.

(2) 카페 안은 ( ) 볶아 낸 커피의 향으로 가득했다.

(3) 갑자기 ( ) 쏟아지는 비에 사람들은 모두 비를 피할 곳을 찾아다녔다.

3 1~2번에 나온 낱말을 활용하여 나만의 문장을 만들어 보시오.

✎ ________________

____

____

1~2 글을 읽고, 물음에 답하시오.

1 ②~② 는 친구들이 무엇을 하고 싶은 상황인지 빈칸에 알맞은 말을 쓰시오.

• (   )을 전하고 싶은 상황

2 ②~② 에서 각각 어떤 마음을 전하면 좋을지 보기 에서 골라 기호를 쓰시오.

보기
㉠ 감사한 마음　　㉡ 응원하는 마음
㉢ 축하하는 마음　　㉣ 걱정스러운 마음

(1) ② : (   )　(2) ② : (   )
(3) ② : (   )　(4) ② : (   )

3~4 글을 읽고, 물음에 답하시오.

가 부모님께

　어머니, 아버지. 어버이날을 맞아 편지를 써요. 지난 주말에 수영을 배우는데 계속 물에 가라앉아서 조금 ㉠속상했거든요. 그때 두 분께서 제가 포기하지 않은 것을 ㉡칭찬해 주셨지요. 꾸준히 연습하면 분명히 잘할 수 있을 거라고 말씀도 해 주셨어요. 덕분에 ㉢용기가 났어요. 언제나 저를 믿고 응원해 주셔서 감사합니다.

힘내서 잘할 수 있도록 곁에서 도와주는 일.

도현 올림

나 할머니께

　할머니, 생신 축하드려요. 저는 할머니가 계셔서 ㉣정말 좋아요. 제 생일 때마다 식혜도 만들어 주시고, 재미있는 이야기도 ㉤많이 들려주셔서 감사해요.

　지난번에 할머니께서 입원하셨을 때는 많이 ㉥걱정되고 슬펐어요. 아프지 마시고, 늘 건강하세요. 할머니 생신 기념으로 좋은 곳에 또 여행 가요. 할머니, 사랑해요.

혜인 올림

3 ②와 ④는 누구에게 어떤 마음을 전하는 글인지 알맞은 것에 ○표를 하시오.

(1) ②는 어버이날을 맞아 부모님께 감사하는 마음을 전하는 글이다. (   )
(2) ④는 병원에 입원한 할머니께 걱정하는 마음을 전하는 글이다. (   )

4 ㉠~㉥ 중에서 글쓴이의 마음을 나타내는 표현을 모두 찾아 기호를 쓰시오.

(   )

5~8 글을 읽고, 물음에 답하시오.

가 수환이에게

　수환아 안녕? 달리기 대회를 앞두고 요즘 많이 바쁘지? 어제 하교하다가 네가 운동장에서 달리기를 연습하는 것을 봤어. 하루도 거르지 않고 매일 연습을 하다니 넌 정말 대단한 것 같아. 네가 열심히 노력한 만큼 이번 대회에서 좋은 결과를 얻으면 좋겠어. 내가 너를 정말 자랑스럽고 멋지다고 생각하는 거 알고 있지? 대회 때도 열심히 응원할게. 힘내!

여러 사람이 실력이나 기술을 겨루는 행사.

하윤이가

나 까미에게

　까미야, 잘 지내고 있니? 날도 더운데 물은 좀 마셨는지 걱정이 돼. ㉠힘들게 물을 찾았는데 물 한 모금 못 마시고 집으로 돌아갔다니 나까지 속상하고 안타까웠어. 그런데 네가 떠난 뒤에도 까망이는 포기하지 않고 노력해서 결국 물을 마실 수 있었어. 다음에는 너도 너무 빨리 포기하지 않았으면 좋겠어. 하루빨리 비가 내리길 바랄게. 기운 내!

민호가

핵심 **역량**

5 다음은 하윤이가 글 **가**를 쓰기 위해 내용을 정리한 것입니다. 글 **가**의 내용을 참고하여 빈칸에 알맞은 말을 쓰시오.

받는 사람	(1) (　　　　　　)
전하고 싶은 마음	(2) (　　　　　　)하는 마음
마음을 전하고 싶은 상황	(3) (　　　　　　)을/를 앞두고 수환이가 운동장에서 매일 (4) (　　　　　　)을/를 하는 것을 보았다.
마음을 나타내는 말	'대단한 것 같아', (5) '(　　　　　　)을/를 얻으면 좋겠어', '자랑스럽고 멋지다고 생각하는 거 알고 있지?', '응원할게', '힘내!'

6 글 **가**에서 하윤이가 생각한 수환이의 대단한 모습에 ○표를 하시오.

(1) 달리기 대회에 나가는 것　　　(　　　)
(2) 매일 달리기 연습을 하는 것　　(　　　)
(3) 대회에서 좋은 결과를 얻은 것　(　　　)

7 글 **나**의 ㉠은 무엇을 쓴 부분입니까? (　　　)

① 쓴 사람
② 받는 사람
③ 전하고 싶은 마음
④ 마음을 나타내는 말
⑤ 마음을 전하고 싶은 상황

8 글 **나**에서 글쓴이의 마음을 나타내는 표현을 두 가지 찾아 쓰시오.

(1) (　　　　　　　　　　　　　　)
(2) (　　　　　　　　　　　　　　)

핵심

9 마음을 전하는 글을 쓰고 나서 확인할 점으로 알맞지 <u>않은</u> 것은 무엇입니까? (　　　)

① 받는 사람과 쓴 사람을 썼나요?
② 상황이나 내용을 구체적으로 썼나요?
③ 전하고 싶은 마음이 잘 드러나게 썼나요?
④ 받는 사람에 따라 알맞은 표현을 썼나요?
⑤ 마음을 나타내는 말을 한 가지만 반복해서 썼나요?

교과서 **핵심**

● **마음을 전하는 글을 쓸 계획을 세우고 글 쓰기**

　마음을 전하고 싶은 사람이나 상황 떠올리기 → 글에서 전하려는 마음 생각하기 → 마음을 잘 나타내는 표현 생각하기 → 마음을 전하는 글에 들어갈 내용 확인하며 쓸 내용 정리하기 → 읽을 사람의 마음 생각하며 글 쓰기

교과서 문해력 키우기

1 다음 뜻에 알맞은 낱말을 글자의 첫소리를 참고하여 쓰시오.

(1) 힘내서 잘할 수 있도록 곁에서 도와주는 일.

→ ㅇ ㅇ ✎ ___________

(2) 환자가 병을 고치기 위하여 일정한 기간 동안 병원에 들어가 머무는 것.

→ ㅇ ㅇ ✎ ___________

(3) 어떤 뜻깊은 일이나 훌륭한 인물 등을 오래도록 잊지 아니하고 마음에 간직함.

→ ㄱ ㄴ ✎ ___________

2 다음 문장에 들어갈 낱말을 보기 에서 찾아 쓰시오.

보기		
노력	대회	결과

(1) 내 동생은 태권도 ( )에서 멋진 발차기를 보여 줬다.

(2) 나는 숙제를 끝내기 위해 어제부터 최선을 다해 ( )했다.

(3) 매일 연습한 ( ), 이제 나는 두발자전거를 탈 수 있게 되었다.

3 1 ~ 2번에 나온 낱말을 활용하여 나만의 문장을 만들어 보시오.

✎ ___________

____

____

핵심

1 마음을 전하는 글을 쓰는 방법을 생각하며 빈 칸에 알맞은 말을 보기 에서 각각 찾아 쓰시오.

보기
| 마음 | 표현 | 상황 | 읽을 사람 |

(1) 마음을 전하고 싶은 사람이나 (   ) 을 떠올립니다.
(2) 글에서 전하려는 (   )을 생각 합니다.
(3) 마음을 잘 나타낼 수 있는 (   ) 을 사용합니다.
(4) (   )의 마음이 어떠할지 짐작 하며 씁니다.

서술형

2 나는 누구에게 어떤 마음을 전하는 글을 쓰고 싶은지 다음 글을 참고하여 쓰시오.

> "나를 도와준 친구에게 고마운 마음을 전하 는 편지를 써 볼 거야."

____

____

3 다음 문장에서 잘못 쓴 낱말을 찾아 바르게 고 쳐 쓰시오.

> 문제가 없는지 잘 살펴볼께.

(1) 잘못 쓴 낱말: (   )
(2) 고쳐 쓴 낱말: (   )

4 다음 문장에서 바르게 쓴 낱말에 ○표를 하시오.

(1) 다음에는 약속을 더 잘
| 지킬게요. |
| 지킬께요. |

(2) 내가 3시에 놀이터 앞으로
| 나갈게. |
| 나갈께. |

5단원
○ 월
○ 일

5~6 낱말 카드를 보고, 물음에 답하시오.

꼼꼼하다.	끈기 있다.
무뚝뚝하다.	성급하다.
정직하다.	다정하다.
주체적이다.	이해심이 많다.

5 낱말 카드에 쓰인 말은 모두 무엇을 나타내는 말입니까?   (   )
① 계절   ② 마음   ③ 성격
④ 시간   ⑤ 날씨

6 다음 뜻에 알맞은 낱말에 ○표를 하시오.
(1) (꼼꼼하다 , 무뚝뚝하다): 차분하고 빈틈이 없다.
(2) (성급하다 , 다정하다): 정이 많아 따 뜻하고 친절하다.
(3) (정직하다 , 이해심이 많다): 마음에 거짓이나 꾸밈이 없이 바르고 곧다.
(4) (끈기 있다 , 주체적이다): 남의 도움 이나 간섭 없이 스스로 일을 처리하다.

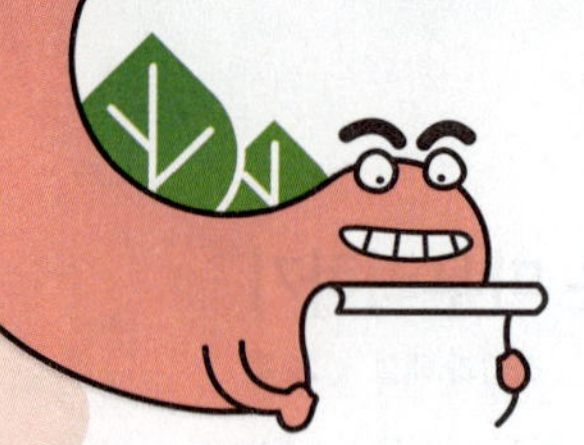

단원 평가

1 이야기 속 인물에게 마음을 전하는 방법으로 알맞지 않은 것에 ×표를 하시오.

(1) 인물에게 궁금한 점을 이야기해 본다.
(　　)
(2) 인물에게 전하고 싶은 마음을 떠올려 본다.
(　　)
(3) 자신이 좋아하는 이야기를 쓴 작가를 떠올려 본다.
(　　)

2~6 글을 읽고, 물음에 답하시오.

이곳저곳을 빙빙 날아다니던 까망이와 까미는 마침내 물이 든 병을 발견했어요.

"물이다! 물이야! 우리가 물을 찾았어!"

까망이와 까미는 물을 마실 생각에 신이 났어요. 하지만 둘은 물을 마실 수 없었어요. 부리가 짧아 물에 닿지 않았거든요.

평소 성질이 급한 까미는 무작정 물병을 밀었어요. 하지만 물병은 꿈쩍도 하지 않았지요.

"됐어. 난 할 만큼 했어. 이제 희망이 없어."

실망한 까미는 기운 없이 집으로 돌아갔어요.

"이렇게 포기할 수는 없어. 분명히 좋은 방법이 있을 거야."

㉠혼자 남은 까망이는 곰곰이 생각에 잠겼어요.

"그래! 이러면 되겠다!"

까망이는 작은 돌멩이를 하나씩 물어다 물병 속에 집어넣었어요. 돌멩이가 들어가자 물이 쑥쑥 올라왔어요. 물은 곧 물병 입구까지 차올랐지요.

"아, 정말 시원해. 이제 좀 살 것 같네."

까망이는 마침내 물을 실컷 마실 수 있었답니다.

2 까망이와 까미가 물병에 든 물을 마실 수 없었던 까닭을 쓰시오.

(　　　　　　　　　　　　　　)

3 물병이 꿈쩍도 하지 않자 까미가 한 행동으로 알맞은 것은 무엇입니까? (　　)

① 실망하고 집으로 돌아갔다.
② 돌멩이를 던져 물병을 깼다.
③ 까망이에게 도와달라고 부탁했다.
④ 물병이 움직일 때까지 계속 밀었다.
⑤ 물병 속에 작은 돌멩이들을 집어넣었다.

4 ㉠에서 까망이가 한 생각으로 알맞은 것에 ○표를 하시오.

(1) 까미는 왜 집으로 돌아갔을까? (　　)
(2) 내가 혼자 물을 다 마셔도 될까? (　　)
(3) 어떻게 하면 물병 안의 물을 마실 수 있을까? (　　)

5 까망이가 한 행동을 떠올리며 빈칸에 알맞은 내용을 쓰시오.

• 물을 마시기 위해 작은 (　　　　　) 을/를 하나씩 물어다 물병 속에 집어넣었다.

6 다음은 누구의 성격인지 글에서 찾아 쓰시오.

> 성급하고 포기가 빠르다.

(　　　　　　　　　　　　)

중요

7 이야기에서 인물의 성격을 파악하기 위해 살펴보아야 할 것으로 알맞은 것을 두 가지 고르시오. (　　,　　)

① 인물의 이름
② 작가의 이름
③ 일이 벌어진 장소
④ 인물의 성격을 나타내는 말
⑤ 상황에 따른 인물의 말이나 행동

5단원

[8~11] 글을 읽고, 물음에 답하시오.

㉮ 깊은 산 까먹마을에 잘 까먹는 다람쥐들이 살았어. 튼튼한 앞니로 단단한 껍데기를 잘 ㉠까먹었지. 도토리를 여기저기 잘 묻어 두고 어디 묻었는지 잘 ㉡까먹었고.

가을이 되면 바빴어. 겨우내 먹을 도토리를 땅속 보금자리에 저장하느라고. 집 밖에도 저장했어. 여기저기 나누어서. 봄에 먹을 게 떨어지면 찾아 먹으려고.

"가을에 내가 묻은 거야! 네가 그걸 왜 먹어!"

이렇게 따지는 다람쥐는 없었어. ㉢까먹었으니까.

㉯ 줄무늬는 아까웠어. 아무도 못 찾는 도토리는 그냥 썩을 수도 있거든. 다른 동물의 먹이가 되거나. / 줄무늬는 억울했어. 줄무늬는 도토리를 빨리빨리 많이 묻었거든. 그럼 빨리빨리 많이 찾아 먹어야 공평하다는 생각이 들었지.

㉰ '까먹어도 되는 건, 까먹어도 괜찮으니까.'

줄무늬는 할머니 말을 곱씹었어. 아무리 생각해도 틀린 말 같았지.

'㉣까먹어도 된다고 생각해서, 계속 멍청한 다람쥐로 사는 거야!'

'내 생각은 달라. 까먹어도 괜찮지 않아!'

줄무늬는 결심했어. 안 ㉤까먹는 방법을 스스로 찾아내겠다고.

8 까먹마을에 사는 다람쥐들의 특징은 무엇입니까? ( )

① 빠르다.　　② 똑똑하다.
③ 화목하다.　　④ 잘 까먹는다.
⑤ 많이 먹는다.

실력 UP

9 줄무늬가 생각하는 '공평함'은 무엇인지 알맞은 것에 ○표를 하시오.

(1) 도토리를 똑같은 개수로 묻는 것 ( )

(2) 찾은 도토리를 똑같이 나눠 먹는 것

( )

(3) 자기가 묻은 도토리만큼 찾아 먹는 것

( )

10 ㉠~㉤ 중 '까먹다'의 뜻이 다른 하나는 무엇인지 기호를 쓰시오.

( )

11 이 글에 나타난 줄무늬의 성격을 파악해 쓰시오.

____

____

월

일

[12~13] 글을 읽고, 물음에 답하시오.

줄무늬는 쌍둥이에게 안 까먹는 방법을 가르쳤어.

"얘들아, 엄마는 알고 있어. 오직 엄마만 알고 있지. 안 까먹는 다람쥐로 사는 방법을. 우리는 다람쥐의 운명을 바꾼, 첫 번째 가족이 될 거야."

쌍둥이는 날마다 훈련했어. 물구나무를 선 채 "쥐람다, 쥐람다, 쥐람다."라고 백 번 말했지. 첫째는 엄마가 가르쳐 주는 대로 잘했어. 하지만 둘째는 "람다쥐, 람다쥐." 하면서 깡충거렸지.

"람다쥐, 람다쥐."

첫째도 키득거리며 따라 했어. 둘은 자주 혼났어.

"꼭 백 번을 채워야 해."

줄무늬는 아침마다 말했어.

12 이 글에서 줄무늬의 성격이 드러나는 문장을 찾아 쓰시오.

____

중요

13 줄무늬의 말과 행동으로 보아 줄무늬의 성격은 어떠합니까? ( )

① 따뜻하고 너그럽다.
② 엄격하고 꼼꼼하다.
③ 겁이 많고 얌전하다.
④ 심술궂고 이기적이다.
⑤ 겸손하고 예의 바르다.

단원 평가

14~15 글을 읽고, 물음에 답하시오.

> 그레이엄 할아버지께
>
> 죄송해요. 축구를 하는데 공이 그만 할아버지 정원으로 들어가 버렸어요. 막 열 번째 골을 넣으려던 때였는데요…….
>
> 정원의 장미가 무사하면 좋겠어요.
>
> 할아버지 드리려고 엄마랑 같이 스콘을 만들었어요. 맛있게 드세요.
>
> 다시 한번 정말 죄송해요.
>
> 잭슨 올림

14 이 글에서 알 수 있는 잭슨의 성격으로 알맞은 것을 다음에서 찾아 쓰시오.

> 정직하다   꼼꼼하다   무뚝뚝하다

(   )

15 14번 문제와 같이 생각한 까닭을 쓰시오.

16~17 글을 읽고, 물음에 답하시오.

> 할아버지께
>
> 오늘 장미를 우리 집 정원으로 옮겨 심었어요. 바로 현관 옆으로요.
>
> 앞으로 제가 꽃에 물 줄 거예요. 진짜 잘 키울게요. 약속해요.
>
> 잭슨 올림
>
> 추신: 할아버지를 위해 장미를 그렸어요.

중요

16 이 글에 들어간 내용으로 알맞지 <u>않은</u> 것은 무엇입니까? (   )

① 쓴 사람   ② 받는 사람
③ 전하려는 내용   ④ 전하고 싶은 마음
⑤ 의견에 대한 까닭

서술형

17 이 글을 참고하여 웃어른께 마음을 전하는 글을 쓸 때 높임 표현을 하는 방법을 <u>모두</u> 찾아 쓰시오.

18~19 글을 읽고, 물음에 답하시오.

> 부모님께
>
> 어머니, 아버지. 어버이날을 맞아 편지를 써요. 지난 주말에 수영을 배우는데 계속 물에 가라앉아서 조금 속상했거든요. 그때 두 분께서 제가 포기하지 않은 것을 칭찬해 주셨지요. 꾸준히 연습하면 분명이 잘할 수 있을 거라고 말씀도 해 주셨어요. 덕분에 용기가 났어요. 언제나 저를 믿고 응원해 주셔서 감사합니다.
>
> 도현 올림

중요

18 이와 같은 글을 쓸 때 가장 먼저 할 일은 무엇입니까? (   )

① 쓸 내용 정리하기
② 마음을 나타내는 말 넣어 글 쓰기
③ 마음을 잘 나타내는 표현 생각하기
④ 알맞은 높임 표현을 썼는지 확인하기
⑤ 마음을 전하고 싶은 사람이나 상황 떠올리기

19 도현이가 이 글에서 부모님께 전하려는 마음을 나타내는 표현을 찾아 쓰시오.

(   )

20 다음 문장에서 바르게 쓴 낱말을 찾아 ○표를 하시오.

> 제 방 청소는 제가 (할게요 , 할게요).

6

자신 있게 읽고 써요

무엇을 배울까요?

준비
- 배울 내용 살펴보기

소단원 1
사실과 의견 구분하기
- 사실과 의견에 대해 알기
- 사실과 의견을 구분하며 글 읽기
- 글에 드러난 사실과 의견에 대해 생각 나누기

소단원 2
쓰기 과정을 되돌아보고 쓰기를 계획하기
- 쓰기 과정 되돌아보기
- 쓰기 계획을 세우고 글 쓰기

실천
- 배운 내용 마무리하기

1 사실과 의견

사실	현재 있는 일이나 과거에 있었던 일. 예 홍학이 한쪽 다리를 든 채 서 있는 모습을 보았다.
의견	어떤 일이나 대상에 대한 생각. 예 홍학이 그런 자세로 서 있는 까닭을 알아보고 싶다.

↳ 사람들 사이에서는 다양한 의견이 있을 수 있으므로, 서로 다른 의견을 존중하는 태도를 가져야 합니다.

2 사실과 의견을 구분해 글을 읽으면 좋은 점

① 글에 드러난 사실에서 새로운 정보를 알 수 있습니다.
② 글에 드러난 의견을 찾아보면 글쓴이와 내 생각을 비교해 볼 수 있습니다.
↳ 의견에는 글쓴이의 생각이 담겨 있습니다.

3 자신의 쓰기 과정 되돌아보기

① 지금까지 참여한 쓰기 활동 가운데 하나를 떠올려 봅니다.
② 떠올린 쓰기 활동을 정리해 봅니다. ↳ 일기, 관찰 보고서, 감상문, 편지 등
　• 글을 쓴 목적
　• 글의 내용
　• 글을 쓰면서 느낀 점
③ 글을 쓰면서 새롭게 안 사실이 있는지, 아쉬웠던 점은 무엇인지 생각하며 느낀 점을 정리해 봅니다.
④ 자신이 쓴 글에서 고치고 싶은 부분이 있었는지 떠올려 봅니다.

↳ 계획을 잘 세우면 좀 더 자신 있는 글쓰기를 할 수 있습니다.

4 쓰기 계획 세우기

① 글을 쓸 목표를 정합니다.
　예 '이 이야기를 다른 사람들도 읽었으면 좋겠어. 책을 소개하는 글을 써 볼까?'
② 보거나 읽을 대상을 예상합니다.
　예 '아직 이 책을 읽지 않은 친구를 생각하며 글을 쓸 거야.'
③ 내용을 정합니다.
　예 '이 책에서 재미와 감동을 느꼈던 부분을 쓸거야.'

---

1 '사실'은 현재 있는 일이나 과거에 있었던 일을 말합니다.
(　　　 ○ , × 　　　)

2 다음 문장은 '사실'과 '의견' 중 어느 것에 해당하는지 ○표를 하시오.

> 예 홍학이 그런 자세로 서 있는 까닭을 알아보고 싶다.

(　　 사실 , 의견 　　)

3 글에 드러난 의견을 찾아보면 글쓴이와 내 생각을 ☐☐ 해 볼 수 있습니다.

4 자신의 쓰기 과정을 되돌아볼 때 정리할 내용이 아닌 것에 ×표를 하시오.
(1) 글의 내용 　　　(　)
(2) 글을 쓴 목적 　　(　)
(3) 앞으로 쓸 내용 　(　)

5 쓰기 계획을 세울 때에는 가장 먼저 글을 쓸 (목표 , 장소)을/를 정합니다.

I~3 글을 읽고, 물음에 답하시오.

> 가 오늘 피구 경기에서 2반에게 졌다. 내가 던진 공이 계속 빗나가서 너무 아쉬웠다. 끝나고 나니 눈물이 날 것 같았다.
>
> 3학년 1반 김다인

> 나 오늘 2반과 피구 경기를 했다. 공을 던질 때 정말 짜릿했다. 응원도 신나고 재미있었다. 비록 졌지만 최고의 경기였다.
>
> 3학년 1반 이선우

1 다인이와 선우가 겪은 일은 무엇입니까?(   )

① 2반과의 피구 경기에서 졌다.
② 친구들이 던진 공에 맞아서 울었다.
③ 체육 시간에 공 던지기 연습을 했다.
④ 친구들과 피구 대회 응원 연습을 했다.
⑤ 피구 경기에서 계속 지다가 마지막에 이겼다.

2 다인이와 선우는 겪은 일에 대해 각각 어떤 생각을 했는지 알맞게 선으로 이으시오.

(1) 다인 •   • ① 졌지만 최고의 경기였다.

(2) 선우 •   • ② 아쉽고 눈물이 날 것 같다.

3 다인이와 선우가 같은 일을 겪었지만 글의 내용이 다른 까닭은 무엇입니까?   (   )

① 다인이와 선우의 나이가 달라서
② 선우가 자신의 생각을 쓰지 않아서
③ 다인이가 겪은 일과 다른 내용을 써서
④ 선우가 앞으로 하고 싶은 일을 쓰지 않아서
⑤ 같은 일을 겪더라도 사람마다 다르게 생각하고 느낄 수 있어서

4 있었던 일을 떠올리며 글을 쓸 때, 떠올리기에 알맞은 내용이 아닌 것은 무엇입니까?   (   )

① 어제 친구와 싸운 일
② 오늘 교실에서 있었던 일
③ 지난 체육 시간에 겪은 일
④ 돌아오는 휴일에 하고 싶은 일
⑤ 얼마 전 기억에 남는 책을 읽은 일

5 있었던 일을 떠올리며 글을 쓸 때, 나는 어떤 글을 쓰고 싶은지 쓰시오.

(   )

6 글을 쓰기 전에 생각할 점으로 알맞지 않은 것은 무엇입니까?   (   )

① '무엇에 대해 쓸까?'
② '쓴 글을 어떻게 고칠까?'
③ '글의 양은 얼마만큼 쓸까?'
④ '글쓰기 목표는 무엇으로 정할까?'
⑤ '내가 쓴 글을 읽을 사람은 누구일까?'

6단원
월
일

소단원 1

1~3 대화를 보고, 물음에 답하시오.

1 주원이와 지호는 무엇에 대해 이야기하고 있습니까? (   )

① 홍학이 춤을 추는 모습
② 홍학이 빠르게 뛰어가는 모습
③ 홍학이 두 다리를 길게 뻗은 모습
④ 홍학이 한쪽 다리를 들고 서 있는 모습
⑤ 홍학이 두 다리를 깃털로 감추고 앉아 있는 모습

2 주원이와 지호 중 홍학이 무슨 행동을 하고 있는지 이야기한 친구의 이름을 쓰시오.

(   )

3 홍학의 행동에 대한 지호의 생각으로 알맞은 것은 무엇입니까? (   )

① 지루해 보인다.
② 불편해 보인다.
③ 재미있어 보인다.
④ 매우 편안해 보인다.
⑤ 춤을 추고 있는 것 같다.

4~5 글을 읽고, 물음에 답하시오.

> ㉠오늘 친구들과 동물원에 다녀왔다. ㉡홍학이 한쪽 다리를 든 채 서 있는 모습을 보았다. ㉢그 모습이 어쩐지 불편해 보였다. ㉣홍학이 그런 자세로 서 있는 까닭을 알아보고 싶다.

4 글쓴이는 무엇을 알아보고 싶다고 하였습니까? (   )

① 동물원에 가는 방법
② 새들의 특이한 행동
③ 홍학이 많이 사는 나라
④ 우리 주변에서 쉽게 볼 수 없는 동물
⑤ 홍학이 한쪽 다리를 든 채 서 있는 까닭

5 ㉠~㉣을 알맞게 구분하여 기호를 쓰시오.

(1) 있었던 일	
(2) 어떤 일이나 대상에 대한 생각	

핵심

6 사실과 의견의 뜻에 알맞게 선으로 이으시오.

(1)	사실	•		•	①	어떤 일이나 대상에 대한 생각
(2)	의견	•		•	②	현재 있는 일이나 과거에 있었던 일

6 단원

월

일

7 다음 중 '사실'인 문장은 무엇입니까? (　　　)

① 봄이 지나면 여름이 온다.
② 나는 가을을 가장 좋아한다.
③ 봄이 항상 계속되면 좋겠다.
④ 오늘 축구 경기를 한 것이 즐거웠다.
⑤ 나는 로봇 공학자가 멋진 일을 한다고 생각한다.

8 다음 문장이 사실이면 '사실', 의견이면 '의견'이라고 쓰시오.

(1) 오늘 옆 반과 축구 시합을 했다.
(　　　　)

(2) 로봇 공학자는 로봇을 연구하는 사람이다.
(　　　　)

(3) 나는 사계절 가운데에서 여름이 가장 좋다.
(　　　　)

9 다음 문장이 사실인지 의견인지 구분하여 선으로 이으시오.

(1) 환경을 보호하기 위해 종이를 아껴 쓰자.　•　•① 사실

(2) 쓰레기통에 종이가 버려져 있다.　•　•② 의견

10 ㉠~㉢ 중, '의견'인 문장의 기호를 쓰시오.

> ㉠우리 반은 3학년 2반이다. ㉡우리 반 학생은 모두 스무 명이다. ㉢우리 반의 좋은 점은 친구들끼리 사이가 좋은 것이라고 생각한다.

(　　　　　　　)

역량 서술형

11 우리 반에 대해 떠올려 보고, 우리 반에 대한 사실과 의견을 한 가지씩 쓰시오.

(1) 사실	
(2) 의견	

12 '의견'에 대해 알맞게 말한 친구의 이름을 쓰시오.

> 유아: 다른 사람의 의견은 중요하지 않고, 늘 내 의견이 옳다는 자신감을 가져야 해.
> 승희: 친구들과 의견을 이야기하다 보면 다양한 의견이 있다는 것을 알 수 있어. 서로 다른 의견을 존중하는 태도를 가져야 해.

(　　　　　　　)

소단원 1　　사실과 의견을 구분하며 글 읽기

소금 이야기

❶ '소금' 하면 무엇이 떠오르나요? 아마 하얀 가루의 모습이나 짠맛의 기억이 떠오를 거예요. 소금은 보통 음식의 ♥간을 맞추는 데 쓰지요. 그러나 소금은 이 밖에도 매우 다양하게 쓰이고 있답니다.

중심 내용 소금은 보통 음식의 간을 맞추기 위해 쓰이지만 이 밖에도 다양하게 쓰인다.

❷ 소금은 사람의 몸속에서 여러 역할을 해요. 소금은 음식물의 ♥소화를
5　돕는 소화액을 만드는 데 쓰여요. 뇌에서 우리 몸 구석구석으로 신호를 보내는 일을 돕기도 하고요. 일정한 양의 물이 몸 안에 머무르도록 해 주기도 해요. 그래서 몸속에 소금이 없다면 사람은 생명을 ♥유지할 수 없어요.

중심 내용 소금은 사람의 몸속에서 여러 역할을 한다.

문해력 팡팡

♥**소화**(消 사라질 소, 化 될 화): 우리가 '먹은 음식물을 분해하여 영양분을 흡수하기 쉬운 형태로 변화시키는 일'을 뜻합니다. 참고로 '불을 끔.'을 뜻하는 '소화'는 '消 사라질 소, 火 불 화'로 씁니다.

- **글의 종류**: 설명하는 글
- **글의 특징**: 소금의 다양한 쓰임에 대해 알기 쉽게 설명한 글입니다.

♥**간**: 음식물의 짠 정도.

♥**유지**(維 벼리 유, 持 가질 지): 어떤 상태나 상황을 그대로 보존하거나 변함없이 계속하여 지탱함.

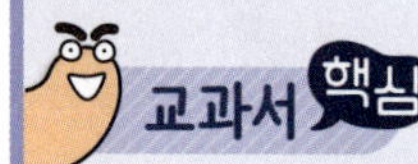

교과서 핵심

○ 「소금 이야기」에 나온 문장을 사실과 의견으로 구분하기 **예**

사실	몸속에 소금이 없다면 사람은 생명을 유지할 수 없어요.

---

1 소금은 보통 무엇에 쓰인다고 했습니까?　　　(　)

① 음식의 간을 맞추기 위해
② 음식의 양을 늘리기 위해
③ 음식의 색을 하얗게 만들기 위해
④ 양념의 가루를 곱게 만들기 위해
⑤ 음식에 물이 많이 생기게 하기 위해

2 사람의 몸속에서 소금이 하는 역할로 알맞은 것을 두 가지 고르시오.　(　 , 　)

① 몸속의 물을 몸 밖으로 내보낸다.
② 사람의 키를 빠르게 자라게 한다.
③ 뇌를 건강하게 만들어 머리가 좋게 해 준다.
④ 음식물의 소화를 돕는 소화액을 만드는 데 쓰인다.
⑤ 뇌에서 우리 몸 구석구석으로 신호를 보내는 일을 돕는다.

3 몸속에 소금이 없다면 어떻게 된다고 하였는지 빈칸에 알맞은 말을 쓰시오.

- 몸속에 소금이 없다면 사람은
(　　　　　)을/를 유지할 수 없다.

핵심

4 다음 문장들은 '사실'과 '의견' 중에 어떤 것에 해당하는지 쓰시오.

- 소금은 사람의 몸속에서 여러 역할을 해요.
- 몸 속에 소금이 없다면 사람은 생명을 유지할 수 없어요.

(　　　　　　　)

6 단원
월
일

❸ 소금은 우리 생활 곳곳에도 쓰인답니다. 치약, 비누, 플라스틱이나 유리와 같은 물건을 만드는 데에도 소금 ♥성분이 들어가요. 이렇게 전혀 예상하지 못한 물건에까지 소금 성분이 들어 있다는 것이 정말 놀랍지요. 또 사람들은 눈이 내린 길 위에 소금을 뿌리기도 해요. 소금이 눈에 녹아
5 소금물이 되면 어는 온도가 더 내려가거든요. ♥기온이 낮아져도 눈이 쌓인 길이 얼지 않게 해 주는 거예요. 그리고 흙바닥으로 이루어진 경기장이나 운동장에 소금을 뿌리는 경우도 있어요. 소금이 물기를 ♥머금어 먼지가 날리지 않게 하기 때문이랍니다.

중심 내용 소금은 우리 생활 곳곳에도 쓰인다.

문해력 팡팡

> ♥기온(氣 기운 기, 溫 따뜻할 온): '대기의 온도'를 기온이라고 합니다. 여기에서 '대기(大氣)'는 공기를 이르는 말입니다. 즉, '기온'은 공기의 온도를 뜻하는 말입니다.
>
> ♥머금다: '물 같은 액체 등을 흘리지 않고 지니다.'를 뜻합니다. '나뭇잎이 비를 머금어 반짝였다.'와 같이 쓸 수 있습니다.

♥성분(成 이룰 성, 分 나눌 분): 어떤 물질을 이루고 있는 각각의 부분.

교과서 핵심

○ 「소금 이야기」에 나온 문장을 사실과 의견으로 구분하기 예

사실	• 치약, 비누, 플라스틱이나 유리와 같은 물건을 만드는 데에도 소금 성분이 들어가요. • 소금이 눈에 녹아 소금물이 되면 어는 온도가 더 내려가거든요.
의견	이렇게 전혀 예상하지 못한 물건에까지 소금 성분이 들어 있다는 것이 정말 놀랍지요.

---

5 우리 생활에서 소금을 쓰는 경우를 <u>두 가지</u> 고르시오. (,)

① 눈길에 뿌린다.
② 얼음을 얼리는 데 쓴다.
③ 밭의 흙을 만드는 데 쓴다.
④ 여름에 온도를 내리는 데 쓴다.
⑤ 치약, 비누, 플라스틱, 유리와 같은 물건을 만드는 데 쓴다.

6 흙바닥에 소금을 뿌리면 어떻게 된다고 하였는지 빈칸에 알맞은 말을 쓰시오.

• 소금이 물기를 머금어 ( ) 이/가 날리지 않게 한다.

7 다음 문장에서 알맞은 낱말에 ○표를 하시오.

• (성분 , 기온)은 공기의 온도를 뜻하는 말이다.

핵심
8 이 글에 나온 문장들을 사실과 의견에 맞게 선으로 이으시오.

(1) 사실 •

(2) 의견 •

• ① 이렇게 전혀 예상하지 못한 물건에까지 소금 성분이 들어 있다는 것이 정말 놀랍지요.

• ② 소금이 눈에 녹아 소금물이 되면 어는 온도가 더 내려가거든요.

소단원 1

❹ 지금까지 소금의 다양한 쓰임새에 대해 알아보았어요. 오늘날, 소금은 흔히 볼 수 있고 쉽게 구할 수 있는 물건이라 ㉠**보잘것없게** 느껴지기도 합니다. 그러나 어떤 물건이 흔하다고 해서 그것을 하찮게 여겨서는 안 돼요. 과거에는 소금이 구하기 어려웠고 가격도 비쌌답니다. 그래서 사람
5 들이 소금을 얻으려고 많은 노력을 기울였어요. 그 결과, 우리는 다양한 곳에 널리 활용할 수 있을 만큼 충분한 소금을 얻게 되었지요. 소금은 흔해 보이지만 우리에게 없어서는 안 될 참 고마운 ♥**존재**랍니다.

별로 중요하지 않게

중심 내용 소금은 흔해 보이지만 우리에게 없어서는 안 될 고마운 존재이다.

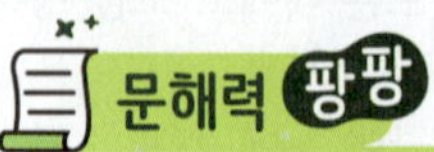
문해력 팡팡

♥**보잘것없다**: '볼만한 가치가 없을 정도로 하찮다.'를 뜻합니다. 비슷한 의미를 나타내는 속담으로는 '바닷속의 좁쌀알 같다.'가 있습니다. 이 속담은 넓고 넓은 바닷속에 뜬 조그만 좁쌀알만 하다는 뜻으로, 그 존재가 대비도 안 될 만큼 보잘것없거나 매우 작고 하찮은 경우를 비유적으로 이르는 말입니다.

♥**존재**(存 있을 존, 在 있을 재): 현실에 실제로 있음. 또는 그런 대상.

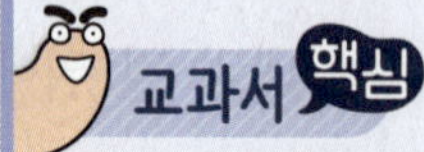
교과서 핵심

○「소금 이야기」에 나온 문장을 사실과 의견으로 구분하기 예

의견	어떤 물건이 흔하다고 해서 그것을 하찮게 여겨서는 안 돼요.

○ 사실과 의견을 구분해 글을 읽으면 좋은 점
• 글에 드러난 사실에서 새로운 정보를 알 수 있습니다.
• 글에 드러난 의견을 찾아보면 글쓴이와 내 생각을 비교해 볼 수 있습니다.

---

9 글쓴이가 소금이 고마운 존재라고 생각한 까닭은 무엇입니까? (　　　)
① 맛이 짜고 좋아서
② 가격이 매우 비싸서
③ 구하기 어려운 물건이어서
④ 주변에서 흔히 볼 수 있어서
⑤ 우리 몸속에서 다양한 역할을 하고, 실생활에 널리 쓰여서

10 ㉠의 뜻으로 알맞은 것은 무엇입니까? (　　　)
① 화려하고 아름답다.
② 유용하게 쓸 수 있다.
③ 많은 사람들에게 필요하다.
④ 중요하고 소중하게 여기다.
⑤ 볼만한 가치가 없을 정도로 하찮다.

11 과거에 사람들이 소금을 얻기 위해 노력한 이유가 무엇인지 빈칸에 알맞은 말을 쓰시오.
• 과거에는 소금이
구하기 (1) (　　　　　　　)
가격도 (2) (　　　　　　　) 때문이다.

핵심 서술형

12 사실과 의견을 구분해 글을 읽으면 좋은 점을 한 가지만 쓰시오.

____

____

____

1 다음 뜻에 알맞은 낱말을 글자의 첫소리를 참고하여 쓰시오.

(1) 대기의 온도.

→ ㄱ ㅇ ✎ ___________

(2) 별로 중요하지 않게.

→ ㅎ ㅊ ㄱ ✎ ___________

(3) 우리가 먹은 음식물을 분해하여 영양분을 흡수하기 쉬운 형태로 변화시키는 일.

→ ㅅ ㅎ ✎ ___________

2 다음 문장에 들어갈 낱말을 보기 에서 찾아 쓰시오.

보기

| 간 | 유지 | 존재 |

(1) 우리 집 강아지는 내게 특별한 (　　　　　　　　)(이)다.

(2) 아빠는 (　　　　　　　　)을/를 보면서 찌개에 소금을 조금씩 넣으셨다.

(3) 모두가 함께 사용하는 공간은 항상 깨끗하게 (　　　　　　　　)해야 한다.

3 1∼2번에 나온 낱말을 활용하여 나만의 문장을 만들어 보시오.

✎ ___________

____

____

○○신문 　　　　　　　20○○년 ○○월 ○○일

로봇과 함께하는 미래

우리 생활에 한 걸음 더 가까워진 협동 로봇

❶ 지난 10일 ○○시에 로봇이 일하는 아이스크림 가게가 문을 열었다. 이 가게에서는 점원과 로봇이 함께 근무하면서 일을 나누어 맡는다. 점원이
상점에 고용되어 물건을 팔거나 그 밖의 일을 맡아 하는 사람.
직장에서 일을 함.
5 주문을 받은 뒤 아이스크림 통을 로봇에 끼우면 로봇은 일정한 힘과 속도로 아이스크림을 짜서 컵에 담아낸다.

중심 내용 지난 10일 ○○시에 로봇이 일하는 아이스크림 가게가 문을 열었다.

❷ 이처럼 같은 공간에서 사람을 도와 일하는 로봇을 '♥협동 로봇'이라고 한다. 현재 우리 주변에는 10 ㉠♥다양한 협동 로봇이 일하고 있다. 아이스크림뿐만 아니라 음료를 만드는 로봇, 농장에서 과일을 따서 담는 로봇도 있다.

중심 내용 현재 우리 주변에는 다양한 협동 로봇이 일하고 있다.

문해력 팡팡

♥**협동**(協 화합할 협, 同 같을 동): '서로 마음과 힘을 하나로 합함.'을 뜻합니다. '협동 정신, 협동 작업'과 같이 씁니다.

♥**다양한**(多 많을 다, 樣 모양 양): '모양[樣], 형태 따위가 여러 가지로 많은[多]'을 뜻합니다. '다양한 의견, 다양한 색깔'과 같이 활용합니다.

- **글의 종류**: 신문 기사
- **글의 특징**: 협동 로봇이 일하는 아이스크림 가게가 문을 열었다는 소식을 전하며 협동 로봇 기술이 발전하면 우리 삶이 편리해질 것이라는 의견을 밝히고 있습니다.

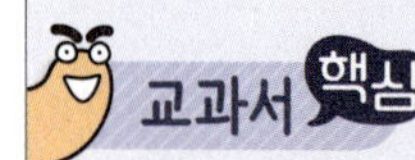

교과서 핵심

○ **글에 드러난 사실에 대한 생각 나누기** 예

글에 드러난 사실 가운데 새롭게 안 것	농장에서 과일을 따는 로봇이 있다.
사실에 대해 더 궁금한 점이나 느낀 점	로봇이 사람과 함께 과일을 딴다는 것이 신기하다.

---

1 이 기사에서 전한 소식은 무엇입니까? (　　　)
① 아이스크림 가게에서 사고가 발생했다.
② 로봇이 사람들의 일자리를 빼앗고 있다.
③ 아이스크림을 만드는 로봇을 새로 개발했다.
④ 로봇이 일하는 아이스크림 가게가 문을 열었다.
⑤ 농장에서 과일을 따는데 일손이 부족해 로봇을 고용했다.

2 같은 공간에서 사람을 도와 일하는 로봇을 무엇이라고 하는지 쓰시오.
（　　　　　　　　　　）

3 ㉠ '다양한'의 뜻으로 알맞은 것은 어느 것입니까? (　　　)
① 흔히 보기 어려운
② 세상에 단 하나뿐인
③ 모양이 아름답고 예쁜
④ 다른 사람을 따라 하는
⑤ 모양, 형태 따위가 여러 가지로 많은

핵심 **서술형**

4 글에 드러난 사실 가운데 새롭게 안 것을 한 가지만 쓰시오.

____

____

❸ 최근 로봇 연구자들은 이러한 협동 로봇에 대한 다양한 연구를 하고 있다. 예를 들면 로봇에 ♥**인공 지능** 기술을 더하거나 지금보다 더 빠르고 ㉠♥**세밀하게** 움직이는 로봇을 만드는 연구를 <u>진행</u> 하고 있다. 그러나 무엇보다 중요한 연구는 '안전' 일 등을 처리하여 나가고 에 대한 연구이다. 협동 로봇이 사람과 움직이는 방향이 겹치게 되면 서로 부딪칠 수 있기 때문이다. 따라서 협동 로봇을 안전하게 만드는 연구가 꼭 필요하다.

(중심 내용) 협동 로봇을 안전하게 만드는 연구가 꼭 필요하다.

❹ 협동 로봇 기술이 지금보다 ㉡♥**발전**한다면 가까운 미래에는 협동 로봇을 각 가정에서도 사용하게 될 것이다. 안전한 협동 로봇이 사람들의 일상생활을 도울 때 우리의 삶이 좀 더 편리해질 것이라고 생각한다.

(중심 내용) 안전한 협동 로봇이 일상생활을 도울 때 우리의 삶이 더욱 편리해질 것이다.

강○○ 기자

문해력 팡팡

♥**인공지능**(人 사람 인, 工 장인 공, 知 알 지, 能 능할 능): '사람[人]이 기술적으로 만든[工] 지능(知能)'을 뜻합니다. 인간의 지능이 가지는 학습, 추리, 적응, 논증 등의 기능을 갖춘 컴퓨터 시스템을 가리킵니다.

♥**세밀**(細 가늘 세, 密 빽빽할 밀)**하게**: 자세하고 꼼꼼하게.

♥**발전**(發 필 발, 展 펼 전): 더 좋은 상태로 나아감.

교과서 핵심

○ **글쓴이의 의견에 대한 생각 나누기** 예

글쓴이의 의견	미래에는 지금보다 협동 로봇이 우리 생활에 더 많이 사용될 것이다. 덕분에 우리의 생활이 더욱 편리해질 것이다.
글쓴이의 의견에 대한 내 생각	나도 글쓴이의 생각과 비슷하다. 가까운 미래에 학교에도 로봇이 등장할 것이다.

5 협동 로봇 연구에서 꼭 필요한 것은 무엇이라고 하였습니까? ( )

① 더 많은 로봇을 만드는 연구
② 로봇을 안전하게 만드는 연구
③ 더 빠르게 움직이는 로봇을 만드는 연구
④ 아름답고 보기 좋은 로봇을 만드는 연구
⑤ 사람의 말을 잘 알아듣는 로봇을 만드는 연구

6 ㉠, ㉡의 뜻에 알맞은 것을 선으로 이으시오.

(1) ㉠ · · ① 자세하고 꼼꼼하게.

(2) ㉡ · · ② 더 좋은 상태로 나아감.

7 글쓴이의 의견을 알맞게 정리한 것은 무엇입니까? ( )

① 협동 로봇의 쓰임새는 다양하다.
② 각 가정에서 이미 협동 로봇을 사용하고 있다.
③ 협동 로봇 기술이 더 발전하는 것은 어려운 일이다.
④ 연구자들은 협동 로봇에 대한 다양한 연구를 하고 있다.
⑤ 미래에는 협동 로봇이 더 많이 사용되어 우리의 생활이 더욱 편리해질 것이다.

핵심 서술형

8 7번 문제에서 답한 글쓴이의 의견에 대해 자신의 생각을 쓰시오.

____

____

교과서 문해력 키우기

1 다음 뜻에 알맞은 낱말을 글자의 첫소리를 참고하여 쓰시오.

(1) 직장에서 일을 함.

→ ㄱ ㅁ ✏ ___________

(2) 더 좋은 상태로 나아감.

→ ㅂ ㅈ ✏ ___________

(3) 상점에 고용되어 물건을 팔거나 그 밖의 일을 맡아 하는 사람.

→ ㅈ ㅇ ✏ ___________

2 다음 문장에 들어갈 낱말을 보기 에서 찾아 쓰시오.

> **보기**
>
> 협동　　　　편리하다　　　　인공 지능

(1) (　　　　　　　　　) 자동차는 스스로 움직인다.

(2) 우리는 (　　　　　　　　　)해서 모둠 과제를 빨리 끝냈다.

(3) 지하철을 타면 목적지까지 이동하기에 (　　　　　　　　　).

3 1 ~ 2번에 나온 낱말을 활용하여 나만의 문장을 만들어 보시오.

✏ ___________

____

____

마음 쓰기

❶ "누나, 내 얘기 좀 들어 줘. 나, 제대로 한 건지 모르겠어."

"헝클어진 머리를 보니 그냥 듣고 끝날 거 같지 않은데? 좋아, 내가 너의 임시 상담 선생님이 되어 주지."

> 문제를 해결하거나 궁금증을 풀기 위하여 서로 의논하거나 묻고 답함.

이럴 때 나는 누나가 나보다 다섯 살이나 많다는 사실에 고마움을 느낀다. 나는 누나에게 오늘 학교에서 내가 저지른 일을 말해 주었다. 때는 점심 먹고 쉬는 시간이었다. 친구 준영이와 장난을 치다가 그만 지우의 책상을 무릎으로 치고야 말았다. 우당탕 소리와 함께 지우의 필통이 바닥에 떨어졌는데 필통이 열려 있어서 그런지 안에 있던 물건들이 죄다 쏟아져 나왔다.

교실 뒤편에서 소리가 들려 후다닥 뒤를 돌아보니 눈이 동그랗게 커진 지우의 얼굴이 보였다. 지우의 눈은 유독 한 색연필을 바라보고 있었는데 거기에는 별 모양이었을 것 같은 장신구가 달려 있었다. 별 모양이라고 할 수 없는 까닭은 그것이 정확하게 두 동강 나 있었기 때문이다. 지우의 얼굴은 점점 붉은색으로 번지고 있었고, 커진 눈은 금방이라도 눈물로 가득 찰 것 같았다.

> 많은 것 가운데 홀로 두드러지게.

이어서 큰 볼거리가 생기기라도 한 듯이 걱정 반 장난 반으로 친구들이 각자 웅성웅성하기 시작했다.

"어, 지우야. 그게 아니라……."

나도 모르게 이 말이 튀어나왔다. 쭈뼛쭈뼛 움직이며 쏟아진 물건들을 주섬주섬 담고 일어나려는 순간 수업 종이 울렸다. 친구들은 각자 자기 자리에 앉기 시작했고, 나도 어설프게 정리한 필통을 지우 책상에 올려놓은 뒤 서둘러 자리로 돌아갔다.

5교시 내내 수업에 집중이 안 되었다. 무엇을 하면 좋을지 생각이 떠오르지 않았다.

'그래, 글을 써서 미안한 마음을 전하자.'

이렇게 결심한 나는 네모난 쪽지를 꺼내서 지우에게 전할 말을 썼다. 그리고 지우의 책상 위에 던지듯 쪽지를 올려놓고 집으로 후다닥 달려왔다.

ㄱ 지우야,
미안.

> 중심 내용 학교에서 장난을 치다가 지우의 색연필을 망가뜨린 '나'는 '지우야, 미안.'이라고 쓴 쪽지를 지우의 책상 위에 올려놓은 채 집으로 돌아왔다.

- 글의 종류: 이야기
- 글의 특징: 석빈이가 지우에게 사과 편지를 쓰는 과정을 통해, 쓰기 과정을 되돌아보는 방법에 대해 생각해 볼 수 있습니다.

---

1 교실에서 무슨 일이 있었습니까?　（　　）
① '나'는 지우와 말다툼을 했다.
② 지우가 '나'의 책상을 무릎으로 쳤다.
③ 지우가 '나'에게 쪽지를 전해 주었다.
④ '나'는 지우의 색연필을 몰래 가져왔다.
⑤ '나'는 장난을 치다가 지우의 색연필을 망가뜨렸다.

2 '나'는 지우에게 어떤 마음을 전하기로 결심했는지 쓰시오.

（　　　　　　　）

3 ㄱ에 대한 설명으로 알맞은 것에 ○표를 하시오.
(1) 누가 썼는지 알 수 없다.　（　　）
(2) 어떤 마음을 전하는지 알 수 없다.（　　）

서술형
4 ㄱ을 읽은 지우의 마음은 어땠을지 쓰시오.

____

❷ 지금까지의 이야기를 누나에게 들려주었을 때 누나가 처음으로 내게 한 말은 다음과 같았다.

"잠깐, 정말로 그렇게만 써서 줬어?"

"응, 이것도 간신히 써서 준 거야. 수업 끝나고 가방 챙기면서 잽싸게 지우 책상에다가 놓았거든. 역시, 직접 전해 줄 걸 그랬나?"

"야, 최석빈. 직접 주든 놓고 오든 그게 중요한 게 아니야. 너, 정말로 저 두 글자로 네 마음이 잘 전해졌다고 생각해?"

"그럼, 미안하니까 미안하다고 썼지."

"상대에게 마음이 가닿을 만큼 글에 네 생각이 충분히 담기도록 써야지. 미안하니까 '미안'으로 끝이 아니야. 머릿속으로 계획을 좀 세우면서 쓰라고. 편지를 한 편 쓴다고 생각해 봐."

"좋아, 알았어. 누나의 말대로 써 볼게."

> **중심 내용** '나'의 이야기를 들은 누나는 글을 다시 쓰도록 '나'에게 조언을 했다.

❸ 누나의 조언대로 나는 곧바로 글쓰기 계획을 세우기 시작했다. 물론 누나에게 고맙다는 말도 잊지 않았다.

> 말로 거들거나 깨우쳐 주어서 도움. 또는 그 말.

'그래, 누가 누구에게 썼는지도 밝혀야지. 그리고 무슨 일이 있었는지도 자세하게 써야겠어.'

잠시 뒤 나는 다음과 같이 글을 써서 누나에게 쪼르르 달려갔다. 글을 다 읽은 듯한 누나는 지그시 내 두 눈을 바라보았다. 나는 감격에 휩싸인 누나가 휘몰아치는 고민으로 헝클어진 내 머리를 더욱 흐트러뜨리며 칭찬할 거라고 생각했다.

> 마음에 깊이 느끼어 크게 감동함. 또는 그 감동.

> 안녕, 나는 석빈이야.
> 어제 쉬는 시간에 내가 네 필통을 실수로 떨어뜨렸어. 미안. 그건 준영이가 쫓아오는 바람에 그런 거지 처음부터 네 필통을 건드리려고 했던 것은 아니야. 네 필통이 책상 바깥으로 아슬아슬하게 나와 있었거든.

누나는 만세를 하듯 종이를 위로 확 날려 버렸다. 그러고는 내 말랑한 볼살을 눈물이 쏙 나도록 두 집게손가락으로 확 꼬집었다.

"아이고, 석빈아! 너, 이걸 읽을 지우의 마음이 어떨지 생각해 보기는 한 거야? 이건 그저 네 변명으로만 가득 찬 글이잖아."

> **중심 내용** 누나의 조언을 들은 '나'는 글쓰기 계획을 세워 가며 글을 다시 썼다.

---

5 누나가 석빈이에게 해 준 조언 두 가지를 고르시오. (,)

① 미안하면 미안하다고 써라.
② 자신이 누구인지 밝히지 말아라.
③ 준영이가 잘못했다는 것을 밝혀라.
④ 지우에게 마음이 가닿을 만큼 써라.
⑤ 지우의 마음이 어떨지 생각해 보아라.

6 누나는 석빈이의 편지가 어떠하다고 하였는지 빈칸에 알맞은 말을 쓰시오.

• 석빈이의 (   )으로만 가득 찬 글이다.

7 석빈이가 쓴 편지에 들어 있지 <u>않은</u> 것은 무엇입니까? ( )

① 사과하는 말
② 편지를 쓴 사람
③ 어제 있었던 일
④ 필통을 떨어뜨린 까닭
⑤ 진심으로 반성하는 마음

8 ❸에 드러난 석빈이의 글쓰기 계획으로 알맞은 것에 ○표를 하시오.

(1) 누가 누구에게 썼는지 밝혀야겠다. ( )

(2) 내가 지금 어떤 일을 하며 글을 쓰는지 적어야겠다. ( )

❹ 누나의 말을 들은 나는 얼굴이 확 달아올랐다. 속내를 들킨 것 같아서 부끄러웠다. 얼마 전 복도에서 뛰다 선생님께 꾸중을 들었는데 '그게 아니라'부터 말했다가 더 크게 혼난 일이 떠올랐다.

5 "고마워, 누나. 제대로 다시 써 볼게."

나는 마음을 고쳐 잡고 ♥차분히 글을 다시 쓰기 시작했다. ♥반성하는 마음으로 깊이 그리고 오래 생각했다. 또 글을 읽게 될 지우의 마음을 생각하며 써 나갔다. 결국 잠잘 시간이 다 되어서야 누나

10 에게 새 글을 보여 줄 수 있었다.

누나에게 글을 주자마자 바로 잠자리에 뻗어 버리는 바람에 누나의 소감이 어땠는지 모르겠다. 누나의 입꼬리가 살짝 올라간 것 같기도 하다. 잠에 빠지기 직전에 누나가 ♥키득거리며 말하는 게

15 귀에 들려왔다.

"히히. 이 정도면 꿈에서 지우랑 만나겠는걸?"

중심 내용 '나'는 지우의 마음을 생각하며 글을 다시 썼다.

📜 문해력 팡팡

♥**차분히**: '마음이 가라앉아 조용하게.'를 뜻합니다. '그 노래를 들으면 마음이 차분히 가라앉는다.'와 같이 활용할 수 있습니다.

♥**반성**(反 돌이킬 반, 省 살필 성): '자신의 말과 행동에 대하여 잘못이나 부족함이 없는지 돌이켜 봄.'을 뜻합니다. '과거의 잘못을 깊이 반성했다.'와 같이 쓸 수 있습니다.

♥**키득거리다**: '참다못하여 입속에서 새어 나오는 소리로 자꾸 웃다.'를 뜻하는 '키드득거리다'의 줄임말입니다.

🐌 교과서 핵심

○ **자신의 쓰기 과정 되돌아보기**

• 지금까지 참여한 쓰기 활동을 떠올려 봅니다.

• 글을 쓴 목적과 글의 내용, 글을 쓰면서 느낀 점을 정리해 봅니다.

• 글을 쓰면서 새롭게 안 사실이 있는지, 무엇이 아쉬웠는지 생각하며 느낀 점을 정리합니다.

• 자신이 쓴 글에서 고치고 싶은 부분이 있었는지 떠올려 봅니다.

---

9 다음은 석빈이가 다시 쓴 글입니다. 이 글에 대한 설명으로 알맞은 것은 어느 것입니까?

( )

> 지우야, 안녕? 나는 석빈이야.
> 네 색연필이 망가져서 많이 속상했지?
> 너의 소중한 물건을 떨어뜨려서 정말 미안해. 앞으로는 조심할게. 똑같은 물건은 아니겠지만 다시 사 주고 싶어. 그렇게 해서라도 네 마음이 풀렸으면 좋겠어.
> 정말로 미안해.

① 글쓴이가 누구인지 알 수 없다.
② '미안해.'라는 사과 표현이 없다.
③ 앞으로의 다짐이 나타나 있지 않다.
④ 자신의 잘못이 없음을 밝히고 있다.
⑤ 상대의 마음을 헤아리는 표현을 썼다.

10 ❹에서 석빈이가 글을 쓴 방법으로 알맞은 것에 ○표를 하시오.

• (반성 , 조심)하는 마음으로, 지우의 (색연필 , 마음)을 생각하며 썼다.

서술형

11 문제 9번의 글을 읽은 지우의 마음과, 글을 쓰고 난 뒤 석빈이의 마음은 어떠할지 쓰시오.

(1) 글을 읽은 지우의 마음	
(2) 글을 쓰고 난 뒤 석빈이의 마음	

핵심

12 나의 쓰기 활동을 되돌아보는 과정을 떠올리며, 빈칸에 알맞은 말을 쓰시오.

• 글을 쓰면서 새롭게 안 (1) ( ) 이/가 있는지, 무엇이 아쉬웠는지 생각하며 (2) ( )을/를 정리합니다.

1 다음 뜻에 알맞은 낱말을 글자의 첫소리를 참고하여 쓰시오.

(1) 많은 것 가운데 홀로 두드러지게.

→ ㅇ ㄷ ______________

(2) 말로 거들거나 깨우쳐 주어서 도움. 또는 그 말.

→ ㅈ ㅇ ______________

(3) 문제를 해결하거나 궁금증을 풀기 위하여 서로 의논하거나 묻고 답함.

→ ㅅ ㄷ ______________

2 다음 문장에 들어갈 낱말을 보기 에서 찾아 쓰시오.

보기

변명	감격	부끄럽다

(1) 무대에서 노래를 부르려니 너무 ( ).

(2) 친구에게 실수했을 때 ( )하지 않고 사과했다.

(3) 영화 속 슬프고도 아름다운 이야기에 ( )해서 눈물이 났다.

3 1 ~ 2번에 나온 낱말을 활용하여 나만의 문장을 만들어 보시오.

____

____

____

1~5 글을 읽고, 물음에 답하시오.

● 민혜와 준영이가 생각을 표현하는 과정 비교하기

민혜		준영
사람들이 용감한 주인공의 모습을 보고 자신감을 얻었으면 좋겠어.	목표 정하기	이 이야기를 다른 사람들도 읽었으면 좋겠어. 책을 소개하는 글을 써 볼까?
복도에 전시해서 모두가 볼 수 있도록 할 거야.	보거나 읽을 대상 예상하기	아직 이 책을 읽지 않은 친구를 생각하며 글을 쓸 거야.
주인공이 친구들과 씩씩하게 달려가는 모습을 그릴 거야.	내용 정하기	이 책에서 재미와 감동을 느꼈던 부분을 쓸 거야.

1 민혜와 준영이는 각각 무엇으로 생각을 표현하기로 했는지 선으로 이으시오.

(1) 민혜 ・ ・① 글

(2) 준영 ・ ・② 그림

2 민혜가 정한 목표는 무엇입니까? ( )

① 친구들과 씩씩하게 달리는 것
② 그림을 잘 그렸다고 칭찬받는 것
③ 다른 사람들도 모두 책을 읽는 것
④ 친구와 사이좋게 그림을 그리는 것
⑤ 주인공을 본 사람들에게 자신감을 주는 것

3 준영이는 자신의 글을 읽을 대상을 누구로 예상했습니까? ( )

① 책을 좋아하는 친구
② 자신감이 부족한 친구
③ 그림을 잘 그리는 친구
④ 아직 이 책을 읽지 않은 친구
⑤ 다른 사람과 사이좋게 지내지 못하는 친구

4 준영이가 쓰기로 정한 내용을 고르시오. ( )

① 줄거리
② 이 책의 좋은 점
③ 이 책을 읽은 까닭
④ 재미와 감동을 느꼈던 부분
⑤ 가장 기억에 남는 주인공의 모습

5 민혜는 어떤 내용으로 그림을 그리기로 했는지 쓰시오.

( )

핵심

6 글쓰기를 계획할 때 떠올릴 수 있는 질문으로 알맞은 것에 모두 ○표를 하시오.

(1) 무엇을 쓸까? ( )
(2) 쓴 내용을 어떻게 고칠까? ( )
(3) 글을 쓰는 목표는 무엇일까? ( )
(4) 이 글을 읽는 이는 누구일까? ( )

교과서 핵심

● 글쓰기를 계획할 때 떠올릴 수 있는 질문

• 글을 쓰는 목표는 무엇일까?
• 이 글을 읽을 사람은 누구일까?
• 무엇을 쓸까?

7~9 글을 읽고, 물음에 답하시오.

● '내가 만들고 싶은 로봇'을 소개하는 글을 쓸 계획 세우기

❶ 로봇의 어떤 점을 글로 쓸지 생각하기

❷ 누구를 대상으로 글을 쓸지 생각하기

❸ 글쓰기 계획을 정리하기

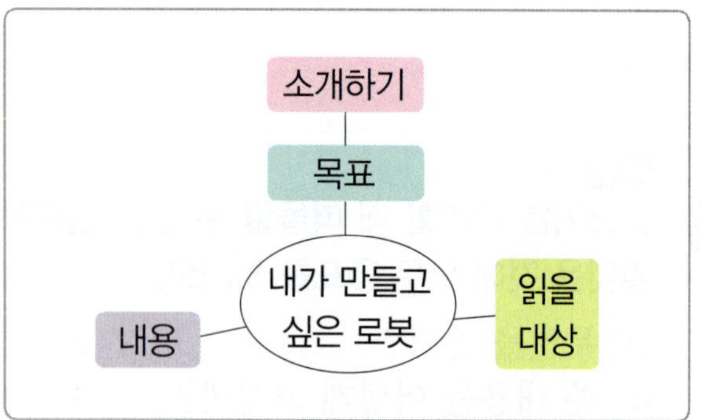

• 로봇의 장점이나 로봇이 필요한 까닭을 쓸 수 있다.
• 로봇의 이름을 지어서 글의 제목으로 쓸 수도 있다.

역량 서술형

7 나라면 로봇의 어떤 점을 글로 쓰고 싶은지, 이 계획에 나오지 않은 내용을 생각하여 쓰시오.

8 이 계획에서 생각한 것 두 가지를 고르시오.
(,)

① 글을 읽을 대상이 누구인지 생각했다.
② 글의 길이를 어느 정도로 할지 생각했다.
③ 글 대신 그림으로 그리면 어떨지 생각했다.
④ 비슷한 글에는 어떤 것이 있는지 생각했다.
⑤ 로봇의 어떤 점에 대해 글로 쓸지 내용을 생각했다.

9 이 계획을 바탕으로 글을 쓸 때 글에 들어갈 내용으로 알맞지 <u>않은</u> 것을 고르시오. ( )

① 로봇의 이름
② 로봇의 장점
③ 로봇의 생김새
④ 로봇이 필요한 까닭
⑤ 로봇으로 인해 사람들이 겪는 어려움

핵심

10 글을 쓸 때 표현 계획을 잘 세우면 좋은 점은 무엇입니까? ( )

① 좀 더 자신 있는 글쓰기를 할 수 있다.
② 친구와 똑같은 내용으로 글을 쓸 수 있다.
③ 어려운 낱말과 내용으로 글을 쓸 수 있다.
④ 글에 어울리는 그림을 잘 그릴 수 있다.
⑤ 글을 읽을 대상이 누구인지 생각하지 않아도 된다.

교과서 핵심

● 글을 쓸 때 표현 계획을 잘 세우면 좋은 점
• 계획을 잘 세우면 좀 더 자신 있는 글쓰기를 할 수 있습니다.

실천

핵심

1 사실과 의견을 구분하여 글을 읽을 때 알맞지 않은 것은 무엇입니까? （　　）

① 글쓴이의 의견은 모두 맞다고 생각하며 읽는다.
② 글에 드러난 의견과 내 생각을 비교하며 글을 읽는다.
③ 글에 드러난 사실에서 새로운 정보를 파악하여 읽는다.
④ 현재 있는 일이나 과거에 있었던 일은 사실로 구분해서 읽는다.
⑤ 어떤 일이나 대상에 대한 생각은 의견으로 구분해서 읽는다.

핵심

2 이 단원에서 배운 내용을 생활 속에서 알맞게 실천한 친구의 이름을 쓰시오.

> 은지: 생각을 표현할 때 떠오르는 생각을 다 쓸 거야.
> 지호: 신문이나 뉴스를 볼 때 사실과 의견을 구분해 볼 거야.
> 정혜: 이전에 썼던 글쓰기를 되돌아볼 필요는 없어.

（　　　　　　　）

3 다른 사람과 대화할 때 지켜야 할 예절이 아닌 것은 무엇입니까? （　　）

① 책을 읽으면서 듣는다.
② 상대를 바라보며 말한다.
③ 적절히 반응하며 듣는다.
④ 고운 말, 바른 말을 한다.
⑤ 상대의 말을 끝까지 듣는다.

4 '서로 너니 나니 하면서 사이좋게 지내는 사이'를 뜻하는 낱말을 쓰시오.

（　　　　　　　）

5 '그루잠'의 뜻으로 알맞은 것은 무엇입니까? （　　）

① 낮에 자는 잠.
② 오랜만에 든 잠.
③ 깨었다가 다시 든 잠.
④ 어린아이가 깊이 자는 잠.
⑤ 자는 것인지 깨어 있는 것인지 모르는 얕은 잠.

6 다음 문장에 알맞은 낱말에 ○표를 하시오.

> 석빈이는 지우와 다시 (너나들이 , 그루잠) (으)로 지내고 싶어서 글을 썼습니다.

단원 평가

1~3 글을 읽고, 물음에 답하시오.

> **가** 오늘 피구 경기에서 2반에게 졌다. 내가 던진 공이 계속 빗나가서 너무 아쉬웠다. 끝나고 나니 눈물이 날 것 같았다.
>
> 3학년 1반 김다인
>
> **나** 오늘 2반과 피구 경기를 했다. 공을 던질 때 정말 짜릿했다. 응원도 신나고 재미있었다. 비록 졌지만 최고의 경기였다.
>
> 3학년 1반 이선우

1 글 **가**, **나**에 대한 설명으로 알맞지 <u>않은</u> 것은 어느 것입니까? (　　)

① 글 **가**는 경기에서 져서 눈물이 날 것 같다고 했다.
② 글 **나**는 비록 경기에서 졌지만 최고의 경기였다고 했다.
③ 글 **가**와 **나**는 모두 2반과의 피구 경기에 대해 글을 썼다.
④ 글 **가**는 피구 경기에서 진 일을, 글 **나**는 경기에서 이긴 일을 썼다.
⑤ 글 **가**와 **나**는 같은 일에 대해 썼지만 그 일에 대한 생각이 서로 다르다.

2 글 **가**와 **나** 가운데, 다음과 같은 생각이 드러난 글의 기호를 쓰시오.

> 아쉽고 눈물이 날 것 같다.

(　　)

서술형

3 같은 일을 겪었는데도 **가**와 **나**의 글의 내용이 다른 까닭은 무엇인지 쓰시오.

____

____

4~6 대화를 보고, 물음에 답하시오.

4 주원이와 지호는 무엇에 대해 이야기하고 있는지 쓰시오.

(　　)

5 지호는 무엇에 대해 말했습니까? (　　)

① 홍학의 색깔
② 홍학을 볼 수 있는 곳
③ 예전에 홍학을 본 경험
④ 홍학의 행동에 대한 생각
⑤ '홍학'이라는 이름에 담긴 뜻

6 주원이와 지호의 말은 사실과 의견 가운데 어느 것인지 선으로 이으시오.

(1) 주원 •　　　　• ① 사실

(2) 지호 •　　　　• ② 의견

중요

7 다음 중 '의견'인 문장은 어느 것입니까? (　　)

① 봄이 지나면 여름이 온다.
② 오늘 옆 반과 축구 경기를 했다.
③ 환경을 보호하기 위해 종이를 아껴 쓰자.
④ 로봇 공학자는 로봇을 연구하는 사람이다.
⑤ 동물원에 가서 먹이를 먹는 코끼리를 보았다.

8 다음 문장이 사실이면 '사실', 의견이면 '의견'이라고 쓰시오.

(1) 교실에 작은 쓰레기통이 있다. (　　　)

(2) 쓰레기통 주변을 깨끗이 하면 좋겠다.

(　　　)

9 다음 중 사실과 의견을 알맞게 구분한 것은 어느 것입니까? (　　　)

① 나는 3학년 2반이다. – 의견

② 나는 봄을 가장 좋아한다. – 의견

③ 우리 반 교실은 2층에 있다. – 의견

④ 코끼리의 코가 왜 긴지 궁금하다. – 사실

⑤ 친구들이 사이좋게 지내면 좋겠다.

　　 – 사실

10 다음 문장은 사실인지 의견인지 쓰시오.

> 우리 반 학생은 모두 스무 명이다.

(　　　　　　　　　　)

11~14 글을 읽고, 물음에 답하시오.

　소금은 우리 생활 곳곳에도 쓰인답니다. 치약, 비누, 플라스틱이나 유리와 같은 물건을 만드는 데에도 소금 성분이 들어가요. ㉠이렇게 전혀 예상하지 못한 물건에까지 소금 성분이 들어 있다는 것이 정말 놀랍지요. 또 사람들은 눈이 내린 길 위에 소금을 뿌리기도 해요. 소금이 눈에 녹아 소금물이 되면 어는 온도가 더 내려가거든요. 기온이 낮아져도 눈이 쌓인 길이 얼지 않게 해 주는 거예요. 그리고 흙바닥으로 이루어진 경기장이나 운동장에 소금을 뿌리는 경우도 있어요. 소금이 물기를 머금어 먼지가 날리지 않게 하기 때문이랍니다.

---

11 소금에 대한 설명으로 알맞은 것에 <u>모두</u> ○표를 하시오.

(1) 소금은 눈에 녹지 않는다. (　　　)

(2) 소금은 우리 생활 곳곳에 쓰인다. (　　　)

(3) 치약, 비누, 플라스틱, 유리에도 소금 성분이 들어간다. (　　　)

12 흙바닥으로 이루어진 경기장이나 운동장에 소금을 뿌리는 까닭은 무엇입니까? (　　　)

① 소금이 흙으로 변하기 때문에

② 소금이 길을 깨끗하게 해 주기 때문에

③ 소금이 길을 얼지 않게 해 주기 때문에

④ 소금 때문에 어는 온도가 더 내려가기 때문에

⑤ 소금이 물기를 머금어 먼지가 날리지 않게 하기 때문에

중요

13 ㉠은 사실인지 의견인지 쓰시오.

(　　　　　　　　　　)

실력 UP

14 이 글에 드러난 사실 가운데에서 자신이 새롭게 알게 된 것을 쓰시오.

____

____

단원 평가

15~17 글을 읽고, 물음에 답하시오.

> ㉠최근 로봇 연구자들은 이러한 협동 로봇에 대한 다양한 연구를 하고 있다. ㉡예를 들면 로봇에 인공 지능 기술을 더하거나 지금보다 더 빠르고 세밀하게 움직이는 로봇을 만드는 연구를 진행하고 있다. ㉢그러나 무엇보다 중요한 연구는 '안전'에 대한 연구이다. ㉣협동 로봇이 사람과 움직이는 방향이 겹치게 되면 서로 부딪칠 수 있기 때문이다. ㉤따라서 협동 로봇을 안전하게 만드는 연구가 꼭 필요하다.

중요

15 ㉠~㉤ 가운데 의견에 해당하는 것을 두 가지 고르시오.

(,)

16 글쓴이는 협동 로봇을 만들 때 무엇보다 중요한 연구는 무엇이라고 하였습니까? ( )

① 크기를 줄이는 연구
② 안전하게 만드는 연구
③ 많은 기능을 넣는 연구
④ 속도를 빠르게 하는 연구
⑤ 모양을 아름답게 하는 연구

17 이 글에서 다음 뜻을 지닌 낱말은 어느 것인지 찾아 쓰시오.

자세하고 꼼꼼하게

( )

18~20 글을 읽고, 물음에 답하시오.

> **가** 안녕, 나는 석빈이야.
>
> 어제 쉬는 시간에 내가 네 필통을 실수로 떨어뜨렸어. 미안. 그건 준영이가 쫓아오는 바람에 그런 거지 처음부터 네 필통을 건드리려고 했던 것은 아니야. 네 필통이 책상 바깥으로 아슬아슬하게 나와 있었거든.
>
> **나** 지우야, 안녕? 나는 석빈이야.
>
> 네 색연필이 망가져서 많이 속상했지?
>
> 너의 소중한 물건을 떨어뜨려서 정말 미안해. 앞으로는 조심할게. 똑같은 물건은 아니겠지만 다시 사 주고 싶어. 그렇게 해서라도 네 마음이 풀렸으면 좋겠어.
>
> 정말로 미안해.

18 글 **가**와 **나**에서 석빈이가 전하려는 마음은 무엇인지 쓰시오.

( )

19 글의 내용으로 볼 때, 석빈이는 지우에게 어떤 잘못을 하였는지 빈칸에 알맞은 말을 쓰시오.

• 지우의 소중한 ( )을/를 망가뜨렸다.

중요

20 글 **가**와 **나**에 대한 설명으로 알맞지 <u>않은</u> 것은 어느 것입니까? ( )

① 글 **가**는 읽는 사람의 마음을 생각하며 썼다.
② 글 **가**에서는 필통을 떨어뜨린 것에 대한 변명을 하고 있다.
③ 글 **나**는 앞으로 조심하겠다는 다짐이 나타나 있다.
④ 글 **나**는 '속상했지?'와 같이 읽는 사람의 마음을 헤아리는 표현을 썼다.
⑤ 글 **가**와 **나**는 모두 글쓴이를 밝혔다.

3-1 교과서에 실린 작품

국어

※『한끝 초등 국어』는 다음 저작물의 교과서 수록 부분을 재인용하여 만들었습니다.

단원	제재 이름	지은이	나온 곳	한끝 쪽수	교과서 쪽수
독서	「허허 할아버지」	전지은	『허허 할아버지』, ㈜사계절출판사, 2013.	6쪽	16~18, 21쪽
1	「웃음 참는 나무」	한현정	『고자질쟁이 웃음』, 청개구리, 2017.	12쪽	36쪽
1	「오늘부터는」	오은영	『우산 쓴 지렁이』, ㈜현암사, 2006.	13쪽	40쪽
1	「줄넘기」	권영세	『알콩달콩 재미가 쏠쏠 우리 민속놀이 동시』, 도서출판 학이사, 2018.	15쪽	42쪽
1	「레오의 특별한 꿈」	정소현	『레오의 특별한 꿈』, 노란상상, 2013.	19~20쪽	48~52쪽
2	'조상들의 풍습' 그림 (「신부 신랑 초례하고」, 「광대 줄타고」, 「추천하는 모양」, 「널뛰고」)	김준근	국립민속박물관	34~35쪽	78~79쪽
2	'조상들의 풍습' 그림(「한국의 놀이」)	김준근	국립한글박물관	34쪽	79쪽
2	「하나 둘 셋 찰칵! 김치, 치즈, 카프카」	신현경	『하나 둘 셋 찰칵! 김치, 치즈, 카프카』, ㈜위즈덤하우스, 2018.	40~43쪽	86~94쪽
3	「비밀번호」	문현식	『팝콘 교실』, ㈜창비, 2015.	56쪽	120쪽
3	「수상한 선글라스」	고수산나	『수상한 선글라스』, 스푼북, 2019.	57~61쪽	123~128쪽
4	「5월 31일이 ○○를 위한 날이라고?」 영상 대본		「5월 31일이 ○○를 위한 날이라고?」, 해양수산부, 2023.	77~78쪽	182쪽
4	「내 감자가 생겼어요」	이영득	『할머니 집에서』, ㈜보림출판사, 2006.	83~87쪽	190~192, 194~196, 198쪽

단원	제재 이름	지은이	나온 곳	한끝 쪽수	교과서 쪽수
5	「까먹어도 될까요」	유은실	『까먹어도 될까요』, ㈜창비, 2022.	99~106쪽	218~226쪽
	「그레이엄 할아버지께」	크리스틴 에반스 글, 박지예 옮김	『그레이엄 할아버지께』, 봄날의곰, 2023.	108, 111~112쪽	230~233, 236~238, 240쪽

한 권으로 끝내기!
교과서 학습부터 평가 대비까지 한 권으로 끝!
국어 공부의 진리입니다.

한끝과 함께 언제, 어디서든 즐겁게 공부해!

정답과 해설

초등
국어 **3·1**

ABOVE IMAGINATION

우리는 남다른 상상과 혁신으로
교육 문화의 새로운 전형을 만들어
모든 이의 행복한 경험과 성장에 기여한다

한끝 정답과 해설

3·1

초등 국어

독서 단원　읽은 책을 소개해요

수행 평가　　8쪽

1 예 책의 제목과 표지 그림을 보고 책 내용을 짐작해 본다.

2 (1) 예 ㉮ 재미나 감동을 느낀 부분 떠올리기
(2) 예 『허허 할아버지』
(3) 예 다른 사람의 실수를 너그럽게 용서해 주는 허허 할아버지의 따뜻한 마음에 감동 받았다.

3 노랫말로 소개하기. 내가 좋아하는 노래를 허허 할아버지의 따뜻한 마음을 전하는 내용으로 바꾸어 불러 보고 싶기 때문이다.

1. 생생하게 표현해요

핵심 확인 문제　　10쪽

1 감각적 표현　**2** (3) ×　**3** ×
4 마음　**5** ○

준비　배울 내용 살펴보기　　11쪽

1 (1) ②　(2) ①　**2** ③　**3** 부웅부웅
4 ①　**5** 현서

1 ㉮에서는 꿀벌이 꽃송이를 돌며 꿀을 모으는 모습을 표현하고 있고, ㉯에서는 꿀벌이 신나게 날아다니는 모습을 표현하고 있다.

2 꿀벌이 꽃송이를 돌아다니며 움직이는 모습을 보니 사탕을 담으려고 돌아다닐 때가 떠올랐다고 하였다.

3 꿀벌이 부웅부웅 날아다닌다고 표현하였으므로, 꿀벌이 날아다니는 소리를 흉내 낸 말은 '부웅부웅'이다.

4 준우는 꿀벌이 꽃송이 주위를 바쁘게 날아다니는 모습이 정말 신나 보였다고 생각했다.

5 지혜는 꿀벌이 움직이는 모습과 자신의 몸짓을 비교했고, 준우는 꿀벌이 날아다닐 때 나는 소리를 흉내

내서 말했다.

소단원 1　기본 감각적 표현 이해하기　　12~13쪽

1 꽃봉오리들　**2** ③　　**3** ④
4 예 '푸하하하'라는 표현을 넣고 읽으니 꽃봉오리의 모습이 더 생생하게 느껴진다.
5 준호　　**6** 쉬엄쉬엄
7 (1) ③　(2) ②　(3) ①　　**8** ①, ⑤
9 예 새들의 노랫소리를 들으면서 즐겁게 산을 오르는 모습이 떠오른다.

1 '산벚나무 가지에 / 봉긋봉긋 꽃봉오리들'이라고 하였다.

2 봄 햇살이 꽃봉오리를 비추는 모습을 '간질간질 봄 햇살'이라고 감각적으로 표현하였다.

3 시에서는 꽃봉오리가 터지는 모습을 참았던 웃음이 터지는 모습으로 여겨, 곧 활짝 피어날 것 같은 꽃봉오리의 모습을 '참았던 웃음꽃'이라고 표현하였다.

4 '푸하하하'라는 감각적 표현을 사용하면 꽃봉오리의 모습을 더 잘 떠올릴 수 있고, 웃음소리를 상상하며 읽을 수 있어서 더 재미있게 느껴진다.

> **채점 기준** 감각적 표현을 사용하면 좋은 점에 맞게, '푸하하하'를 넣고 읽을 때 꽃봉오리의 모습이 더 생생하게 느껴진다는 내용 등을 쓰면 정답으로 한다.

5 미주는 시와 관련 없이 눈이 내린 날의 생각이나 느낌을 말했다.

6 시의 첫 부분에서 '쉬엄쉬엄 둘러보며 / 산에 오를래.'라고 하였다.

7 (1) '상글방글'은 풀꽃들이 다양하게 피어 있는 모습을 표현한 것이다. (2) '초록빛 향기'는 산에서 나는 냄새를 표현한 것이다. (3) '뻐뻐 뻐꾸룻 / 후루 후루룻'은 새가 지저귀는 소리를 표현한 것이다.

8 ㉠은 하늘 가까이 높은 산꼭대기에 오른 장면과 산꼭대기에 올라 신이 난 마음에 두 손을 하늘로 번쩍 드는 장면을 표현한 것이다.

9 이 시를 읽으면서 떠오르는 장면을 생각해 보고, 한 가지만 골라 자세히 써 본다.

> **채점 기준** 시의 상황이나 분위기를 바탕으로 적절한 장면을 떠올려 쓰면 정답으로 한다.

교과서 문해력 키우기 — 14쪽

1 (1) 한나절 (2) 간질간질 (3) 봉긋봉긋
2 (1) 한입 (2) 출렁이는 (3) 둘러보며
3 예 할아버지와 함께 한나절 동안 공원을 둘러보며 이런저런 이야기를 나누었다.

소단원 1 · 통합 시를 읽고 낭송하기 — 15쪽

1 ④   **2** ⑤   **3** ②
4 ⑤   **5** (2) ○

1 말하는 이는 친구들과 함께 줄넘기를 하고 있다.

2 친구들과 함께 줄을 넘고 있어서 신이 날 것이다.

3 '뛰어올라'도 줄넘기하는 모습을 나타낸 표현이기는 하지만 감각적 표현은 아니다.

4 한 글자씩 끊어 읽으면 자연스럽지 않기 때문에 시의 분위기나 장면을 떠올리는 데 방해가 될 수 있다.

5 손뼉을 치고 발을 구르며 낭송하였다.

교과서 문해력 키우기 — 16쪽

1 (1) 빙글빙글 (2) 폴짝폴짝 (3) 조심조심
2 (1) 폴짝폴짝 (2) 빙글빙글 (3) 사뿐사뿐
3 예 아이들은 빙글빙글 도는 바람개비를 보면서 신이 나서 폴짝폴짝 뛰었다.

소단원 2 · 기본 상황에 알맞은 목소리나 말투를 사용하면 좋은 점 알기 — 17쪽

1 (1) ② (2) ①   **2** ②
3 예 미안한 마음   **4** ⑤

1 교통안전 지킴이 선생님과 인사하는 상황에서는 자신감 넘치고 큰 목소리로 말하였고, 담임 선생님의 조언을 들을 때에는 공손하고 인정하는 말투로 말하였다.

2 같은 말을 하고 있지만 대화하는 상황이 달라졌기 때문에 슬비의 목소리가 서로 다른 것이다.

3 같은 반 친구가 빌려 준 책을 돌려달라고 하는 상황에서 미안해하고 작은 목소리로 대답하고 있으므로 미안한 마음이 느껴진다.

4 같은 말이라도 목소리나 말투에 따라 의미가 달라지기는 하지만, 말을 많이 하지 않아도 여러 의미를 전할 수 있게 되는 것은 아니다.

교과서 문해력 키우기 — 18쪽

1 (1) 유적지 (2) 공손 (3) 조사
2 (1) 공손하게 (2) 자신감 (3) 유적지
3 예 유적지를 조사하다 보니 우리나라 역사에 대한 관심이 더 커졌다.

소단원 2 · 통합 상황에 알맞은 표정과 몸짓, 목소리나 말투로 대화하기 — 19~20쪽

1 꿈   **2** ①   **3** (1) ○
4 (1) ① (2) ②
5 (1) 모양 (2) 능력   **6** ④
7 (1) ① (2) ②

1 꿈 마을 사람들 머리에는 각자의 꿈이 담긴 '델'이 하나씩 있었다고 하였다.

2 레오는 '델'이 생기기를 간절히 바랐지만 시간이 지나도 '델'이 생기지 않아서 점점 슬펐다.

3 황금새가 나타나 놀란 레오가 조심스럽게 부탁하는 것이므로 진지한 목소리로 말하는 것이 어울린다.

4 (1) '난생처음'은 '세상에 태어나서 첫 번째.'를, (2) '조심스레'는 '실수가 없도록 말이나 행동에 마음을 쓰는 태도로.'를 뜻한다.

5 마법사가 레오에게 만들어 준 '델'은 모양은 있으나 신비한 능력은 없는 것이었다.

6 레오는 꿈을 이룬다는 것은 기다림과 인내의 열매라는 사실을 깨달았다고 하였다.

7 (1) '한달음'은 '중간에 쉬지 않고 한 번에 달려감.'을 뜻한다. (2) '간절한'은 '마음속에서 우러나와 바라는 정도가 매우 절실한.'을 뜻한다.

교과서 문해력 키우기   21쪽

1 (1) 난생처음   (2) 한달음   (3) 간절
2 (1) 난생처음   (2) 한달음   (3) 조심스레
3 예 나는 간절한 마음으로 손을 모아 조심스레 소원을 빌었다.

소단원 2   통합 상황에 알맞은 표정과 몸짓, 목소리나 말투로 대화하기   22쪽

1 ④   **2** ⑤   **3** (1) ○
4 ②, ③   **5** (1) ① (2) ③ (3) ②

1 가에 서율이가 아이스크림을 사러 편의점에 가는 내용은 나타나 있지 않다.

2 나에서 엄마는 신호등의 초록불이 켜졌어도 양옆을 살펴보고 건너야 한다고 말씀하셨다.

3 자전거가 달려드는 바람에 아이스크림을 땅에 떨어뜨린 상황이므로 속상하고 화가 난 목소리로 말하는 것이 어울린다.

4 ㉢은 놀라고 걱정하는 표정으로 타이르듯이 말하는 것이 어울린다.

5 (1) '차도'는 '자동차만 다니는 길.'을 뜻한다. 車 차 차, 道 길 도. (2) '겸용하다'는 '한 가지를 여러 가지 목적으로 사용하다.'를 뜻한다. 兼 겸할 겸, 用 쓸 용. (3) '양보하다'는 '자신의 것을 남에게 미루어 주다.'를 뜻한다. 讓 사양할 양, 步 걸음 보.

실천 배운 내용 마무리하기   23쪽

1 감각적 표현, 생생   **2** ③
3 (1) 부어케서 (2) 부어간   **4** ③
5 (1) 엉금엉금 (2) 깡충깡충
6 예 숨바꼭질을 하는 친구들은 술래가 숫자를 세는 동안 후다닥 몸을 숨겼다.

---

1 감각적 표현은 눈으로 보고, 코로 냄새 맡고, 입으로 맛보고, 귀로 듣고, 손으로 만진 경험을 생생하게 나타내는 말이다.

2 대화할 때 알맞은 표정과 몸짓, 목소리와 말투로 말하면 자신의 생각을 잘 표현할 수 있다.

3 (1) 받침이 있는 낱말 뒤에 모음이 오면 받침소리를 그대로 모음에 이어 발음하므로 '부엌에서'는 [부어케서]로 발음한다. (2) 받침이 있는 낱말 뒤에 뜻을 지닌 낱말이 오면 받침소리를 다른 소리로 바꾼 뒤에 모음에 이어 발음하므로 '부엌 안'은 [부어간]으로 발음한다.

4 '무릎을'은 [무르플]으로, '무릎 위'는 [무르뷔]로 발음한다.

5 (1) '엉금엉금'은 '큰 동작으로 느리게 걷거나 기는 모양.'을 뜻한다. (2) '깡충깡충'은 '짧은 다리를 모으고 자꾸 힘 있게 솟구쳐 뛰는 모양.'을 뜻한다.

6 보기 에 주어진 낱말 중 하나를 넣어 짧은 문장을 지어 본다.

> **채점 기준** 감각적인 표현을 넣어 알맞은 문장을 쓰면 정답으로 한다.

단원 평가   24~26쪽

1 ②, ④   **2** ④   **3** 푸푸푸
4 예 산벚나무 가지에 달린 꽃봉오리들이 활짝 벌어져서 예쁜 꽃이 핀 모습
5 산   **6** ②   **7** 세화
8 줄넘기   **9** (1) ○ (2) ○
10 유미   **11** ③, ⑤
12 (1) ㉡ (2) ㉠   **13** ①
14 델   **15** ③   **16** ②
17 (1) ○   **18** ①, ④
19 예 궁금해하는 표정으로 이리저리 둘러보는 몸짓, 큰 목소리와 들뜬 말투가 어울린다.
20 ㉡, ㉣

1 웃는 소리를 흉내 내는 말인 '하하하'와 꿀벌이 날아 다니는 소리를 흉내 내는 말인 '부웅부웅'이 감각적 표현에 해당한다.

2 산벚나무 가지에 달린 꽃봉오리가 금방이라도 피어날 것처럼 부풀어 있는 모습을 표현한 것이다.

3 웃음을 참는 모양과 소리를 '푸푸푸'라고 감각적으로 표현하였다. '푸푸푸' 뒤에 나오는 '잘도 참아 내고 있 다'를 통해 유추할 수 있다.

4 '참았던 웃음꽃'을 '마구 터뜨려 놓겠다'라고 하였으므 로, 꽃봉오리들이 활짝 피어난 모습을 떠올릴 수 있다.

> **채점 기준** '웃음꽃이 터지는 것'은 '꽃봉오리들이 활짝 피어난 것'임을 이해하여 관련된 장면을 쓰면 정답으로 한다.

5 말하는 이는 산에서 나는 냄새도 맡고 새 소리도 듣고 풀꽃들도 보면서 쉬엄쉬엄 산에 오르고 있다.

6 '산에 오를래'는 감각적 표현이 아니라, 말하는 이가 하고 싶은 일을 전달하는 역할을 한다.

7 ㉠은 풀꽃들이 다양하게 피어 있는 모습을 '상글방글' 이라고 감각적으로 표현한 것이다.

8 줄넘기를 하는 모습을 감각적으로 표현한 시이다.

9 '뛰어 올라'는 줄넘기를 하는 모습을 그대로 표현한 말로, 감각적인 표현이라고 보기 어렵다.

10 시 속 인물의 마음에 알맞은 목소리로 읽은 친구는 유 미이다. 미주는 시에서 자신이 마음에 드는 부분을 강조해서 읽었다.

11 친구들과 함께 줄을 넘으면서 신이 난 모습과, 줄에 발이 걸릴까 봐 조심조심 뛰어넘는 모습을 떠올릴 수 있다.

12 (1) ㉮는 슬비가 등굣길에 교통안전 지킴이 선생님을 만나서 인사하는 상황이다. (2) ㉯는 슬비가 담임 선 생님께 조언을 듣는 상황이다.

13 같은 말을 하더라도 말하는 상황이나 대화하는 사람 에 따라 목소리나 말투가 달라질 수 있다.

14 꿈 마을 사람들 머리에는 각자의 꿈이 담긴 '델'이 하 나씩 있었다고 하였다.

15 레오는 '델'이 생기기를 간절히 바랐다고 하였다.

16 마법사는 '델'이 레오의 생명과 함께 만들어지는 것이 기 때문에 그렇게 쉽게 만들 수 있는 게 아니라고 하 였다.

17 ㉠은 레오가 간절히 갖고 싶던 델을 갖게 해 달라고 마법사에게 부탁하는 말이므로, 간절하게 부탁하는 표정과 목소리로 표현하는 것이 어울린다.

18 서율이는 자전거가 자신의 앞으로 빠르게 온 것 때문 에 놀라서 아이스크림을 떨어뜨렸으므로, 속상한 표 정과 화가 난 목소리가 어울린다.

19 신기한 꽃이 피었다는 말을 듣고 관심을 보이고 있는 상황에 어울리는 표정과 몸짓, 목소리나 말투를 떠올 려 본다.

> **채점 기준** 관심을 보이며 둘러보는 몸짓, 큰 목소리 등 상황에 어울리는 표정이나 몸짓, 목소리나 말투를 쓰면 정답으로 한다

20 ㉠ '부엌 안'은 [부어간]으로 발음해야 한다. ㉡ '무릎 을'은 [무르플]으로 발음해야 한다.

2. 분명하고 유창하게

핵심 확인 문제   28쪽

1 ×
2 누가, 무엇이
3 (1) ○   (3) ○
4 ×
5 실감

준비   배울 내용 살펴보기   29쪽

1 예 고마운   2 ③
3 (1) 강아지가∨방으로∨들어가∨버렸습니다.
  (2) 강아지가∨발을∨저에게∨내밀었습니다.
4 서연

1 정우는 서진이와 강아지에게 정말 고마웠다고 하였다.

2 방송 진행자가 문장의 짜임과 글의 의미를 생각하며 알맞게 띄어 읽지 않았기 때문에 정우가 쓴 내용과 다르게 방송이 되었다.

3 (1) 강아지가∨방으로∨들어가∨버렸습니다. (2) 강아지가∨발을∨저에게∨내밀었습니다.

4 글자의 모양을 똑바로 쓰는 것은 글을 읽고 쓸 때 주의해야 할 점이 아니다.

소단원 1   기본 문장의 짜임 이해하기   30쪽

1 공원, 꽃밭
2 (1) 오늘은 / 일요일입니다.   (2) 날씨가 / 맑습니다.   (3) 나비들이 / 날아다닙니다.
3 (1) ②   (2) ①   (3) ①   (4) ②   4 (2) ×

1 지호는 할아버지, 할머니와 함께 공원을 걷다가 공원에 있는 꽃밭에 도착해서 나비들이 날아다니는 모습을 보았다.

2 '누가/무엇이+어찌하다/어떠하다/무엇이다'와 같은 짜임에 알맞게 구분한다.

3 (1) '파랗습니다'는 '어떠하다'에 해당한다. (2) '말씀하십니다'는 '어찌하다'에 해당한다. (3) '끄덕입니다'는

'어찌하다'에 해당한다. (4) '행복합니다'는 '어떠하다'에 해당한다.

4 (2) '바다가 푸르다.'에서 '푸르다'는 성질이나 상태를 나타내는 말이므로 '어떠하다'에 해당하는 낱말이다.

교과서 문해력 키우기   31쪽

1 (1) 햇볕   (2) 끄덕   (3) 날씨
2 (1) 공원   (2) 빙그레   (3) 행복
3 예 오늘 날씨가 좋아서 가족과 공원에 놀러 갔다.

소단원 1   통합 문장의 짜임을 생각하며 문장을 바르게 읽고 쓰기   32~35쪽

1 ①   2 ①
3 (1) 단오는 / 음력 5월 5일입니다.   (2) 조상들은 / 더위를 이겨 내려고 부채를 주고받았습니다.
4 ③, ⑤   5 ①, ⑤   6 지혜
7 초여름에 잘 익은 앵두는 / 빨갛습니다.
8 (1) ③   (2) ①   (3) ②
9 (1) ②   (2) ①   (3) ③   10 (1) ○
11 (1) 연을 날립니다.   (2) 빨갛습니다.
12 (1) ②   (2) ①   13 ㉡
14 (1) ㉤   (2) 예 여자들이 널뛰기를 합니다. / 널빤지 가운데에 사람이 앉아 있습니다. / 사람들이 번갈아 가며 뜁니다.

1 단오는 양력이 아니라 음력 5월 5일이다.

2 조상들은 더위를 이겨 내기 위해 단옷날에 부채를 주고받았다고 하였다.

3 (1) '단오는'은 '무엇이'에, '음력 5월 5일입니다.'는 '무엇이다'에 해당한다. (2) '조상들은'은 '누가'에, '더위를 이겨 내려고 부채를 주고받았습니다.'는 '어찌하다'에 해당한다.

4 글 ㉲에서 단옷날에 먹는 음식으로 수리취떡과 앵두화채를 소개하였다.

5 단옷날에 남자들은 마당에 모여 씨름 대회를 열었고, 여자들은 그네를 타면서 즐겁게 보냈다고 하였다.

6 단옷날 풍습에는 우리 조상들의 지혜가 담겨 있다고 하였다.

7 '초여름에 잘 익은 앵두는'은 '무엇이'에, '빨갛습니다.'는 '어떠하다'에 해당한다.

8 ①은 '기운', ②는 '초여름', ③은 '명절'의 뜻이다.

9 ㉮는 혼례식, ㉯는 줄타기, ㉰는 연날리기를 하는 모습이 나타나 있다.

10 (2)와 (3)은 '누가+어찌하다'의 짜임으로 이루어진 문장이다.

11 (1) '연을 날립니다.'는 '어찌하다'에 해당한다. (2) '빨갛습니다.'는 '어떠하다'에 해당한다.

12 '누가/무엇이'와 '어떠하다/어찌하다/무엇이다'에 맞게 선으로 잇는다.

13 '널빤지 가운데에 사람이 앉아 있습니다.'와 같이 '누가+어찌하다'의 짜임으로 쓰거나, '널빤지 가운데에 앉아 있는 사람의 치마가 빨갛습니다.'와 같이 '무엇이+어떠하다'의 짜임으로 써야 한다.

14 '누가/무엇이'+'어떠하다/어찌하다/무엇이다'와 같이 문장의 짜임에 맞게 글을 쓰도록 한다.

교과서 문해력 키우기　　36쪽

1 (1) 모내기　(2) 음력　(3) 창포
2 (1) 피로　(2) 풍습　(2) 기운
3 예 우리 마을 사람들은 모내기를 하기 전에 마을 풍습에 따라 제사를 지낸다.

소단원 2　통합 글의 내용을 파악하며 소리 내어 읽기　37~38쪽

1 ①　　　　**2** (1) ○　(3) ○　　　　**3** ②
4 예 '누가' 다음에서 조금 띄어 읽었다.
5 ③, ④　　　　**6** 예절, 배려
7 (1) 살피다　(2) 알고 싶다　(3) 물어보다
8 길게

---

1 발표는 자신의 생각을 말하는 활동이라고 하였다.

2 (2) 듣는 사람들이 재미있어할 표정과 몸짓으로 말하

는 것은 진지하게 발표하는 태도와 거리가 멀다.

3 차례차례 발표하면 모두 공평하게 말할 수 있다고 하였다.

4 보기 는 문장의 짜임에 따라 '누가' 다음에서 조금 띄어 읽었다.

> 채점 기준 　'누가', '우리는' 다음에 띄어 썼다고 하면 정답으로 한다.

5 친구가 말하는 동안 다른 행동이나 생각을 하지 않고, 궁금한 부분이 있을 때에는 예의 바르게 질문하고 들어야 한다.

6 문단 ❺에서 '발표 예절을 잘 지켜야 하고, 서로 배려하며 말하는 친구와 듣는 친구들 모두가 만족하는 발표를 하자'고 하였다.

7 (1) ㉠의 '생각하다'와 뜻이 비슷한 낱말은 '살피다'이다. (2) ㉡의 '궁금하다'와 뜻이 비슷한 낱말은 '알고 싶다'이다. (3) ㉢의 '질문하다'와 뜻이 비슷한 낱말은 '물어보다'이다.

8 문장 부호 뒤에서는 조금 더 길게 띄어 읽는다.

교과서 문해력 키우기　　39쪽

1 (1) 차례　(2) 진지　(3) 예절
2 (1) 존중하는　(2) 진지하게　(3) 만족하는
3 예 우리는 중요한 문제에 대해 신중하게 생각한 후 진지하게 결정을 내렸다.

소단원 2　통합 이야기를 실감 나게 읽기　40~43쪽

1 건강　　　**2** ⑤　　　　**3** 치즈
4 ③　　　　**5** 가지　　　**6** ④
7 (1) ①　(2) ②　(3) ④　(4) ③
8 ㉠, ㉡　　　　**9** (3) ○
10 (1) ②　(2) ①　　　　**11** ①, ②
12 김치　　　**13** 유나　　　**14** ②
15 (1) 예 딸기!　(2) 예 생각만 해도 저절로 입에 침이 고이고 기분이 좋아지기 때문이다.

1 할아버지는 건강이 좋지 않아 긴 여행을 할 수 없다고 하였다.

2 토요일마다 할아버지와 함께 동네 여행을 하면서 동네에 사는 세계 여러 나라 친구들을 만나기로 했다.

3 "치즈!"라고 외치면서 여행을 시작하는 기념으로 첫 사진을 찍었다.

4 할아버지께서 여행은 떠나기 전 설레는 기분부터 시작이라고 하셨는데, 새 친구들을 만날 생각에 어제부터 두근거렸기 때문에 어제부터 세계여행이 시작되었다고 한 것이다.

5 중국에서는 사진을 찍을 때 "치에즈!"라고 하는데, 중국 말로 '가지'라는 뜻이다.

6 "위스띠띠!"라고 말할 때 입이 예쁘게 벌어지기 때문에 사진을 찍을 때 "위스띠띠!"라고 한다고 하였다.

7 (1) ㉠은 꾸며 주는 말인 '가장'을 강조하여 읽어야 실감 난다. (2) ㉡은 일어난 일이 정확하게 전달되도록 읽어야 한다. (3) ㉢은 사진을 찍을 때 말하는 것처럼 읽어야 실감 난다. (4) ㉣은 물음표의 역할을 생각하며 물어볼 때처럼 읽어야 실감 난다.

8 ㉢ 숙모가 주인공 가족의 집에 온 것이다. ㉣ 하와이에서 유명한 음식을 먹었다는 내용은 나타나 있지 않다.

9 '샤카'는 걱정은 잊고 느긋한 하루를 보내라는 의미이다.

10 핀란드에서는 핀란드 사람이 즐겨 먹는 생선의 이름인 "무이꾸!", 일본에서는 일본 말로 숫자 2라는 뜻의 "니이!"를 외친다.

11 '니이'는 일본 말로 숫자 2를 의미하며, 발음할 때 입이 옆으로 벌어져 자연스럽게 웃는 표정이 된다.

12 여행 마지막 날에는 그동안 세계여행을 도와준 친구들이 모두 모여 "김치!"라고 외치면서 사진을 찍었다.

13 목소리와 말투에 변화를 주면서 읽어야 장면이 실감 나게 느껴진다.

14 카프카는 떠올리기만 해도 저절로 웃게 되는 이름이어서 우리 집에서는 사진을 찍을 때 "카프카!"를 외친다고 하였다.

15 사진을 찍을 때 외치고 싶은 말을 생각하여, 그 까닭과 함께 써 본다.

> **채점 기준** 사진을 찍을 때 외치는 자신만의 말을 만들어 쓰고, 그렇게 만든 까닭을 적절히 쓰면 정답으로 한다.

교과서 **문해력 키우기** `44쪽`

1 (1) 의상 (2) 백야 (3) 기념
2 (1) 든든한 (2) 설레어 (3) 느긋하게
3 **예** 든든한 친구와 함께 여행을 떠나게 되어서 마음이 편안하고, 새로운 장소에 가 볼 생각에 설렌다.

실천 **배운 내용 마무리하기** `45쪽`

1 ⑤
2 (1) 고양이가 (2) 귀엽다. (3) 내 친구는
(4) 그림을 그린다. (5) 노란 옷을 입은 사람이
(6) 내 동생이다.
3 (1) 안 (2) 않아야
4 (1) ③ (2) ④ (3) ① (4) ②
5 노르스레하다

1 잘 익은 앵두(무엇)가 어떠한지에 대한 내용이 이어져야 문장의 짜임에 알맞다. 따라서 '잘 익은 앵두는 맛있습니다.'와 같이 써야 한다.

2 '고양이가'는 '무엇이', '귀엽다.'는 '어떠하다'에 해당한다. '내 친구는'은 '누가', '그림을 그린다.'는 '어찌하다'에 해당한다. '노란 옷을 입은 사람이'는 '누가', '내 동생이다.'는 '무엇이다'에 해당한다.

3 (1) '안 됩니다.'라고 써야 한다. (2) '않아야 합니다.'라고 써야 한다. 참고로, '않다'는 '아니하다'를 줄여서 쓴 표현이다.

4 (1) '노르스레하다'는 '조금 노르다.'라는 뜻이다. 여기서 '노르다'는 '달걀노른자의 빛깔과 같이 밝고 선명하다.'라는 뜻이다. (2) '거무스레하다'는 '빛깔이 조금 검은 듯하다.'라는 뜻이다. (3) '불그스레하다'는 '조금 붉다.'라는 뜻이다. (4) '푸르스레하다'는 '조금 푸르다.'라는 뜻이다.

5 '노르스름하다'와 뜻이 비슷한 낱말은 '노르스레하다'이다.

1 ③　　**2** 공원
3 (1) ㉣, ㉤　(2) ㉡, ㉢　(3) ㉠
4 ②　　**5** 윤이　　**6** ⑤
7 (1) 조상들은
　(2) 더위를 이겨 내려고 부채를 주고받았습니다.
8 음식　　**9** ④
10 예 아이들이 연을 날립니다.
11 ㉡, ㉣　　**12** ⑤
13 발표할 때 지켜야 할 예절에는∨무엇이 있을
　까요?
14 (1) ②　(2) ①　(3) ③
15 (1) 걱정　(2) 느긋한　　**16** 동주
17 ②
18 예 할아버지처럼 나도 세계 여러 나라 사람들
　을 만나 보고 싶어졌어.
19 (3) ×　　**20** 안

1 글자를 하나하나 끊어 읽으면 내용이 잘 전달되지 않을
　수 있으므로 내용과 짜임에 알맞게 띄어 읽어야 한다.

2 지호는 할아버지, 할머니와 함께 공원을 걸었다고 하
　였다.

3 (1) ㉣, ㉤은 '누가/무엇이＋어찌하다'의 짜임이다.
　(2) ㉡, ㉢은 '누가/무엇이＋어떠하다'의 짜임이다.
　(3) ㉠은 '누가/무엇이＋무엇이다'의 짜임이다.

4 ① 맑다 – 어떠하다, ③ 푸르다 – 어떠하다, 일어나
　다 – 어찌하다, ④ 따뜻하다 – 어떠하다, 웃다 – 어
　찌하다, ⑤ 먹다 – 어찌하다

5 '푸르다'는 상태를 나타내므로 '어떠하다'에 해당하는
　낱말이다.

6 나쁜 기운을 없애기 위해 제사를 지낸 것이 아니라 창
　포를 삶은 물에 머리를 감았다.

7 '조상들은'은 '누가'에, '더위를 이겨 내려고 부채를 주
　고받았습니다.'는 '어찌하다'에 해당한다.

8 이 글은 단옷날에 먹는 음식인 수리취떡과 앵두화채
　를 소개하였다.

9 ④에서 '무엇이'에 해당하는 부분은 '초여름에 잘 익
　은 앵두는'이고, '어떠하다'에 해당하는 부분은 '빨갛

습니다.'이다.

10 제시된 그림의 내용을 자유롭게 문장으로 표현해서
　써 본다.

> **채점 기준** 다양한 색깔의 옷을 입은 아이들이 연을 날리
> 는 내용을 쓰면 정답으로 한다.

11 글쓴이는 진지한 태도로 발표하고, 발표하는 사람은
　차례를 지켜 말해야 한다고 하였다.

12 다른 사람들이 잘 알아들을 수 있도록 또박또박 자신
　있게 말해야 한다고 하였다.

13 문장의 짜임에 따라 '누가/무엇이' 다음에 조금 띄어
　읽는다.

14 (1) 중국에서는 사진을 찍을 때 "치에즈!"라고 한다.
　(2) 하와이에서는 사진을 찍을 때 "샤카!"라고 한다.
　(3) 핀란드에서는 사진을 찍을 때 "무이꾸!"라고 한다.

15 샤카란 걱정은 잊고 느긋한 하루를 보내라는 인사라
　고 하였다.

16 '치즈랑 발음은 비슷하지만 뜻은 달라요.'는 뜻이 잘
　전달되도록 또박또박 읽어야 한다. '나랑 가장 친한
　친구 아린다네 집이에요.'에서 꾸며 주는 말인 '가장'
　은 강조하듯이 읽어야 한다.

17 할아버지는 친구가 생기는 건 아는 별이 생기는 거라
　고 하셨다.

18 할아버지의 말과 생각을 살펴보고, 할아버지에 대한
　나의 생각을 자유롭게 써 본다.

> **채점 기준** 할아버지의 말과 생각에 대한 자신의 생각
> 을 쓰면 정답으로 한다.

19 (3)은 '어떠하다'에 해당하는 낱말을 넣어 '잘 익은 앵
　두는 붉습니다.'와 같이 표현해야 어울린다.

20 '안'을 넣어 '안 됩니다.'와 같이 써야 한다.

3. 짜임새 있는 글, 재미와 감동이 있는 글

핵심 확인 문제　　50쪽

1 문단	**2** 중심	**3** ×
4 경험	**5** ×	

준비　배울 내용 살펴보기　51쪽

1 흥부전	**2** ⑤	**3** 생명
4 ⑤	**5** ⑤	

6 예 글이 짜임새 있게 연결되어 있다.

1 『흥부전』을 읽고 쓴 글이다.

2 글쓴이는 흥부가 부러진 제비 다리를 치료해 준 부분에서 감동을 느꼈다고 하였다.

3 글쓴이는 작은 생명도 소중히 여기는 흥부의 착한 마음이 느껴져서 감동을 느꼈다고 하였다.

4 책에 대한 이야기를 하다가 갑자기 제비 집에 대한 이야기를 하여 ㉠ 부분이 짜임새 있게 연결되지 않았다.

5 짜임새 있게 글을 고쳐 썼기 때문에 글쓴이가 말하려고 하는 내용이 이해하기 쉽게 느껴진다.

6 짜임새 있게 연결된 글을 읽으면 글쓴이의 생각을 잘 파악할 수 있다.

> **채점 기준** '짜임새 있다'라는 내용이 들어가면 정답으로 한다.

소단원 1　（기본）중심 문장과 뒷받침 문장을 갖추어 문단 쓰는 방법 알기　52쪽

1 (1) ○　(2) △　(3) ○　(4) △　**2** ⑤
3 중심 생각

1 문단 ⑦의 첫 번째 문장과 문단 ⑭의 첫 번째 문장이 각 문단의 내용을 대표하는 중심 문장이며, 나머지 문장이 뒷받침 문장이다.

2 플라스틱은 좋은 점과 나쁜 점이 모두 있기 때문에 두

얼굴이 있다고 한 것이다.

3 한 문단에는 보통 하나의 중심 생각이 들어간다.

교과서 문해력 키우기　53쪽

1 (1) 온도　(2) 인공　(3) 녹
2 (1) 오염　(2) 발명　(3) 해양
3 예 지구의 온도가 갑자기 변하면 해양 생물들이 위험해질 수 있다.

소단원 1　（통합）중심 문장과 뒷받침 문장을 갖추어 문단 쓰기　54쪽

1 ①　　　**2** 저는 체육 시간에 친구들과 피구를 하는 것이 가장 좋습니다.
3 ④　　　**4** (1) 교실　(2) 강당

1 우리 학교에 다양한 장소가 있다는 중심 문장이 나온 후, 각 장소에 대한 뒷받침 문장이 나온다.

2 체육 시간에 하는 피구가 좋다는 내용은 우리 학교에 다양한 장소가 있다는 이 글의 중심 문장과 어울리지 않는다.

3 우리 학교에 있는 다양한 장소에 대한 뒷받침 문장을 써야 한다. 뒷받침 문장을 쓸 때에는 중심 문장의 내용을 잘 뒷받침하고 있는지, 글의 전체적인 흐름을 깨뜨리지 않는지 등을 생각해 보아야 한다.

4 이 글은 우리 학교의 장소를 '교실 – 도서관 – 강당' 순서로 소개하고 있다.

교과서 문해력 키우기　55쪽

1 (1) 행사　(2) 강당　(3) 피구
2 (1) 장소　(2) 다양한　(3) 행사
3 예 강당의 무대는 높고 넓어서 뒷자석에 있는 사람들까지도 잘 볼 수 있었다.

소단원 2 **기본** 작품에서 느낀 재미나 감동 발표하기　56쪽

1 ①　　　**2** ④　　　**3** 할머니
4 **예** 전학 간 친구가 즐겨 부르던 노래를 듣고 그 친구가 보고 싶어졌던 경험이 있다.

1 가족마다 비밀번호 누르는 소리가 다르기 때문에 누가 눌렀는지 알 수 있다.

2 이 시의 2연에 가족들이 비밀번호를 누르는 소리가 나타나 있다.

3 '나'는 할머니가 비밀번호 누르는 소리를 떠올리며 할머니를 그리워하고 있다.

4 누군가를 그리워하고 보고 싶어 한 경험을 떠올려 써 본다.

채점 기준 시에서 할머니를 보고 싶어 하는 글쓴이의 마음을 떠올려 비슷한 경험을 쓰면 정답으로 한다.

소단원 2 **통합** 작품에서 느낀 재미나 감동을 다양하게 표현하기　57~61쪽

1 알뜰 장터　　**2** ①　　　**3** ②
4 **예** 언니가 발표회에 입고 나갔던 원피스가 작아져서 내가 물려받아 입은 적이 있다.
5 ①　　　**6** 줄넘기　　**7** 선글라스
8 ①　　　**9** ②　　　**10** 분실물 장터
11 버려진 물건들　　　**12** ⑤
13 ④, ⑤　　**14** 혼란스럽다　**15** ⑤
16 택배원 조끼를 입은 할아버지가 어린이 신발을 사는 것
17 손자　　　**18** ⑤
19 (1) **예** 선글라스를 쓰자 장터에 없던 사람들이 보여 은솔이와 한솔이가 놀라는 부분이 재미있었다.
(2) **예** 평범한 선글라스인 줄 알고 썼는데 눈앞에 새로운 광경이 펼쳐진다면 나라도 깜짝 놀라고 신기할 것 같기 때문이다.

1 은솔이와 한솔이는 공원에서 열린 알뜰 장터에 갔다.

2 '나눠 쓰고 아껴 쓰면 우리도 지구도 행복해요.'라는

현수막의 내용에서 짐작할 수 있다.

3 '북적이다'는 '많은 사람이 한곳에 모여 매우 수선스럽게 들끓다.'를 뜻하는 낱말이다.

4 사용한 물건을 버리지 않고 다시 사용한 경험을 떠올려 쓴다.

채점 기준 사용한 물건을 다시 쓰거나 나누어 준 경험을 쓰면 정답으로 한다.

5 은솔이는 수많은 물건을 훑어보느라 한솔이를 놓칠 뻔하였다.

6 은솔이와 한솔이는 줄넘기를 사기로 해서 그것부터 찾기로 했다.

7 멋진 콧수염을 기른 아저씨가 은솔이와 한솔이에게 선글라스를 내밀었다.

8 줄넘기를 사야 하기 때문에 돈이 없어서 선글라스를 살 수 없었다.

9 아저씨는 선글라스를 두 시간 동안 빌려주겠다고 하였다.

10 두 아이는 선글라스를 끼고 분실물 장터 쪽으로 향했다.

11 분실물 장터는 주인이 찾지 않는 버려진 물건들을 파는 곳이라고 하였다.

12 선글라스를 벗으면 눈에 보이는 그대로의 모습이 보였지만, 선글라스를 쓰면 또 다른 세상이 보였다.

13 장터에 있는 물건들을 사는 사람들과 선물받은 사람들이 보였다.

14 한솔이는 두 개의 다른 세상이 보이는 것이 혼란스러웠다.

15 선글라스를 끼면 그 물건을 옛날에 사용했던 사람들이 보이는 능력이 생긴다고 했다.

16 택배원 조끼를 입은 할아버지가 어린이 신발을 사는 것이 보였다. 할아버지는 작은 신발을 옛날에 샀던 사람일 것이다.

채점 기준 할아지가 신발을 산다는 내용을 쓰면 정답으로 한다.

17 할아버지는 손자에게 주려고 신발을 샀다.

18 아이들에게 선글라스의 특별한 능력을 경험하게 해 주려던 것으로 짐작해 볼 수 있다.

19 어떤 부분에서 재미나 감동을 느꼈는지, 그 까닭은 무엇인지 쓴다.

> **채점 기준** 재미를 느꼈거나 감동받은 부분을 쓰고, 그 까닭을 적절히 쓰면 정답으로 한다.

교과서 문해력 키우기 62쪽

1 (1) 멋쟁이 (2) 분실물 (3) 휘둥그레지다
2 (1) 금세 (2) 수익금 (3) 현수막
3 예 학교 입구에 바자회의 개최를 알리는 현수막이 걸렸다.

실천 배운 내용 마무리하기 63쪽

1 ③   **2** 들여
3 예 글의 내용을 더 잘 이해할 수 있다.
4 ④   **5** 노타가
6 (1) [이팍] (2) [구콰]
7 (1) 맨날 (2) 나래 (3) 봉숭아

1 뒷받침 문장은 중심 문장을 강조하거나 잘 나타내는 역할을 한다.

2 문단을 시작할 때에는 한 칸을 들여 쓴다.

3 문단을 짜임새 있게 써야 읽는 사람이 글의 내용을 이해하기 쉽다.

> **채점 기준** 읽는 사람이 글의 내용을 더 잘 이해할 수 있다는 내용을 쓰면 정답으로 한다.

4 받침 'ㅎ' 뒤에 'ㄱ'이 오면 [ㅋ]으로 발음한다.

5 받침 'ㅎ' 뒤에 'ㄷ'이 오면 [ㅌ]으로 발음한다.

6 받침 'ㅂ'과 'ㄱ' 뒤에 'ㅎ'이 오면 각각 [ㅍ], [ㅋ]으로 바뀌어 소리 난다.

7 많은 국민이 공통으로 쓰는 말을 표준어라고 한다. '만날 – 맨날', '날개 – 나래', '봉선화 – 봉숭아'와 같이 한 가지 뜻을 나타내는 여러 낱말이 모두 표준어인 경우도 있다.

단원 평가 64~66쪽

1 ④   **2** 가
3 나는 제비가 왜 나무 위가 아니라 처마 밑에 집을 짓는지 궁금했다.
4 ④   **5** 300년에서 500년
6 ②
7 예 읽는 사람이 글을 더 쉽게 이해할 수 있다.
8 ㄹ   **9** (3) ○   **10** ①
11 예 학생들이 아플 때 치료받을 수 있는 보건실도 있습니다.
12 ①   **13** 아빠   **14** ②
15 (2) ○   **16** ⑤
17 예 엄마와 바자회에 가서 어렸을 때 입었던 옷을 기부한 일이 있다.
18 (요술) 선글라스   **19** ③
20 (1) ㉠ (2) ㉡

1 글쓴이는 작은 생명도 소중히 여기는 흥부의 착한 마음이 느껴졌기 때문에 감동을 느꼈다고 하였다.

2 글 가 는 책에 대한 이야기를 하다가 갑자기 제비 집에 대한 이야기를 하여 글이 짜임새 있게 연결되지 않았다.

3 책에서 감동을 느낀 부분 다음에는 감동을 느낀 까닭이 나와야 문장의 연결이 자연스럽다.

4 플라스틱이 오랜 시간 썩지 않아 땅이 오염되는 것은 플라스틱의 나쁜 점이다.

5 플라스틱은 썩는 데 300년에서 500년이 걸리기 때문에 쓰레기가 되어 땅에 묻혔을 때 땅이 오염된다고 하였다.

6 ㉠과 ㉢이 중심 문장으로, 문단의 내용을 대표하는 문장이다.

7 서로 같은 내용끼리 묶어서 문단으로 구분하면 읽는 사람이 글의 내용을 이해하기 쉽다.

> **채점 기준** 문단의 개념을 알고, 글을 쓸 때 문단으로 구분하여 쓰면 좋은 점을 적절하게 쓰면 정답으로 한다.

8 중심 문장이 항상 문단 첫머리에 나오는 것은 아니며, 문단 중간에 나오거나 이 문단처럼 끝부분에 나올 수도 있다.

9 중심 문장은 한 문단에 보통 하나가 있으며, 문단의 중간이나 끝부분에 나올 수도 있다.

10 '우리 학교에는 다양한 장소가 있습니다.'가 중심 문장이며, 여기에 이 글에서 설명하고자 하는 것이 나타나 있다.

11 우리 학교의 다양한 장소에 대한 내용을 뒷받침 문장으로 써야 짜임새 있는 글이 된다.

12 시의 짜임새를 생각하며 읽는 것은 감동을 표현하는 방법으로는 알맞지 않다.

13 아빠가 비밀번호를 누를 때의 소리이다.

14 할머니를 보고 싶어 하는 마음이 나타나 있다.

15 현수막에 적혀 있는 '나눠 쓰고 아껴 쓰면 우리도 지구도 행복해요.'에서 짐작할 수 있다.

16 '여러 사람에게 보이기 위하여 물건을 죽 벌여 놓다.'는 '진열하다'의 뜻이다.

17 자신의 물건을 나누거나 기부한 경험 등을 떠올려 본다.

> **채점 기준** 자신의 물건을 다른 사람에게 나누어 주거나 기부한 경험을 알맞게 떠올려 쓰면 정답으로 한다.

18 선글라스는 물건의 원래 주인의 모습을 보여 주는 요술 선글라스이다.

19 택배원 조끼를 입은 할아버지가 손자에게 줄 신발을 사는 모습이 보였다.

20 ㉠은 감동을 느낀 부분이고, ㉡은 감동을 느낀 까닭을 쓴 것이다.

매체 단원 ## 서로 배려하며 소통해요

수행 평가　　　　70쪽

1 (1) **예** 상대가 상처받지 않는 내용으로 써야 합니다.　(2) 상대의 의견을 존중하는 표현을 사용해야 합니다.　(3) 나의 댓글을 읽을 사람을 배려하며 댓글을 써야 합니다.

2 (1) **예** 글, 음악, 그림이나 사진, 동영상 등을 만든 사람이 가지는 권리입니다.　(2) **예** 누군가 애써 만든 작품이 함부로 사용되는 것을 막을 수 있기 때문입니다.　(3) **예** 다른 사람이 만든 자료를 사용할 때에는 출처를 밝혀야 합니다.　(4) **예** 창작자가 갖는 소중한 권리인 저작권. 창작자의 노력을 생각하면서 출처를 꼭 밝힙시다!

4. 중요한 내용을 찾아요

핵심 확인 문제　　　　72쪽

1 ○　　**2** (1) ○ (2) ○　　**3** 그림, 글
4 ×　　**5** 시간

준비 배울 내용 살펴보기　　　　73쪽

1 중요한　　**2** (1) ㉢　(2) ㉡　(3) ㉠
3 (1) 어디로　(2) 누구와　(3) 언제
4 은결

1 가~다에서 준우는 인터넷에서 본 내용, 문자로 본 내용, 머릿속에서 생각한 내용 중 중요한 내용을 간단히 정리하였다.

2 가에서는 인터넷에서 공벌레의 모습에 대해 조사한 내용과 자신의 생각을, 나에서는 6시 학교 정문 앞으로 약속 시간과 장소가 바뀐 내용을, 다에서는 유적지 탐방을 언제, 어디로, 누구와 함께 갈지에 대한 계획을 기록했다.

3 다에서 준우는 우리 고장 유적지 탐방 계획을 '어디로, 누구와, 언제'로 나누어 썼다.

4 준우는 중요한 내용을 간추려 간단히 정리했으므로 하루 종일 있었던 일을 모두 쓴 은결이의 방법은 준우가 기록한 방법과 다르다.

소단원 1 기본 설명을 듣고 중요한 내용 파악하기   74~75쪽

1 배 밑의 구멍   **2** 수액   **3** ⑤
4 (1) 가   (2) 다   (3) 나   **5** (1) ×
6 (3) ○   **7** ①, ③
8 버스, 질서, 안전띠 매기

1 두 번째 문단에서 매미는 배 밑의 구멍에서 자신이 먹은 것을 내뿜는다고 하였다.

2 매미는 많은 나무의 수액을 마시고 그것의 대부분을 몸 밖으로 내뿜는다고 하였다.

3 매미가 수액을 내뿜으면 몸이 가벼워져서 빨리 날 수 있으므로 천적에게서 재빨리 도망갈 수 있다.

4 가에서 '신맛', '친척'은 설명과 다른 내용이다. 나는 중요한 내용을 간추려 정리하지 않고 설명한 내용을 그대로 다 썼다. 다는 중요한 내용을 한눈에 알아보기 쉽게 잘 정리했다.

5 낱말로만 정리한 것은 가이다. 다는 제목을 쓰고, '1, 2, 3'과 같은 숫자를 사용해 내용을 정리하고, 중요한 내용에는 밑줄과 별표를 했다.

6 버스 탑승 안전 수칙을 설명하는 내용이므로 버스를 탔던 경험을 떠올려야 내용을 잘 이해할 수 있다.

7 ② 버스가 움직일 때에는 자리에서 함부로 일어나거나 이동하지 말아야 한다. ④ 버스 출입문은 앞쪽에 한 개가 있으므로 질서를 지켜서 오르내려야 한다. ⑤ 화장실 등의 급한 볼일이 있으면 선생님을 찾으라고 하였다.

8 설명 내용에 알맞은 제목을 붙이고, 버스에 타고 내릴 때와 버스에 타고 있을 때로 나누어 중요한 내용을 파악해 본다.

교과서 문해력 키우기   76쪽

1 (1) 좌석   (2) 수액   (3) 안전
2 (1) 천적   (2) 밀치면   (3) 탑승
3 예 열차에 탑승하고 창가 좌석에 앉아 밖을 구경했다.

소단원 1 통합 영상을 보고 중요한 내용 파악하기   77~78쪽

1 ④   **2** ②, ④   **3** 장보고
4 (1) ①   (2) ③   (3) ②   **5** 5월 31일
6 (3) ○   **7** ④   **8** (1) ×

1 여러 기념일이 있는 5월에 바다를 위한 기념일도 있다는 것을 알려 주고 있다.

2 문단 ❷의 첫 문장에 바다의 날이 바다의 소중함과 가치를 알리고, 바다 관련 사업의 중요성에 대한 인식을 높이기 위해 제정되었다는 내용이 나와 있다.

3 바다의 날은 통일 신라 시대의 장보고와 관련이 있다고 하였다.

4 문장에 쓰인 낱말의 뜻을 짐작해 보고, 정확한 뜻을 찾아본다.

5 장보고가 청해진을 설치한 날이 5월 31일이고 이러한 역사적 의미가 있는 날짜를 바다의 날로 정했다.

6 바다의 날은 바다의 소중함과 가치, 바다 관련 사업의 중요성을 알리기 위해 기념일로 정한 날이다.

7 자신의 생각이 분명하게 나타났는지 확인해 보는 것은 영상을 보고 중요한 내용을 정리할 때 점검할 점으로 알맞지 않다.

8 영상에 나오는 소리뿐만 아니라 화면의 그림이나 글도 집중해서 살펴보아야 한다.

교과서 문해력 키우기   79쪽

1 (1) 해양   (2) 참혹한   (3) 아늑한
2 (1) 설치하여   (2) 제정한   (3) 기념일
3 예 겨울밤에는 아늑한 이불 속에서 편안하게 잠드는 것이 가장 행복하다.

소단원 2 | 기본 설명하는 글을 읽고 중요한 내용 파악하기 (80~81쪽)

1 된장 **2** ⑤
3 (1) ㉠
   (2) ㉡, ㉢, ㉣, ㉤
4 (3) ○ **5** ①, ③
6 ㉣ → ㉢ → ㉠ → ㉡
7 메주, 콩, 소금물, 된장
8 예 메주를 띄우려면 시간이 오래 걸린다는 점을 알게 되었다. / 간장, 고추장은 어떻게 만드는지 알고 싶다.

1 제목에도 나타나 있듯이 된장을 만드는 방법을 설명하는 글이다.

2 문단 ❷에서 메주를 따뜻한 곳에 두면 우리 몸에 이로운 성분이 생긴다고 하였다.

3 중심 문장이란 각 문단에 가장 중심이 되는 문장이고, 뒷받침 문장이란 중심 문장을 구체적으로 설명하는 문장이다.

4 메주를 바람이 잘 통하는 곳에 매달아 놓으면 된장의 고유한 맛과 향기를 내는 미생물이 많이 퍼지게 된다고 하였다.

5 항아리에 메주와 소금물, 붉은 고추, 숯을 넣어 삭히는데, 이때 붉은 고추와 숯은 잡균을 없애고 냄새를 제거하는 역할을 한다.

6 가장 먼저 찧은 콩 반죽을 대게 네모난 모양으로 빚어 메주를 만들어 따뜻한 곳에서 말린다. 그런 뒤 메주를 볏짚으로 묶어 바람에 말리고 항아리에서 메주를 삭힌다. 마지막으로 삭힌 메주로 된장을 만든다.

7 된장을 만드는 방법과 그 과정이 나타나도록 간추린다. 각 문단의 중심 문장을 바탕으로 글의 중요한 내용을 파악해 본다.

8 글의 내용을 바탕으로 된장에 대해 새롭게 알게 된 내용, 또는 우리나라의 전통 발효 식품에 대해 더 알고 싶은 점 등을 쓰도록 한다.

> **채점 기준** 된장에 대해 새롭게 알게 된 내용 또는 더 알고 싶은 내용을 쓰면 정답으로 한다.

교과서 문해력 키우기 (82쪽)

1 (1) 제거 (2) 손질 (3) 꾸덕꾸덕
2 (1) 삭혀서 (2) 잡균 (3) 장독
3 예 초콜릿을 꾸덕꾸덕하게 녹여서 과자에 찍어 먹었더니 훨씬 맛있었다.

소단원 2 | 통합 이야기를 읽고 일어난 일 파악하기 (83~87쪽)

1 (2) ○ **2** ①, ③
3 (솔이) 감자, 할머니 집 **4** ⑤
5 할머니네 감자밭 **6** 단우, 윤재
7 ③ **8** (1) ○ **9** ⑤
10 ③ **11** (2) ○
12 예 자신의 감자를 찾지 못해 화가 났기 때문이다.
13 (3) ○ **14** ②, ⑤ **15** 두더지
16 예 감자밭에서 솔이가 호미를 들고 두더지를 쫓아다니는 모습이 떠오른다.
17 ④ **18** (1) ② (2) ③ (3) ①
19 5, 2, 3, 4, 1 **20** 민우

1 솔이 할머니 집은 마루에 서면 산만 보이는 시골이다.

2 솔이는 할머니는 좋지만 시골은 싫다고 하였다. 또 할머니 집에 가면 같이 놀 동무가 없어 심심하다고 하였다.

3 할머니는 솔이에게 '솔이 감자'를 캐러 내일 할머니 집에 오라고 전화를 하셨다.

4 솔이는 할머니 집이 있는 시골이 싫지만 할머니의 전화를 받고 자신의 감자가 생각나서 이번에는 얼른 가겠다고 했다.

5 한 달 전 솔이에게 '솔이 감자'가 생긴 일이 일어난 장소는 '할머니네 감자밭'이다.

6 솔이는 하얀색 감자꽃 사이에서 핀 자줏빛 감자꽃을 보고 신기해하였고, 자줏빛 꽃이 핀 감자를 '솔이 감자'라고 정하였다.

7 솔이가 자주 꽃 핀 감자를 가리키며 '저거 내 감자 할 거야.'라고 말했고 할머니도 '자주 꽃 핀 감자, 이제 솔이 끼다.'라고 말씀하셨다.

8 '절레절레'는 '머리를 좌우로 자꾸 흔드는 모양.'을 뜻한다. (2)는 '꾸벅', (3)은 '까딱까딱'의 뜻이다.

9 솔이와 엄마, 아빠, 할머니는 감자밭으로 감자를 캐러 갔다. 할아버지는 이야기에 등장하지 않는다.

10 감자밭의 감자꽃이 다 져 버려서 할머니께서도 자줏빛 꽃이 핀 솔이 감자를 찾을 수 없었다.

11 할머니, 아빠, 엄마 뒤에 감자가 쌓였지만 그중에 표 나는 솔이 감자가 없었다. 솔이는 골이 나서 감자 하나를 휙 던졌다.

12 솔이는 자줏빛 꽃이 핀 자신의 감자를 캐러 설레는 마음으로 감자밭에 왔다. 하지만 꽃이 져서 감자를 찾지 못하고 할머니, 아빠, 엄마가 캔 감자 중에도 자신의 감자가 없었다. 화가 난 솔이는 감자 하나를 휙 던졌다.

> **채점 기준** '솔이가 화가 났기 때문이다.'라는 내용이 들어가면 정답으로 한다.

13 할머니는 감자를 혼자 가꾼 것이 아니고 가랑비, 이슬, 뙤약볕도 함께 가꾸었다고 하셨다. 가랑비, 이슬, 뙤약볕은 자연을 의미한다.

14 감자를 함부로 집어던진 솔이가 감자를 키운 자연의 고마움을 알고 감자를 소중히 여기기를 바라셨을 것이다.

15 땅속에 있는 두더지가 나오면서 할머니 뒤로 흙이 포슬포슬 올라왔다.

16 문단 ❹에서 중요한 사건은 감자밭에 두더지가 나타난 것이다. 감자밭을 두더지가 여기저기 파헤치고 다니는 장면, 솔이가 호미를 들고 두더지를 쫓아가는 장면 등 글의 내용을 바탕으로 떠오르는 장면을 써 본다.

> **채점 기준** 글의 상황이나 분위기를 바탕으로 적절한 장면을 떠올려 쓰면 정답으로 한다.

17 솔이는 두더지를 쫓아 감자밭을 여기저기 파헤치고 다니다가 자줏빛 감자 하나가 두더지 굴 옆으로 삐죽이 나온 걸 보았다.

18 '주렁주렁, 포슬포슬, 꼬불꼬불'은 사람이나 사물의 모양이나 움직임을 흉내 낸 말이다. 문장의 의미를 살펴보면 낱말의 뜻을 짐작해 볼 수 있다.

19 '솔이 감자'가 생긴 일이 가장 먼저 일어났다. 그 감자를 캐러 할머니 집에 간 뒤로 일어난 일들을 떠올리며 사건을 차례대로 정리해 본다.

20 글의 앞 부분에서 솔이는 시골을 싫어했으므로 민우의 말은 잘못되었다.

교과서 문해력 키우기   88쪽

1 (1) 딸리다　(2) 캐다　(3) 파헤치다
2 (1) 뙤약볕　(2) 수북이　(3) 가랑비
3 **예** 뙤약볕 속에서 일을 하던 농부는 가랑비가 내리자 잠시 쉬었다.

실천 배운 내용 마무리하기   89쪽

1 ㉡, ㉢, ㉣　　**2** (2) ✕　　**3** (1) ○
4 (1) 나 물 좀 줘.　(2) 용돈이 만 원이 있다.
5 명절　　　　**6** (1) 떡국　(2) 추석　(3) 제기차기

1 글의 내용과 관련 있는 경험을 떠올려야 중요한 내용을 파악하는 데 도움이 된다.

2 글을 쓴 장소를 확인하는 것은 이 단원에서 공부한 내용인 중요한 내용을 파악하는 것과 관련이 없다.

3 그림에서 아이가 밤이 열리는 밤나무에 대해 말하고 있으므로 '밤나무'로 붙여 써야 한다. (2)는 깜깜한 밤에 나무를 심자는 뜻이 된다.

4 (1) 목마른 아이가 물을 달라는 그림이므로 '나'와 '물'을 띄어 써야 한다. 붙여 쓰면 '나물'을 달라는 뜻이 된다. (2) 만 원짜리 지폐가 한 장이므로 용돈 '만 원'이 되도록 '이'를 '용돈'과 붙여 써야 한다.

5 '명절'을 주제로 하여 음식, 종류, 놀이 세 가지로 연결되는 생각그물이다.

6 '추석'은 명절의 종류, '제기차기'는 명절놀이, '떡국'은 명절 음식에 속하는 낱말이다.

단원 평가

1 (3) ×   **2** ④   **3** (2) ○

4 ④, ⑤   **5** 📖 버스를 탄 뒤의 안전 사항

6 📖 1. 안전띠 매기 / 2. 함부로 이동하지 않기 /
3. 급한 볼일이 있을 때 선생님 찾기

7 📖 장보고가 청해진을 설치한 날이 5월 31일이
기 때문이다.

8 ①, ③   **9** (1) ○

10 📖 소리뿐만 아니라 화면의 그림과 글을 집중
해서 본다.

11 ③   **12** ㉠   **13** 향

14 ②, ③

15 자줏빛 꽃이 핀 감자(자주 꽃 핀 감자)

16 (3) ○

17 (1) 📖 감자꽃이 다 져서 자주 꽃 핀 감자를 찾
지 못했다.   (2) 📖 속상하고 실망스럽다.

18 (1) 두더지   (2) 자주감자   **19** ③, ④

20 용돈이 만 원이 있다.

---

1 (3)은 중요한 내용을 파악해 정리해야 하는 상황으로
볼 수 없다.

2 매미는 많은 나무의 수액을 마시고 먹은 것 대부분을
몸 밖으로 내뿜는다.

3 (1)은 글의 설명과 다른 내용을 썼으며 낱말로만 정리
해서 이해가 잘 되지 않는다.

4 기호나 숫자를 사용하면 중요한 내용을 효과적으로
정리할 수 있다.

5 버스를 타고 있을 때 지켜야 할 안전 사항을 설명하였다.

6 지켜야 할 사항을 세 가지로 말했으므로 숫자 1, 2, 3
을 사용하여 정리하면 한눈에 알아보기 쉽다.

> **채점 기준** '안전띠 매기', '함부로 이동하지 않기', '급한
> 볼일이 있을 때 선생님 찾기'와 같이 글의 중요한 내용
> 을 잘 정리하여 쓰면 정답으로 한다.

7 장보고가 동아시아의 해상 무역을 가능하게 만들어
준 청해진을 설치한 날이 5월 31일이다.

8 장보고는 청해진을 설치하여 동아시아의 해상 무역을
주도하였다.

9 바다의 쓸모나 중요성을 국민에게 알린다는 내용이

적절하므로 (1)이 '가치'의 뜻임을 짐작할 수 있다. (2)
는 '무역'의 뜻이다.

10 영상에서는 중요한 내용을 그림과 글로 보여 주기도
하므로 화면의 그림과 글을 집중해서 잘 봐야 한다.

> **채점 기준** '화면의 그림과 글을 집중하여 본다.', '영상
> 에서 강조하고 있는 내용이 무엇인지 생각해 본다.' 등
> 영상을 보고 중요한 내용을 파악하는 방법을 적절하게
> 쓰면 정답으로 한다.

11 찧은 콩 반죽을 대게 네모난 모양으로 빚은 것이 메주
이다. 된장의 재료가 되는 메주를 만드는 것이 된장
만들기에서 가장 먼저 할 일이다.

12 ㉡, ㉢은 중심 문장 ㉠을 구체적으로 설명하는 뒷받
침 문장이며 ㉠이 문단의 내용을 대표하는 중심 문장
이다.

13 된장 만드는 방법을 설명하는 글이므로, '된장'과, 된
장을 만드는 데 필요한 재료인 '콩', '메주'는 간추린
내용에 들어가야 할 중요한 낱말이다.

14 이야기에서 일어난 일을 파악하기 위해서는 장소나 인
물의 마음이 어떻게 변화하는지를 살펴보아야 한다.

15 솔이는 자줏빛 꽃이 핀 감자를 자신의 감자로 하겠다
고 말한 것이다.

16 자신의 감자를 빨리 캐고 싶었던 솔이는 할머니 집에
가자마자 감자를 캐러 가자고 졸랐습니다.

17 감자꽃이 다 져서 자주 꽃 핀 자신의 감자를 찾지 못
한 솔이는 속상한 마음이었을 것이다.

> **채점 기준** (1)에 솔이가 자신의 감자를 찾지 못한 일을
> 쓰고, (2)에 속상하고 실망스러운 마음을 쓰면 정답으로
> 한다.

18 감자밭에 두더지가 나타났고, 솔이는 두더지를 쫓아
가다가 두더지 굴 옆에서 자주감자를 찾았다.

19 두더지에게 자신의 자주감자를 나누어 주려고 하는
솔이의 모습에서 솔이가 자주감자를 찾게 해 준 두더
지에게 고마워하고, 두더지를 친구처럼 여긴다는 것
을 짐작할 수 있다.

20 그림에는 만 원 지폐 한 장이 있으므로 '이'를 '용돈'에
붙여 써야 한다.

5. 인물에게 마음을 전해요

핵심 확인 문제 94쪽

1 성격 **2** (1) ○ (3) ○ **3** ○
4 올림 **5** ○

준비 배울 내용 살펴보기 95쪽

1 ⑤ **2** ③, ⑤
3 (1) 예 행복한 왕자 (2) 예 제비
(3) 예 날씨가 추워지는데도 행복한 왕자를 떠나지 않은 까닭
4 예 날씨가 추워지는데도 행복한 왕자를 떠나지 않고 지켜 준 제비에게 고마운 마음을 전하고 싶다.

1 승현이는 장금이에게 힘든 상황에서도 포기하지 않은 까닭을 물어보고 싶다고 하였다.

2 장금이를 응원하는 마음, 부러운 마음, 닮고 싶은 마음을 전하고 싶다고 하였다.

3 평소에 읽었던 이야기를 떠올려 보고, 이야기에 나오는 인물들 중 기억에 남는 인물을 생각해 본다. 그다음 그 인물에게 궁금한 점을 떠올려 본다.

4 자신이 좋아하는 이야기 속 인물에게 어떤 마음을 전하고 싶은지 써 본다.

> **채점 기준** 이야기 속 인물에게 전하고 싶은 마음을 솔직하게 쓰면 정답으로 한다.

소단원 1 기본 인물의 성격을 파악하는 방법 알기 96~97쪽

1 ①, ③ **2** ⑤ **3** ⑤
4 ② **5** ④
6 (1) 작은 돌멩이 (2) 물병
7 (1) 포기가 빠르다. (2) 끈기 있다.

1 오랫동안 비가 내리지 않아 시냇물도 바짝 말랐다, 까망이와 까미는 먹을 물이 없어 목이 몹시 말랐다는 글

의 내용에서 까망이와 까미가 처한 상황을 알 수 있다.

2 비가 오기만을 기다리지 말고 직접 물을 찾으러 가자고 말한 것으로 보아 까망이는 적극적인 성격임을 짐작할 수 있다.

3 까망이와 까미의 부리가 짧아 병 안에 든 물에 닿지 않아 물을 마실 수 없었다.

4 '성질이 급하다'는 까미의 성격을 글에 직접 나타낸 말로 성격이 참을성이 없다는 의미이다.

5 까망이는 까미와 달리 포기하지 않고, 분명히 좋은 방법이 있을 것이라고 말하며 곰곰이 생각에 잠겼다.

6 까망이는 병 안에 든 물이 위로 차오를 수 있도록 작은 돌멩이를 하나씩 물어다 물병 속에 집어넣었다.

7 할 만큼 했다고 말하며 물 마실 방법을 더는 찾아보지 않고 집으로 돌아간 까미는 포기가 빠른 성격이고, 까미와 달리 포기하지 않고 좋은 방법을 곰곰이 생각한 까망이는 끈기 있는 성격이다.

교과서 문해력 키우기 98쪽

1 (1) 실컷 (2) 곰곰이 (3) 입구
2 (1) 곰곰이 (2) 무작정 (3) 실컷
3 예 무작정 길을 걷다 보니 좋은 생각이 떠올랐다.

소단원 1 통합 이야기를 읽고 인물의 성격 파악하기 99~106쪽

1 까먹는 **2** (1) ○ (3) ○ **3** 조금
4 ③ **5** (3) ○ **6** ①, ③
7 (1) ② (2) ① **8** 도토리 묻은 곳
9 ③ **10** ① **11** 미소
12 ④, ⑤
13 예 줄무늬가 '안 까먹는 방법'을 알려 주려고 했지만 까먹마을 다람쥐들은 관심이 없었기 때문이다.
14 튼튼한 집 짓는 법 **15** ①, ②
16 (2) ○ **17** 안 까먹는 방법
18 ③
19 물구나무를 백 번 섰다고 거짓말을 해서
20 ①, ② **21** ① → ② → ③
22 (3) ○ **23** 까먹마을 **24** ①, ⑤

25 (3) ×

26 (1) ⑩ 다정하다.   (2) ⑩ 울먹이는 쌍둥이에게
괜찮다고 말하며 쌍둥이의 등을 따뜻하게 토닥
여 주었기 때문이다.

27 5, 1, 2, 4, 3   **28** (1) ○   (2) ○

29 ⑩ 나도 줄넘기를 못했는데 매일 연습해서 잘
하는 방법을 알게 되었어.

1 까먹마을에 사는 다람쥐들은 앞니로 단단한 껍데기를
잘 까먹고, 도토리를 여기저기 묻어 두고 묻은 곳을
잘 까먹는다.

2 줄무늬는 도토리를 어디 묻었는지 까먹어서 찾지 못
하는 도토리가 아까웠다. 또 자기가 묻은 많은 도토
리를 다 찾아 먹지 못해 억울했다.

3 자기가 도토리를 묻은 만큼 찾아 먹는 것이 공평하다
고 생각하였다.

4 자기가 묻은 도토리 만큼 찾아 먹으려면 도토리 묻은
곳을 까먹지 않아야 하므로 줄무늬는 '안 까먹는 방
법'을 알아내겠다고 결심하였다.

5 잘 까먹는 다람쥐들과는 달리 약초 할머니는 약초에
대해 안 까먹기 때문에 줄무늬는 약초 할머니에게 안
까먹는 방법을 물어보려고 찾아갔다.

6 약초 할머니는 타고난 약초 천재여서 약초에 대해서
만 안 까먹고, 도토리 묻은 곳은 다른 다람쥐들처럼
기억하지 못한다.

7 ㉠과 ㉡은 소리와 글자는 같지만 뜻이 다른 낱말이
다. '이가 튼튼해서'라는 말에서 ㉠이 ②의 뜻임을,
'약초에 대해선'이라는 말에서 ㉡이 ①의 뜻임을 알
수 있다.

8 약초에 대한 것은 까먹어선 안 되는 것이기 때문에 약
초 할머니 같은 천재 다람쥐가 있는 것이다. 도토리
묻은 곳을 안 까먹는 천재 다람쥐가 없는 것은 도토리
묻은 곳은 까먹어도 괜찮아서이다.

9 물구나무서서 '쥐람다'를 백 번 말한 뒤에 어제 도토
리 묻은 곳을 모두 기억했다. ①, ②, ④, ⑤는 안 까
먹는 방법을 찾기 위해 시도했지만 소용없었던 방법
이다.

10 도토리 묻은 곳을 빠짐없이 찾아내고 나서 폴짝폴짝
뛰고 소리를 지른 것이므로 '안 까먹는 방법'을 드디

어 찾은 것이 기뻐서 한 행동임을 알 수 있다.

11 줄무늬는 잘난 척하며 자기 생각을 내세우지 않았다.
약초 할머니의 말을 곱씹고 여러 번 생각한 뒤에 자신
의 생각은 다르다고 말했다.

12 ①과 ②는 글에 나타난 내용이 아니고, ③은 줄무늬
의 생각으로, 도토리 묻은 곳을 안 까먹었을 때 좋은
점이다.

13 줄무늬가 도토리 묻은 곳을 안 까먹는 방법을 알려 주
려고 했지만 다른 다람쥐들은 까먹어야 좋다고 생각
하며 관심을 보이지 않았다. 이 일로 속이 상한 줄무
늬는 마을에서 떨어져 혼자 살기로 결심했다.

> **채점 기준** 까먹마을 다람쥐들이 안 까먹는 방법에 대
> 해 관심이 없었다는 내용을 쓰면 정답으로 한다.

14 먼 길을 떠나 튼튼마을에서 튼튼한 집 짓는 법을 배운
줄무늬는 마을로 돌아와 산꼭대기에 집을 지었다.

15 줄무늬는 산꼭대기에 튼튼한 집을 짓고, 좋은 도토리
를 집 한 구석에 잔뜩 쌓아 놓고 살았다. 봄에 먹을
것은 자기 집 마당에 직접 묻었다가 찾아 먹었다.

16 줄무늬는 안 까먹는 방법을 알기 때문에 튼튼한 집을
지어 좋은 도토리를 모으고, 마당에 묻은 도토리를
까먹지 않고 봄에 찾아 먹을 수 있게 되었다.

17 줄무늬는 쌍둥이도 안 까먹는 다람쥐로 살게 하려고
쌍둥이에게 안 까먹는 방법을 가르쳤다.

18 줄무늬가 장난을 치는 둘째와 키득거리는 첫째를 혼
내며 철저히게 훈련시킨 것에서 줄무늬의 성격이 엄
격하다는 것을 짐작할 수 있다.

19 둘째는 물구나무를 아흔다섯 번만 서 놓고 백 번 했다
고 줄무늬를 속였다. 엄격하고 꼼꼼하게 쌍둥이를 훈
련시키는 줄무늬는 속지 않고 둘째를 혼냈다.

20 이른 봄날 지진이 나서 줄무늬의 집이 무너졌다. 그
리고 줄무늬는 기둥에 깔렸다.

21 쌍둥이가 무럭무럭 자라 잘 까먹지 않게 되어 행복했
다. → 이른 봄날 지진이 나서 집이 무너지고 기둥에
깔려 쌍둥이를 구하고 싶지만 꼼짝할 수 없어 애가 탔
다. → 아무도 자기를 구하러 올 수 없다는 것을 깨닫
고 절망스러웠다.

22 살려 달라고 외치던 줄무늬는 자기 집이 산꼭대기에

있다는 것과, 아무도 자기를 구하러 올 수 없다는 것을 깨닫고 절망에 빠졌다.

23 까먹마을 다람쥐들 여럿이 산꼭대기까지 줄무늬네를 구하러 왔다.

24 지진이 났지만 가벼운 풀로 지은 집에 사는 다람쥐와 그냥 땅속에 사는 다람쥐는 무거운 집 더미에 깔려 다칠 일이 없었다.

25 다람쥐들은 뒷다리를 다친 줄무늬를 치료해 주고, 울먹이는 쌍둥이를 안심시키며 달래 주었다.

26 약초 할머니는 울먹이는 쌍둥이에게 괜찮다고 말하며 쌍둥이를 안심시켜 주었다. 이러한 모습에서 다정하고 자상한 할머니의 성격을 파악할 수 있다.

> **채점 기준** (1)에는 '다정하다, 자상하다, 지혜롭다'라는 말 또는 비슷한 느낌을 쓰면 정답으로 한다. (2)에는 쌍둥이를 달래 주고 안심시켜 주는 내용을 쓰면 정답으로 한다.

27 전체 이야기의 내용을 떠올려 보고, 줄무늬가 아기 다람쥐였을 때부터 엄마가 되고 지진이 나기까지 있었던 일을 정리해 본다.

28 지진이라는 큰 재난이 터진 뒤 까먹마을 다람쥐들에게 도움을 받은 줄무늬는 다 같이 행복하게 사는 방식을 깨닫고, 예전의 자기 모습과 생각을 반성했을 것이다.

29 무엇인가를 잘하기 위해 노력한 경험, 다른 사람들에게 도움을 받은 경험 등 줄무늬의 경험과 비슷한 나의 경험을 정리해 본다.

> **채점 기준** 이야기 속에 드러난 줄무늬의 경험과 비슷한 내용을 쓰면 정답으로 한다.

소단원 1 · 인물의 성격을 파악하며 그림책 읽기 (108~109쪽)

1 잭슨, 편지 **2** ⑤ **3** ④
4 (1) ○ **5** (1) ㉠ (2) ㉡ (3) ㉢
6 (1) 말 (2) 행동
7 (1) 예 정직하다. (2) 예 배려심이 많다.

1 받는 사람과 쓴 사람을 보면 누가 누구에게 쓴 편지인지 알 수 있다. ❶, ❸은 잭슨이 그레이엄 할아버지에게 쓴 편지이고, ❷, ❹는 할아버지가 잭슨에게 쓴 편지이다.

2 편지 ❶이 잭슨이 할아버지께 쓴 첫 편지이다. 잭슨은 축구공이 정원에 들어가 버렸는데 장미가 무사하면 좋겠다고 걱정하며 죄송하다고 하였다.

3 편지 ❶을 받고 할아버지가 쓴 답장이 편지 ❷이다. 할아버지는 잭슨에게 장미 가지치기하는 걸 보여 주겠다고 주말에 오라고 하셨다. 장미를 걱정하는 잭슨에게 장미가 괜찮다는 것을 보여 주고 안심시키려는 배려심이 담겨 있다.

4 잭슨과 할아버지는 편지를 한 번 주고받은 것에서 끝나지 않고 편지 ❸, ❹와 같이 계속 이어져 서로의 생일을 축하하는 가까운 사이가 되었다.

5 편지에서 낱말이 쓰인 문장을 보며 낱말의 뜻을 짐작할 수 있다.

6 인물의 말이나 행동을 살펴보면 등장인물의 성격을 파악할 수 있다.

7 자신의 잘못을 솔직하게 이야기하는 모습에서는 정직한 성격을, 실수를 너그럽게 이해해주는 모습에서는 배려심이 많은 성격임을 알 수 있다.

교과서 문해력 키우기 (107쪽)

1 (1) 약초 (2) 봉우리 (3) 이르다
2 (1) 천재 (2) 까먹었다 (3) 토닥였다
3 예 할머니가 알려 주신 약초의 이름을 까먹었다.

교과서 문해력 키우기 (110쪽)

1 (1) 생신 (2) 정원 (3) 멀쩡
2 (1) 꽂고 (2) 가지치기하는 (3) 무사히
3 예 아버지와 함께 정원의 나무들을 가지치기했다.

소단원 2 [기본] 마음을 전하는 글을 쓰는 방법 알기 (111~112쪽)

1 팝니다, 장미   **2** 잭슨
3 ②   **4** (1) ✕
5 (1) 받는 사람   (2) 상황   (3) 마음   (4) 쓴 사람
6 더 쓰고 싶은 것
7 예 할아버지, 많이 보고 싶어요. 할아버지를 만나러 가는 날이 얼른 왔으면 좋겠어요. / 너무 설레고 신나요! 제가 장미를 얼마나 잘 키우고 있는지 말씀드릴게요. 곧 만나요!

1 잭슨은 할아버지의 집을 팔려고 표지판을 세우고, 장미를 마구 밟은 아저씨에게 화가 났다.

2 '꼬마'는 할아버지 정원으로 축구공을 날리고 갓 구운 스콘을 같이 먹자고 문을 두드리던 잭슨을 가리킨다.

3 할아버지의 편지에서 첫 부분을 보면 할아버지가 잭슨을 그리워하고 있음을 느낄 수 있다.

4 잭슨은 할아버지께 쓴 편지에 '요'로 문장을 끝맺으며 높임 표현을 사용하였다.

5 편지에는 가장 먼저 받는 사람을 쓴다. 중간에는 글을 쓰는 상황, 전하려는 내용, 전하고 싶은 마음 등을 쓰고, 끝에 쓴 사람을 쓴다.

6 '쓴 사람'을 쓰고 편지를 끝맺은 뒤에 더 쓰고 싶은 것이 있을 때 '추신'을 덧붙인다.

7 잭슨과 할아버지의 관계, 잭슨과 할아버지가 주고받았던 편지들의 내용을 바탕으로 잭슨의 마음이 드러나도록 글을 써 본다.

> 채점 기준 전하고 싶은 마음이 잘 나타나게 쓰고, '-습니다' 또는 '요'로 문장을 끝맺으면 정답으로 한다.

교과서 문해력 키우기 (113쪽)

1 (1) 종종   (2) 고요   (3) 추신
2 (1) 코앞   (2) 갓   (3) 마구
3 예 고요한 교실 안에는 책장을 넘기는 소리만이 들렸다.

소단원 2 [통합] 마음을 전하는 글을 쓸 계획을 세우고 글 쓰기 (114~115쪽)

1 마음   **2** (1) ㉠   (2) ㉢   (3) ㉡   (4) ㉣
3 (1) ○   **4** ㉠, ㉢, ㉣, ㉤
5 (1) 수환이   (2) 응원   (3) 달리기 대회   (4) 달리기 연습   (5) 좋은 결과
6 (2) ○   **7** ⑤
8 (1) 예 걱정이 돼.   (2) 예 속상하고 안타까웠어.
9 ⑤

1 아이들의 생각을 보면 마음을 전하고 싶은 상황임을 알 수 있다.

2 ㉮는 부모님께 감사한 마음을, ㉯는 할머니 생신을 축하하는 마음을, ㉰는 친구를 응원하는 마음을, ㉱는 까미를 걱정하는 마음을 전하는 것이 알맞다.

3 ㉯는 할머니께 생신을 축하하는 마음을 전하기 위해 쓴 글이다.

4 ㉡은 부모님께서 글쓴이인 도현이에게 해 주신 일을, ㉤은 할머니께서 글쓴이인 혜인이에게 해 주신 일을 표현한 것이다.

5 쓸 내용을 정리한 표를 바탕으로 글을 쓰는 것이므로, 글 ㉮의 내용과 표에 정리한 내용이 일치하게 쓴다.

6 하윤이는 달리기 대회를 앞둔 수환이가 하루도 거르지 않고 매일 달리기 연습을 하는 모습을 보고 정말 대단한 것 같다고 하였다.

7 ㉯는 까미에게 걱정스러운 마음을 전하는 글이다. ㉠은 이러한 마음을 전하고 싶은 구체적인 싱횡을 쓴 부분이다.

8 '포기하지 않았으면 좋겠어.', '기운 내!'도 글쓴이의 마음을 나타내는 표현이다.

9 마음을 나타내는 말을 한 가지 표현으로 반복해서 쓸 필요는 없다.

교과서 문해력 키우기 (116쪽)

1 (1) 응원   (2) 입원   (3) 기념
2 (1) 대회   (2) 노력   (3) 결과
3 예 아빠의 생신을 기념해서 우리 가족 모두가 선물을 준비했다.

실천 **배운 내용 마무리하기** **117쪽**

1 (1) 상황 (2) 마음 (3) 표현 (4) 읽을 사람
2 예 하늘나라로 간 우리 집 강아지 별이에게 그리운 마음을 전하는 글을 쓸 거야.
3 (1) 살펴볼께 (2) 살펴볼게
4 (1) 지킬게요. (2) 나갈게. **5** ③
6 (1) 꼼꼼하다 (2) 다정하다 (3) 정직하다
 (4) 주체적이다

---

1 가장 먼저 마음을 전하고 싶은 상황을 떠올리고, 전하려는 마음과, 그 마음을 잘 나타낼 수 있는 표현을 생각한다. 그리고 읽을 사람의 마음을 생각하며 글을 쓴다.

2 마음을 전하고 싶은 대상과, 전하고 싶은 마음이 드러나게 써 본다.

> **채점 기준** 마음을 전하고 싶은 대상에게 전하고 싶은 마음이 드러나게 쓰면 정답으로 한다.

3 [살펴볼께]로 소리 나지만 '살펴볼게'로 써야 한다.

4 어떤 행동에 대한 약속이나 의지를 나타낼 때 쓰이는 '-ㄹ게'의 '게'는 [께]로 소리 나더라도 '게'로 써야 한다.

5 6개의 낱말 카드에 쓰인 말은 모두 개인이 가지고 있는 남다른 성질이나 성품인 '성격'을 나타내는 말이다.

6 (1) 무뚝뚝하다: 말, 행동, 표정 등이 상냥하지도 부드럽지도 못하다. (2) 성급하다: 성질이 급하다. (3) 이해심이 많다: 다른 사람의 사정이나 형편을 잘 헤아려 준다. (4) 끈기 있다: 쉽게 포기하지 아니하고 끈질기게 견딘다.

단원 평가 **118~120쪽**

1 (3) ✕
2 부리가 짧아 물에 닿지 않아서이다.
3 ① **4** (3) ◯ **5** 돌멩이
6 까미 **7** ④, ⑤ **8** ④
9 (3) ◯ **10** ㉠
11 예 안 까먹는 방법을 스스로 찾아내겠다고 한 것으로 보아 적극적인 성격이다.
12 "꼭 백 번을 채워야 해." 줄무늬는 아침마다 말했어. **13** ② **14** 정직하다

---

15 예 자신의 잘못을 솔직하게 이야기하고 사과했기 때문이다.
16 ⑤
17 예 받는 사람 뒤에 '께'를 붙인다. / '요'로 문장을 끝맺는다. / 쓴 사람 뒤에 '올림'을 붙인다.
18 ⑤ **19** 감사합니다 **20** 할게요

---

1 이야기 속 인물에게 마음을 전할 때에는 먼저 자신이 좋아하는 이야기 속 '인물'을 떠올려 보아야 한다.

2 까망이와 까미는 부리가 짧아 물병 안에 든 물에 닿지 않아 물을 마실 수 없었다.

3 까미는 물병을 밀었지만 물병이 꿈쩍도 하지 않자 할 만큼 했다고 말하며 집으로 돌아갔다.

4 '이렇게 포기할 수는 없어. 분명히 좋은 방법이 있을 거야.'라는 말과, 작은 돌멩이들을 넣는 행동으로 보아 까망이는 물을 마실 방법을 생각했음을 알 수 있다.

5 까망이는 어떻게 하면 물을 마실 수 있을지 생각한 끝에 돌멩이를 물병 속에 집어넣었다.

6 '성질이 급한'이라는 말과, 물병이 꿈쩍도 하지 않자 집으로 돌아간 행동을 통해 까미가 성급하고 포기가 빠른 성격임을 알 수 있다.

7 글에 직접 제시된 성격을 나타내는 말, 인물의 말과 행동을 살펴보면 인물의 성격을 파악할 수 있다.

8 까먹마을 다람쥐들은 도토리 묻은 곳을 기억하지 못하고 잘 까먹는다.

9 줄무늬는 도토리를 빨리빨리 많이 묻는 자신이 그만큼 다 찾아 먹어야 공평하다고 생각한다.

10 ㉠은 '껍질이나 껍데기에 싸여 있는 것을 내어 먹다.', ㉡~㉤은 '어떤 사실이나 내용을 잊어버리다.'라는 뜻이다.

11 줄무늬는 적극적이고 자주적인 성격임을 알 수 있다.

> **채점 기준** 등장인물인 줄무늬와 말이나 행동에서 성격을 알맞게 파악하면 정답으로 한다.

12 쌍둥이에게 아침마다 꼭 백 번을 채우라고 말한 부분에서 엄격하고 꼼꼼한 줄무늬의 성격을 알 수 있다.

13 쌍둥이를 날마다 훈련시키고, '쥐람다'를 꼭 백 번 채워야 한다고 아침마다 말한 것에서 엄격하고 꼼꼼한 성격임을 알 수 있다.

14 축구공이 정원으로 들어가 버린 일을 솔직하게 말한 것에서 정직한 성격임을 알 수 있다.

15 잭슨은 축구공이 할아버지 정원에 들어가 버렸다고 솔직하게 이야기하고 사과하였다.

> 채점 기준 자신의 잘못을 솔직하게 이야기하고 사과하였다는 내용이 들어가면 정답으로 한다.

16 의견에 대한 까닭은 마음을 전하는 글에 꼭 들어가야 할 내용은 아니며, 이 글에는 나타나 있지 않다.

17 '할아버지께', '잭슨 올림'에서 받는 사람 뒤에 '께'를, 쓴 사람 뒤에 '올림'을 붙임을 알 수 있다. '심었어요', '옆으로요', '줄 거예요', '키울게요' 등에서 문장을 '요'로 끝맺었음을 알 수 있다.

> 채점 기준 받는 사람이 웃어른일 때 알맞은 높임 표현을 하는 방법을 모두 찾으면 정답으로 한다.

18 마음을 전하는 글을 쓸 때에는 가장 먼저 마음을 전하고 싶은 상황이나 사람을 떠올린다.

19 이 글은 어버이날을 맞아 부모님께 감사한 마음을 전하는 편지이므로 '감사합니다'가 알맞다.

20 어떤 행동에 대한 약속이나 의지를 나타낼 때 쓰이는 '-ㄹ게'의 '게'는 [께]로 소리 나더라도 '게'로 써야 한다.

6. 자신 있게 읽고 써요

핵심 확인 문제 — 122쪽

1 ○	2 의견	3 비교
4 (3) ×	5 목표	

준비 배울 내용 살펴보기 — 123쪽

1 ①	2 (1) ② (2) ①
3 ⑤	4 ④

5 예 재미있게 본 영화 소개 / 오늘 급식실에서 있었던 일

6 ②

1 다인이와 선우는 모두 피구 경기에서 2반에게 진 일을 글로 썼다.

2 같은 일을 겪었지만 다인이와 선우의 생각은 다르다. 다인이는 던진 공이 빗나가서 아쉽고 끝나고 나니 눈물이 날 것 같다고 하였고, 선우는 졌지만 최고의 경기였다고 하였다.

3 같은 일을 겪더라도 사람마다 생각과 느낌이 다를 수 있기 때문에 글의 내용이 다르다.

4 있었던 일을 떠올려 글을 쓰려는 것이므로, 아직 일어나지 않은 일을 떠올리는 것은 알맞지 않다.

5 있었던 일을 자유롭게 떠올려 써 본다.

6 글을 고치는 것은 글을 쓰기 전이 아니라 쓴 뒤에 생각할 일이다.

소단원 1 기본 사실과 의견에 대해 알기 — 124~125쪽

1 ④	2 주원	3 ②
4 ⑤	5 (1) ㉠, ㉡	(2) ㉢, ㉣
6 (1) ② (2) ①		7 ①

8 (1) 사실 (2) 사실 (3) 의견

9 (1) ② (2) ①		10 ㉢

11 (1) 예 우리 반 교실은 3층에 있다. (2) 예 우리 반 친구들은 공부를 열심히 하고, 남을 위해 봉사를 실천한다. 12 승희

1 주원이와 지호는 한쪽 다리를 들고 서 있는 홍학을 보며 이야기를 나누고 있다.

2 주원이는 홍학이 한쪽 다리를 들고 서 있다는 행동을 이야기하였다.

3 지호는 한쪽 다리를 들고 서 있는 홍학의 행동이 어쩐지 불편해 보인다고 하였다.

4 글쓴이는 홍학이 왜 한쪽 다리를 든 채 서 있는지 알아보고 싶다고 하였다.

5 ㉠, ㉡은 한 일이나 본 일 등 있었던 일이고, ㉢, ㉣은 대상에 대한 생각이다.

6 사실은 현재 있는 일이나 과거에 있었던 일이고, 의견은 어떤 일이나 대상에 대한 생각이다.

7 어떤 것에 대한 생각이 아닌, 현재 있는 일이나 과거에 있었던 일을 말하는 것을 찾는다.

8 본 것이나 있었던 일을 그대로 설명한 것은 '사실', 어떤 것에 대한 생각을 나타낸 것은 '의견'이다.

9 (1)은 종이를 아껴 쓰자는 대상에 대한 생각이므로 '의견', (2)는 쓰레기통에 종이가 실제로 버려져 있는 일이므로 '사실'이다.

10 ㉠과 ㉡은 현재 있는 일인 '사실'에 해당하고, ㉢은 어떤 일이나 대상에 대한 '생각'이다.

11 있는 일이나 있었던 일을 쓰면 '사실', 우리 반에 대한 생각을 쓰면 '의견'이다.

> **채점 기준** 우리 반에 대한 내용을 사실과 의견으로 구분하여 바르게 쓰면 정답으로 한다.

12 사람들 사이에서는 다양한 의견이 있을 수 있으며, 서로 다른 의견을 존중하는 태도를 가져야 한다.

1 보통 음식의 간을 맞추기 위해 소금을 쓴다고 하였다.

2 소금은 소화액을 만드는 데 쓰이고, 뇌에서 우리 몸 구석구석으로 신호를 보내는 일을 돕고, 일정한 양의 물이 몸 안에 머무르도록 해 준다.

3 소금은 사람의 생명을 유지하는 데 매우 중요한 역할을 한다.

4 사실은 현재 있는 일이나 과거에 있었던 일 또는 지식과 정보를 말하는 설명으로 위의 문장들은 사실에 해당한다.

5 소금은 치약, 비누, 플라스틱, 유리와 같은 물건을 만드는 데 쓰이기도 하고, 눈길에 소금을 뿌리면 길이 얼지 않게 해 준다.

6 흙바닥에 소금을 뿌리는 이유는 먼지가 날리지 않게 하기 위함이다.

7 기온(氣溫)은 공기[氣]의 온도[溫]를 뜻하는 말이다.

8 현재 있는 일이나 과거에 있었던 일이면 사실, 어떤 일이나 대상에 대한 생각이면 의견이다.

9 글쓴이는 소금은 우리 몸에 꼭 필요하고, 생활 곳곳에 쓰이기 때문에 없어서는 안 될 고마운 존재라고 하였다.

10 '보잘것없다'는 '볼만한 가치가 없을 정도로 하찮다.'라는 뜻이다.

11 과거에는 소금이 구하기 어려웠고 가격이 비싸서 사람들이 소금을 얻으려고 노력을 기울였다.

12 사실에서 정보를 얻을 수 있고, 의견을 통해 글쓴이와 내 생각을 비교해 볼 수 있다.

> **채점 기준** 사실에는 '정보를 얻는다.'라는 내용이 들어가고, 의견에는 '생각을 나눈다/비교한다.'라는 내용이 들어가면 정답으로 한다.

소단원 1 · [기본] 사실과 의견을 구분하며 글 읽기 (126~128쪽)

1 ①　　**2** ④, ⑤　　**3** 생명
4 사실　　**5** ①, ⑤　　**6** 먼지
7 기온　　**8** (1) ②　(2) ①　**9** ⑤
10 ⑤　　**11** (1) 어려웠고　(2) 비쌌기
12 예) 글에 드러난 사실에서 새로운 정보를 얻을 수 있다. / 글에 드러난 의견을 찾아보면 글쓴이와 내 생각을 비교해 볼 수 있다.

교과서 문해력 키우기 (129쪽)

1 (1) 기온　(2) 하찮게　(3) 소화
2 (1) 존재　(2) 간　(3) 유지
3 예) 겨울에는 기온이 낮으니 따뜻한 옷으로 체온을 잘 유지해야 한다.

소단원 1 (통합) 글에 드러난 사실과 의견에 대해 생각 나누기 130~131쪽

1 ④ **2** 협동 로봇 **3** ⑤
4 (예) 현재 우리 주변에 다양한 협동 로봇이 일하고 있다는 사실을 새롭게 알았다.
5 ② **6** (1) ① (2) ② **7** ⑤
8 (예) 로봇 때문에 사람들의 일자리가 없어지지 않을까 걱정되었다.

---

1 로봇이 일하는 아이스크림 가게가 문을 열었다는 소식이 담긴 기사이다.

2 같은 공간에서 사람을 도와 일하는 로봇을 '협동 로봇'이라고 한다.

3 '모양, 형태 따위가 여러가지로 많은'을 뜻한다. 낱말의 뜻은 글의 앞뒤 내용을 통해서 짐작해 볼 수도 있다.

4 글에 드러난 사실 중에서 새롭게 안 것을 써 본다.

> **채점 기준** 글에 드러난 내용 중 의견이 아닌 사실로 알게 된 내용을 쓰면 정답으로 한다.

5 협동 로봇을 안전하게 만드는 연구가 꼭 필요하다고 하였다.

6 '세밀하게'는 '자세하고 꼼꼼하게.'라는 뜻이고, '발전'은 '더 좋은 상태로 나아감.'이라는 뜻이다.

7 협동 로봇의 사용으로 우리 생활이 더욱 편리해질 것이라는 것이 글쓴이의 의견이다.

8 글쓴이와 자신의 의견을 비교하거나 글쓴이의 의견에 대해 궁금한 점을 써 본다.

> **채점 기준** '미래에는 협동 로봇이 더 많이 사용되어 우리의 생활이 더욱 편리해질 것'이라는 의견에 대한 자신의 생각을 적절하게 쓰면 정답으로 한다.

교과서 문해력 키우기 132쪽

1 (1) 근무 (2) 발전 (3) 점원
2 (1) 인공 지능 (2) 협동 (3) 편리하다
3 (예) 언니는 백화점에서 직원으로 근무하면서 돈을 모으고 있다.

소단원 2 (기본) 쓰기 과정 되돌아보기 133~135쪽

1 ⑤ **2** 미안한 마음 **3** (1) ○
4 (예) 오히려 더 속상해할 것이다.
5 ④, ⑤ **6** 변명 **7** ⑤
8 (1) ○ **9** ⑤ **10** 반성, 마음
11 (1) (예) 석빈이의 진심이 느껴져서 석빈이를 용서하고 싶은 생각이 들 것 같다.
    (2) (예) 미안한 마음이 잘 전해질 것 같아 안심했을 것 같다.
12 (1) 사실 (2) 느낀 점

---

1 '나'는 장난을 치다가 지우의 색연필을 망가뜨렸다.

2 '나'는 글을 써서 지우에게 미안한 마음을 전하기로 했다.

3 지우에게 미안한 마음을 전하는 쪽지이다. 하지만 누가 썼는지는 나와 있지 않다.

4 미안하다고 했으나 자세한 내용은 없고, 쓴 사람도 알 수 없으니 속상하거나 황당할 것이다.

> **채점 기준** '속상하다', '황당하다', '당황스럽다' 등의 마음을 쓰면 정답으로 한다.

5 지우에게 마음이 가닿을 만큼 생각을 충분히 담아서 쓰고, 지우의 마음을 생각해 보라고 조언했다.

6 석빈이의 편지에는 진정한 사과가 아닌 변명만 있다.

7 진심으로 반성하는 마음은 담겨 있지 않고 변명만 있다.

8 ❸에서 석빈이는 '누가 누구에게 썼는지도 밝혀야지. 그리고 무슨 일이 있었는지도 자세하게 써야겠어.'라고 하였다.

9 '속상했지?'와 같이 읽는 이의 마음을 헤아리는 표현을 썼다.

10 석빈이는 반성하는 마음으로, 지우의 마음을 생각하며 글을 썼다고 했다.

11 글을 읽은 지우는 석빈이의 진심을 느낄 것이다. 글을 쓴 석빈이는 마음을 잘 전할 수 있을 것 같아 안심하거나, 정성을 들여서 쓴 글로 뿌듯해할 것이다.

채점 기준 (1)에는 새 글을 읽고 석빈이의 진심을 느꼈다는 내용, 석빈이를 이해하게 되었다는 내용 등이 들어가면 정답으로 한다. (2)에는 미안한 마음이 잘 전해질 것 같아 안심한다는 내용, 정성을 들여 글을 써서 뿌듯하다는 내용 등이 들어가면 정답으로 한다.

12 쓰기 활동을 되돌아볼 때는 새롭게 안 사실과 느낀 점을 정리한다.

교과서 문해력 키우기 136쪽

1 (1) 유독 (2) 조언 (3) 상담
2 (1) 부끄럽다 (2) 변명 (3) 감격
3 예 아빠의 조언을 듣고 용기를 냈지만 발표할 때는 여전히 부끄러웠다.

소단원 2 통합 쓰기 계획을 세우고 글 쓰기 137~138쪽

1 (1) ② (2) ① **2** ⑤ **3** ④
4 ④
5 주인공이 친구들과 씩씩하게 달려가는 모습
6 (1) ○ (3) ○ (4) ○
7 예 어떤 능력을 가진 로봇을 만들까?
8 ①, ⑤ **9** ⑤ **10** ①

1 민혜는 그림으로, 준영이는 글로 생각을 표현하기로 하였다.

2 민혜는 사람들이 용감한 주인공의 모습을 보고 자신감을 얻었으면 좋겠다는 목표를 정했다.

3 준영이는 아직 이 책을 읽지 않은 친구를 생각하며 글을 쓰기로 했다.

4 준영이는 책에서 재미와 감동을 느꼈던 부분을 쓰기로 정했다.

5 민혜가 그리기로 정한 내용은 주인공이 친구들과 씩씩하게 달려가는 모습이다.

6 '쓴 내용을 어떻게 고칠까?'는 글쓰기를 계획할 때 미리 떠올릴 질문으로 알맞지 않다.

---

7 로봇의 크기나 능력 등 어떤 점을 글로 쓸지 생각하여 써 본다.

채점 기준 계획에 나오지 않은 로봇과 관련된 내용을 쓰면 정답으로 한다.

8 로봇의 어떤 점을 글로 쓸지, 누구를 대상으로 글을 쓸지 생각했다.

9 ⑤는 '내가 만들고 싶은 로봇'을 소개하는 글을 쓰기 위한 계획과 거리가 멀다.

10 글을 쓸 때 계획을 잘 세우면 좀 더 자신 있는 글쓰기를 할 수 있다.

실천 배운 내용 마무리하기 139쪽

1 ① **2** 지호 **3** ①
4 너나들이 **5** ③ **6** 너나들이

1 글쓴이의 의견을 모두 맞다고 생각하며 글을 읽기보다 글에 드러난 의견과 내 생각을 비교하며 글을 읽는 것이 알맞다.

2 생각을 표현할 때에는 계획을 충분히 세워서 써 본다. 또, 이전에 썼던 글쓰기를 되돌아보면서 다시 새롭게 쓰면 더 좋은 글이 될 수 있다.

3 상대의 말에 집중하지 않고, 책을 읽으면서 듣는 것은 예절에 어긋난 행동이다.

4 '너나들이'의 낱말 뜻이다.

5 깨었다가 다시 든 잠을 '그루잠'이라고 한다.

6 문장의 내용으로 볼 때, '서로 너니 나니 하면서 사이좋게 지내는 사이'라는 뜻의 '너나들이'가 들어가기에 어울린다.

단원 평가 140~142쪽

1 ④ **2** 가
3 예 같은 일을 겪더라도 사람마다 다르게 생각하고 느낄 수 있기 때문이다.
4 한쪽 다리를 들고 서 있는 홍학
5 ④ **6** (1) ① (2) ② **7** ③
8 (1) 사실 (2) 의견 **9** ②
10 사실 **11** (2) ○ (3) ○ **12** ⑤
13 의견

14 예 치약, 비누, 플라스틱, 유리와 같은 물건에 소금 성분이 들어간다는 사실을 처음 알았다.
15 ㉢, ㉤   **16** ②   **17** 세밀하게
18 예 미안한 마음 / 사과하는 마음
19 색연필   **20** ①

1 글 **가**와 **나** 모두 피구 시합에서 진 일을 썼다.

2 글 **나**에서는 비록 졌지만 응원도 신나고 재미있었다고 하였다.

3 같은 일에 대한 생각과 느낌이 사람마다 다를 수 있기 때문에 글의 내용이 다르다.

> **채점 기준** 사람마다 다르게 생각한다는 내용이 들어가면 정답으로 한다.

4 주원이와 지호는 한쪽 다리를 들고 서 있는 홍학에 대해 이야기를 나누고 있다.

5 주원이는 홍학이 한쪽 다리를 들고 서 있는 행동에 대한 생각을 말하고 있다.

6 주원이의 말은 현재 있는 일인 '사실', 지호의 말은 어떤 일이나 대상에 대한 생각인 '의견'에 해당한다.

7 종이를 아껴 쓰자는 대상에 대한 생각이 나타나 있으므로 '의견'에 해당한다.

8 현재 있는 일이나 과거에 있었던 일은 사실, 어떤 일이나 대상에 대한 생각은 의견이다.

9 ②는 봄에 대한 생각이므로 의견이다. ①, ③은 사실이고 ④, ⑤는 의견에 해당한다.

10 현재 있는 일이나 과거에 있었던 일은 사실이다.

11 소금이 눈에 녹아 소금물이 되면 어는 온도가 더 내려가 눈이 쌓인 길이 얼지 않게 해 준다고 하였다.

12 소금이 물기를 머금어 경기장이나 운동장에 먼지가 날리지 않게 하기 때문에 흙바닥에 소금을 뿌리는 것이다.

13 글쓴이의 생각이 나타난 '의견'이다.

14 이 글에 드러난 사실 가운데에서 어떤 것을 새로 알게 되었는지 정리해 본다.

> **채점 기준** 글에 드러난 내용 중 '사실'에 해당하는 것에 대해 알게 된 내용을 쓰면 정답으로 한다.

15 협동 로봇에 대한 글쓴이의 생각이 드러난 부분은 ㉢과 ㉤이다.

16 무엇보다 중요한 연구는 '안전'에 대한 연구라고 하였다.

17 '세밀하게'는 '자세하고 꼼꼼하게'라는 뜻이다.

18 글 **가**에서는 '미안'이라는 표현이 나타나 있고, 글 **나**에서는 '정말로 미안해'라고 쓴 것으로 보아 글쓴이가 상대에게 미안한 마음이나 사과하는 마음을 전하려는 것임을 알 수 있다.

19 '네 색연필이 망가져서 많이 속상했지?'를 통해 알 수 있다.

20 글 **가**의 글쓴이는 읽는 이의 마음을 생각하지 않고, 자신의 상황을 변명하는 글을 썼다.

정답과 해설

1. 생생하게 표현해요

단원 평가 1회   2~3쪽

1 준우   **2** ②   **3** 웃음보따리
4 (2) ○   **5** ④   **6** (3) ○
7 ⑤   **8** ③
9 신나는 표정, 밝고 큰 목소리, 만세하는 몸짓
10 예 상황에 알맞은 표정과 몸짓, 목소리나 말투로 말한다.

1 준우는 '하하하', '부웅부웅'과 같이 소리를 흉내 내는 말을 사용하여 꿀벌의 모습을 표현하였다.

2 '푸하하하'는 꽃봉오리가 터지는 모습을 감각적으로 표현한 것이지 사람들이 웃는 모습을 나타낸 것이 아니다.

3 이 시에서는 산벚나무 가지에 핀 꽃봉오리들을 터질 듯 말 듯한 '웃음보따리'라고 표현하였다.

4 이 시의 표현들을 볼 때 줄넘기를 하는 상황임을 알 수 있다. 따라서 친구들과 줄넘기를 하면서 신이 난 모습을 떠올릴 수 있다.

5 이 시에 사용된 감각적 표현은 '빙글빙글', '사뿐사뿐', '폴짝폴짝', '조심조심', '살짝살짝' 등이다.

6 대화하는 시간은 알 수 없고 대답하는 내용은 '네, 그럴게요.'로 모두 같다. 가와 나의 대화하는 상황이 달라져서 슬비의 목소리나 말투가 달라진 것이다.

7 레오는 '델'이 생기기를 간절히 바랐지만 레오의 머리에만 델이 없는 것으로 보아, 갖고 싶은 마음이 생긴다고 해서 가질 수 있는 것은 아님을 알 수 있다.

8 레오가 델을 갖고 싶어 했고 마법사에게 이를 부탁하는 상황이므로, ㉠에는 간절한 표정과 말투로 마법사에게 자신만의 '델'을 가지고 싶다며 부탁하는 말이 들어가야 어울린다.

9 체육 대회 때 큰 공 굴리기를 하는 것을 마음에 들어 하는 상황이므로 신나는 표정과 밝고 큰 목소리, 만세하는 몸짓이 어울린다.

10 상황에 알맞은 표정과 몸짓, 목소리나 말투로 대화하면 자신의 마음을 정확하게 표현할 수 있다.

> **채점 기준** 보기 의 낱말을 모두 사용하여 한 문장으로 썼으면 정답으로 한다.

단원 평가 2회   4~5쪽

1 (3) ○   **2** ⑤   **3** 하영
4 예 신이 난다.   **5** ④   **6** ③
7 ③   **8** (1) ①   (2) ②   (3) ③
9 예 속상한 표정과 몸짓, 화가 난 목소리로 말한다.
10 깡충깡충

1 꿀벌이 움직이는 모습과 자신이 사탕을 담으려고 돌아다닐 때의 모습을 비교해서 말했다.

2 '산꼭대기잖아?'에는 감각적 표현이 쓰이지 않았다.

3 '산속 그득 출렁이는 / 초록빛 향기.'나 '풀꽃들은 상글방글'을 볼 때 눈이 하얗게 덮인 산의 모습을 상상하는 것은 알맞지 않다.

4 친구들과 함께 줄을 넘고 있어 신이 날 것이다.

5 행과 행, 연과 연 사이는 쉬어 읽어야 하므로, '줄 위에서 폴짝폴짝'과 '발 걸릴라 조심조심' 사이는 쉬어 읽는다.

6 가는 슬비가 친구에게 같이 숙제하자고 제안받은 상황이고, 나는 친구가 슬비에게 빌려 간 책을 돌려 달라고 하는 상황으로, 같은 말을 하더라도 말하는 상황에 따라 목소리나 말투가 달라질 수 있다.

7 레오가 진짜 '꿈'에 대해 생각하자 레오의 머리에 '델'이 생겼다.

8 (1)은 기쁜 표정으로 표현하는 것이 어울린다. (2)는 진지한 표정으로 표현하는 것이 어울린다. (3)은 힘없고 슬픈 표정으로 표현하는 것이 어울린다.

9 아이스크림을 떨어뜨린 것에 대해 상대방을 탓하는 상황이므로 속상한 표정과 화가 난 목소리가 어울린다.

> **채점 기준** '속상한', '화가 난' 등의 표현을 써서 상황에 알맞은 표정, 몸짓, 목소리를 표현하였으면 정답으로 한다.

10 '뛰어다니는' 모습에 어울리는 감각적 표현을 보기 에서 찾으면 '깡충깡충'이다.

서술형 평가   6쪽

1 예 꽃봉오리들이 곧 피어날 듯 말 듯 봉긋봉긋하게 달려 있는 모습을 표현한 것이다.

2 예 '푸하하하'가 있어야 웃음소리를 상상할 수 있어서 더 재미있게 느껴진다.

3 예 벚꽃나무 가지에 봉긋하게 핀 꽃송이들을 본 기억이 떠오른다.

4 (1) 예 다정하고 친절한 목소리
  (2) 예 미안해하고 작은 목소리

5 예 자신의 마음을 정확하게 표현할 수 없다. / 서로의 처지를 이해하기 어렵다. / 상대의 마음을 알고 배려하기 어렵다.

1 '참았던 웃음꽃을 마구 터뜨려 놓겠다'라는 표현을 통해 꽃이 활짝 피는 것을 '웃음꽃'으로 표현한 것을 알 수 있다. 따라서 터질 듯 말듯 '웃음보따리'는 꽃봉오리들이 곧 피어날 듯 말 듯 봉긋봉긋하게 달려 있는 모습을 감각적으로 표현한 것이다.

채점 기준	점수
꽃봉오리가 피어날 듯한 모습을 알맞게 쓴 경우	6점

2 웃음소리를 흉내 내는 말인 '푸하하하'가 있으면 꽃봉오리의 모습이 더 생생하게 느껴지고 시를 더 재미있게 읽을 수 있다.

채점 기준	점수
'푸하하하'가 있어야 더 생생하고 재미있게 느껴진다는 내용을 쓴 경우	6점
'푸하하하'가 빠졌다는 내용만 쓴 경우	3점

3 이 시를 읽고 떠오르는 자신의 경험을 생각하며 시의 장면을 상상해 본다.

채점 기준	점수
시의 장면과 자신의 경험을 연결하여 쓴 경우	6점
시의 장면만 쓴 경우	3점

4 같은 말을 하더라도 말하는 상황에 따라 목소리나 말투가 달라질 수 있다. 가는 친구가 같이 숙제하자고 제안하는 상황이므로 다정하고 친절한 목소리로 대답하는 것이 어울리고, 나는 친구가 자신의 책을 돌려달라고 하는 상황이므로 미안해하고 작은 목소리로 대답하는 것이 어울린다.

채점 기준	점수
상황에 알맞은 목소리나 말투를 (1)과 (2)에 모두 쓴 경우	6점
상황에 알맞은 목소리나 말투를 (1)과 (2) 중 하나만 쓴 경우	3점

5 상황에 알맞은 목소리나 말투로 대화해야 자신의 마음을 정확하게 표현할 수 있고, 서로의 처지를 이해할 수 있으며, 상대의 마음을 알고 배려할 수 있다.

채점 기준	점수
상황에 맞는 알맞은 목소리나 말투로 대화하지 않을 때의 문제점을 알맞게 짐작하여 쓴 경우	6점

수행 평가   7쪽

1 (1) 예 빙글빙글, 사뿐사뿐, 폴짝폴짝, 조심조심, 살짝살짝
  (2) 예 '폴짝폴짝' 같은 말은 줄을 뛰어넘는 느낌을 살려서 읽는다. / '사뿐사뿐' 같은 말은 소리가 나지 않을 정도로 가볍게 발을 내디디는 모양을 생각하며 읽는다.

2 예 줄넘기하는 모습을 감각적으로 표현한 부분이 모두 빠졌다.

3 예 나보다 가를 낭송할 때 줄넘기하는 모습이 더 생생하게 느껴진다. / 나보다 가를 낭송할 때 줄넘기하는 모습을 상상할 수 있어서 더 재미있게 느껴진다.

1 줄넘기하는 모습을 감각적으로 표현한 부분을 찾고, 감각적 표현에 어울리는 낭송 방법을 써 본다.

채점 기준	점수
'(1) 감각적 표현'과 '(2) 표현에 어울리는 낭송 방법'을 모두 적절히 쓴 경우	10점
(1)과 (2) 중 하나만 적절히 쓴 경우	5점

2 가와 달리 나에서는 감각적 표현이 사용되지 않았다.

채점 기준	점수
'줄넘기하는 모습을 감각적으로 표현한 부분이 모두 빠졌다.'와 같이 정확히 쓴 경우	10점
'표현이 줄었다.'와 같이 불명확하게 쓴 경우	5점

3 가는 감각적 표현의 재미를 느끼며 시를 낭송할 수 있지만 나는 감각적 표현이 사용되지 않아서 가보다 생생한 느낌이 부족하다.

채점 기준	점수
가와 나를 구체적으로 비교하여 쓴 경우	10점
가와 나의 비교 없이 하나의 시에만 초점을 맞춰 쓴 경우	5점

2. 분명하고 유창하게

단원 평가 1회   8~9쪽

1 ㉠, ㉡   **2** ⑤

3 예 맑습니다, 파랗습니다, 시원합니다

4 ②   **5** (2) ×   **6** ①, ②

7 (1) 예 우리는∨가끔 친구의 말을∨이해하지 못하기도 합니다.

  (2) 예 문장의 짜임에 따라 '누가' 다음에 조금 띄어 읽었고, 뒷부분이 길어서 한 번 더 띄어 읽었다.

8 예 "치즈!" 하면 나도 모르게 웃게 되어서

9 (1) ○   **10** (1) ①   (2) ④

1 ㉡ 알맞은 목소리 크기로 글을 읽는 것이 중요하다. ㉢ 생각이나 느낌이 잘 드러나게 문장을 정확하게 쓴다.

2 '누가/무엇이'에 해당하는 부분은 '지호가'이고, '고개를 끄덕입니다.'는 '어찌하다'에 해당한다.

3 이 글에서 '어떠하다'에 해당하는 낱말은 '맑습니다', '파랗습니다', '시원합니다', '많습니다', '신기하니'이다.

4 오늘날에 잘 지내지 않는 명절이 되었는지는 이 글에서 확인할 수 없다.

5 '우리나라의 날씨는'이 '무엇이'에 해당하고, '점점 더워집니다.'가 '어떠하다'에 해당한다.

6 ③ 재미있고 신나게 발표하라는 내용은 이 글에 나와 있지 않다. ④ 발표를 이해하지 못했을 때에는 예의 바르게 궁금한 점을 질문해야 한다. ⑤ 발표하는 친구가 말하는 동안 다른 행동이나 생각을 하지 않아야 한다.

7 문장의 짜임과 문장의 길이를 생각하여 알맞게 띄어 읽어 보고, 그렇게 띄어 읽은 까닭을 알맞게 써 본다.

> **채점 기준** 문장의 짜임과 문장의 길이에 따라 '누가' 다음에 띄어 읽고, 뒷부분에서 한 번 더 띄어 읽도록 표시하고 까닭을 쓰면 정답으로 한다.

8 "치즈!" 하면 입안에 침이 스르륵 고이면서 나도 모르게 웃게 된다고 하였다.

9 (2) '나랑 가장 친한 친구'에서 꾸며 주는 말인 '가장'은

강조하듯이 읽어야 실감 난다.

10 (1) '도서관에서 큰 소리로 말하면 안 됩니다.'라고 써야 한다. (2) '물이 깊은 곳에 들어가지 않아야 합니다.'라고 써야 한다.

단원 평가 2회   10~11쪽

1 (1) ○   **2** (1) 지호는   (2) 행복합니다.

3 ㉠, ㉢   **4** ⑤   **5** ⑤

6 발표 예절   **7** ①   **8** ①

9 예 남극에서 온 사람을 만나서 펭귄에 대한 이야기를 들어 보고 싶다.

10 (2) ○

1 보기 의 의미를 잘 전달하기 위해서는 '강아지가∨발을∨저에게∨내밀었습니다.'로 띄어 읽어야 한다.

2 지호의 마음을 표현한 문장은 '지호는 행복합니다.'이다. 이 문장은 '누가'에 해당하는 '지호가'와 '어떠하다'에 해당하는 '행복합니다.'로 나눌 수 있다.

3 밑줄 친 낱말들은 모두 움직임을 나타내는 낱말로, '어찌하다'에 해당한다.

4 시원한 앵두화채를 마시며 여름철 피로를 풀었다고 하였다. 수박화채를 먹었다는 내용은 확인할 수 없다.

5 '누가/무엇이' 다음에 조금 띄어 읽어야 하므로 '사람들은∨씨름 대회 우승자를 천하장사라고 불렀습니다.'로 띄어 읽어야 한다.

6 이 글은 '발표 예절'에 대해 주장하는 글이다.

7 친구가 말하는 동안에는 다른 행동이나 생각을 하지 않아야 한다고 하였으므로, 발표를 들으면서 자기가 발표할 내용을 정리하는 것은 발표 예절에 어긋나는 태도이다.

8 ㉠을 실감 나게 읽으려면 '가장'을 강조하듯이 읽어 꾸며 주는 말의 느낌을 살린다.

9 만약 주인공 가족처럼 내가 동네 세계여행을 떠난다면 어느 나라 사람을 만나고 싶은지, 그 나라 사람과 무엇을 하고 싶은지 생각해서 써 본다.

> **채점 기준** 어느 나라 사람을 만나서 무엇을 하고 싶은지를 타당하게 썼으면 정답으로 한다.

10 '잘 익은 앵두는' 다음에 '무엇이다' 또는 '어떠하다'가 연결되어야 자연스러우므로 '잘 익은 앵두는 붉은색입니다.' 또는 '잘 익은 앵두는 붉습니다.'와 같이 고쳐 써야 한다.

서술형 평가 12쪽

1 (1) 예 자다, 먹다, 달리다, 일어나다
　(2) 예 차다, 맑다, 예쁘다, 행복하다

2 (1) 예 사람들이　(2) 예 널뛰기를 합니다.

3 우리는∨학교에서 발표를 합니다.∨∨발표는∨자신의 생각을 말하는∨활동입니다.
　(1) 예 '누가/무엇이' 다음에 조금 띄어 읽었다.
　(2) 예 '누가/무엇이'에 해당하는 말의 뒷부분이 길어서 한 번 더 띄어 읽었다.
　(3) 예 문장과 문장 사이는 ∨보다 조금 더 길게 띄어 읽었다.

4 예 몸이 편찮으셔도 즐겁게 여행하시는 할아버지가 멋지게 느껴졌다. / 할아버지를 사랑하는 가족의 마음이 느껴졌다.

5 예 밝은 목소리로 사진을 찍을 때 말하는 것처럼 읽는다.

1 (1) 움직임을 나타내는 낱말을 떠올려 써 본다. (2) 성질이나 상태를 나타내는 낱말을 떠올려 써 본다.

채점 기준	점수
(1)과 (2)를 적절하게 각각 세 가지 이상 쓴 경우	6점
(1)과 (2)를 적절하게 썼으나 세 가지 이상 쓰지 못한 경우	3점

2 '누가/무엇이+어찌하다'의 구조로 문장을 만들어 본다. '사람들이 널뛰기를 합니다.', '아이를 업은 여자가 널뛰기를 구경합니다.' 등 다양한 문장을 만들어 볼 수 있다.

채점 기준	점수
(1)과 (2)를 모두 정확히 쓴 경우	6점
(1)과 (2) 중 하나만 맞게 쓴 경우	3점

3 문장의 짜임을 생각하며 띄어 읽고 어느 부분에서 어떻게 띄어 읽었는지 써 본다.

채점 기준	점수
띄어 읽는 곳을 알맞게 표시하고 (1)~(3)에 까닭을 모두 적절하게 쓴 경우	6점
띄어 읽는 곳만 알맞게 표시한 경우	3점

4 여행을 좋아하지만 몸이 편찮으셔서 긴 여행을 할 수 없는 할아버지를 위해 가족들이 세운 계획을 보고 어떤 생각이 들었는지 써 본다.

채점 기준	점수
할아버지의 상황을 고려하여 자신의 생각을 쓴 경우	6점

5 큰따옴표와 느낌표를 사용한 까닭을 생각하며 말하는 것처럼 읽으면 장면이 더 실감 나게 느껴진다.

채점 기준	점수
큰 따옴표와 느낌표를 고려하여 실감 나게 읽는 방법을 쓴 경우	6점

수행 평가 13쪽

1 (1) 예 그네 타는 것을 구경하는 사람들이
　(2) 예 그네 옆에 서 있습니다.
　(3) 예 그네 타는 사람의 치마가
　(4) 예 빨갛습니다.
　(5) 예 그네를 타는 사람은
　(6) 예 여자입니다.

2 예 그네를 타는 사람은 여자입니다. 그네 타는 사람의 치마가 빨갛습니다. 그네 타는 것을 구경하는 사람들이 그네 옆에 서 있습니다.

1 그림을 보고 떠오르는 문장을 문장의 짜임에 맞게 구분하여 써 본다.

채점 기준	점수
(1)~(6)을 모두 적절하게 쓴 경우	20점
(1)~(6) 중 4개만 적절하게 쓴 경우	10점
(1)~(6) 중 2개만 적절하게 쓴 경우	5점

2 그림의 내용을 문장으로 쓴 것을 모아서 그림을 설명하는 짧은 글을 써 본다.

채점 기준	점수
1번 문제에서 정리한 문장을 모두 모아 짧은 글로 쓴 경우	10점
1번 문제에서 정리한 문장을 모두 모으지는 못했으나 일부 문장으로 짧은 글을 완성한 경우	5점

3. 짜임새 있는 글, 재미와 감동이 있는 글

단원 평가 1회 14~15쪽

1 ③
2 (1) ㉡ (2) 예 ㉠, ㉢은 어느 부분에서 감동을 느꼈는지, 그 까닭은 무엇인지를 말하였는데 ㉡은 이와 관련 없는 문장이기 때문이다.
3 (1) ㉠ (2) ㉡, ㉢   **4** ③
5 우리 학교에는 다양한 장소가 있습니다.
6 보고 싶은 할머니
7 ⑤   **8** ①
9 줄넘기   **10** (1) ㉠ (2) ㉡

1 글에 제비가 집을 왜 나무가 아니라 처마 밑에 짓는지 궁금했다는 내용이 있지만, 제비가 짓는 집에 대해 알아보기 위해 책을 읽은 것은 아니다.

2 ㉡ 제비 집에 대한 이야기는 글의 내용과 잘 연결되지 않는다.

> **채점 기준** ㉠, ㉢과 연결이 자연스럽지 않다거나 관련이 없다는 내용으로 쓰면 정답으로 한다.

3 문단 ㉮에서 문단의 내용을 대표하는 중심 문장은 ㉠이고, 중심 문장의 내용을 덧붙여 설명하거나 예를 드는 뒷받침 문장은 ㉡과 ㉢이다.

4 플라스틱은 썩는 데 300년에서 500년이 걸리기 때문에 땅에 묻히면 땅이 오염되고, 바다로 흘러들어가 해양 환경을 해치기도 한다.

5 우리 학교에 다양한 장소가 있다는 중심 문장이 먼저 나온 뒤, 어떤 장소가 있는지 뒷받침 문장으로 덧붙여 설명하고 있다.

6 글쓴이는 할머니가 누른 비밀번호 소리인 ㉠을 시의 가장 마지막 부분에서 '보고 싶은 할머니'라고 표현했다.

7 할머니에 대한 그리움을 표현한 시이므로, 누군가를 그리워하는 마음이 드러난 경험이 이 시의 내용과 비슷한 경험이다.

8 "저희는 지금 돈이 없어서 선글라스를 살 수가 없어요."라고 한 말을 통해 알 수 있다.

9 은솔이와 한솔이는 줄넘기를 사야 해서 선글라스를 살 수 없다고 했다.

10 재미나 감동을 느낀 부분이 먼저 나오고 그 뒤에 까닭이 나온다.

단원 평가 2회 16~17쪽

1 ③   **2** ㉮   **3** ①
4 ㉡, ㉢   **5** ①   **6** ①
7 ⑤   **8** 꼬마 아이   **9** ⑤
10 예 할아버지가 손자에게 신발을 사 주시며 '이 맛에 돈을 벌지.'라고 기뻐하시는 부분이 감동적이었다. 우리 할머니도 직접 만들어 주신 간식을 내가 잘 먹으면 기뻐하시는데 그런 할머니가 생각났기 때문이다.

1 글 ㉮는 흥부가 부러진 제비 다리를 치료해 준 부분에서 감동을 느꼈다고 하였다.

2 글 ㉮는 책에 대한 이야기를 하다가 갑자기 제비 집에 대한 이야기를 해서 글이 짜임새 있게 연결되지 않았다.

3 문장이 모여 한 가지 생각을 나타내는 글의 단위를 '문단'이라고 한다.

4 중심 문장은 문단 내용을 대표하면서 글쓴이가 말하고자 하는 내용을 가장 잘 드러내는 문장이다. ㉠은 '플라스틱 때문에 환경이 오염되기도 한다.'라는 내용의 중심 문장이다. 중심 문장의 내용을 뒷받침해 주는 내용은 ㉡과 ㉢에 나와 있다.

5 글의 내용을 잘 이해할 수 있다.

6 '우리 학교에는 다양한 장소가 있습니다.'가 문단 내용을 대표하면서 글쓴이가 말하고자 하는 내용을 가장 잘 드러내므로 중심 문장이다.

7 중심 문장에서 우리 학교에 다양한 장소가 있다고 말한 뒤 교실, 도서관, 강당을 차례대로 소개하고 있으므로 이어서 보건실을 소개하는 것이 글의 흐름상 가장 어울린다.

8 할아버지가 손자에게 선물로 신발을 사 주었으므로, 할아버지의 손자인 꼬마 아이가 신발의 주인인 것을 알 수 있다.

9 아이가 자라서 신발이 작아지자 금세 버려졌는데 새 것 같아 분실물 센터로 오게 되었다.

10 이 글에서 재미있거나 감동적인 부분을 찾고, 그 까닭도 함께 써 본다.

> **채점 기준** 글의 내용 안에서 재미나 감동을 느낀 부분을 쓰고 그와 관련된 까닭을 적절히 쓰면 정답으로 한다.

서술형 평가   18쪽

1 📄 책에 대해 이야기하는데 갑자기 다른 이야기를 하고 있기 때문에 글이 짜임새 있게 연결되려면 ㉠을 삭제하는 것이 좋다.

2 📄 문단의 내용을 대표하면서 글쓴이가 말하고자 하는 내용이 가장 잘 드러나는 문장을 찾는다.

3 📄 동물마다 무서울 때 자신의 감정을 표현하는 방법이 다릅니다.

4 📄 장터에 있는 물건들을 사는 사람들과 선물받은 사람들이 보였다.

5 (1) 📄 선글라스를 쓰자 장터에 없는 사람들이 보여서 놀란 한솔이와 은솔이의 모습이 재미있었다.

(2) 📄 왜냐하면 평범한 선글라스인 줄 알고 썼는데 눈앞에 새로운 광경이 펼쳐진다면 나라도 깜짝 놀라고 신기할 것 같기 때문이다.

1 갑자기 다른 이야기를 하는 ㉠ 때문에 글이 짜임새 있게 연결되지 못하고 있다.

채점 기준	점수
'짜임새 있게 연결되지 않았다.' 또는 '책의 내용과 관련 없다.'와 비슷한 내용을 쓴 경우	6점

2 중심 문장은 문단의 내용을 대표하는 문장으로 글쓴이가 말하고자 하는 내용이 가장 잘 드러난다.

채점 기준	점수
문단의 내용을 대표하는 문장이라고 쓴 경우	6점

3 이 글은 개, 고양이, 달팽이를 예로 들어 동물들이 무서울 때 자신의 감정을 표현하는 방법을 설명하고 있다.

채점 기준	점수
'동물마다 무서울 때 자신의 감정을 표현하는 방법이 다릅니다.'를 쓴 경우	6점

4 선글라스를 끼고 보는 세상에서는 장터에 없는 사람들이 보였다고 했다.

채점 기준	점수
'장터에 있는 물건들을 사는 사람들', '선물받은 사람들'을 모두 쓴 경우	6점
'장터에 있는 물건들을 사는 사람들', '선물받은 사람들' 중 하나만 쓴 경우	3점

5 재미 또는 감동이 느껴지는 부분을 찾고 그 까닭을 함께 써 본다.

채점 기준	점수
(1)과 (2)를 모두 적절하게 쓴 경우	6점
(1)과 (2) 중 하나만 썼거나 까닭이 재미나 감동을 느낀 부분과 연결되지 않게 쓴 경우	3점

수행 평가   19쪽

1 📄 할머니는 비밀번호를 천천히 누르셨기 때문이다.

2 📄 할머니가 문 앞에서 천천히 비밀번호를 누르시는 모습 / 아이가 비밀번호를 누르다가 할머니를 그리워하는 모습

3 (1) 📄 할머니가 비밀번호 누르셨던 소리를 '보 고 싶 은 / 할 머 니.'로 표현하여 비밀번호 누르는 소리와 비슷해 보이도록 쓴 것이 감동적이었다.

(2) 📄 평소에 아무 생각 없이 지나치던 비밀번호 누르는 소리로 할머니에 대한 그리움을 표현한 것이 놀랍기 때문이다.

1 손이 느린 할머니가 천천히 비밀번호를 누르셨기 때문에 띄엄띄엄 떨어진 소리로 들린 것이다.

채점 기준	점수
비밀번호가 띄엄띄엄 떨어진 소리로 들린 까닭을 할머니의 느린 행동과 적절하게 연결하여 쓴 경우	10점

2 비밀번호 누르는 소리로 할머니를 그리워하는 시로, 이와 관련된 떠오르는 장면을 자유롭게 써 본다.

채점 기준	점수
비밀번호 누르는 소리로 할머니를 그리워하는 내용과 관련된 장면을 적절하게 쓴 경우	10점

3 시에서 재미있던 부분, 감동적인 부분을 찾아 그 까닭을 함께 써 본다.

채점 기준	점수
(1)과 (2)를 모두 적절하게 쓴 경우	10점
(1)과 (2) 중 하나만 썼거나 까닭이 자연스럽게 연결되지 않은 경우	5점

4. 중요한 내용을 찾아요

단원 평가 1회   20~21쪽

1 ⑤   **2** ②, ⑤   **3** 바다의 날
4 (2) ×   **5** 무역
6 (1) 콩   (2) 메주   **7** (2) ○
8 ②   **9** ①, ③
10 예 자줏빛 감자꽃이 신기했을 것이다.

1 매미가 액체를 내뿜으면 몸이 가벼워져 천적에게서 도망갈 수 있다.

2 내용에 어울리는 제목을 썼으며, 밑줄과 별표 기호로 중요한 내용을 강조하였다. 또 숫자를 사용해서 내용을 한눈에 알아볼 수 있게 정리했다.

3 다른 기념일에 비해 잘 알려지지 않은 '바다의 날'을 알려 주는 영상 자료이므로, 바다의 날에 대한 정보를 얻기 위해 볼 것이다.

4 (1)과 (3)은 바다의 날과 관련된 중요한 내용이지만, 어린이날, 어버이날과 같이 5월에 있는 여러 기념일의 이름은 중요한 내용이 아니다.

5 '나라와 나라 사이에 서로 물품을 사고파는 일.'을 뜻하는 낱말은 '무역'이다.

6 글의 첫 문장 '된장은 콩으로 만든 메주를 재료로 사용합니다.'를 통해 빈칸에 들어갈 낱말을 알 수 있다.

7 메주를 따뜻한 곳에 두면 우리 몸에 이로운 성분이 생긴다고 하였다.

8 ㉠, ㉡, ㉣은 문단의 중심 문장이고, ㉢, ㉤은 중심 문장을 구체적으로 설명하는 뒷받침 문장이다.

9 ② 솔이는 지금 캐고 싶어 했지만, 할머니가 때가 되면 캐자고 하셨다. ④ 솔이가 할머니께 잘 가꿔 달라고 하였다. ⑤ 할머니와 아빠는 자줏빛 꽃이 핀 감자에 무엇이 달리는지 알고 있지만 알려 주시지 않았다.

10 하얀 감자꽃들 사이에 피어난 자줏빛 감자꽃을 보고 솔이의 마음이 어떠했을지 짐작하여 쓴다.

> **채점 기준** 자줏빛 감자꽃을 신기해하는 마음, 자줏빛 감자꽃을 캐고 싶어 하는 마음, 자신의 감자가 생겨 기쁜 마음 등을 쓰면 정답으로 한다.

단원 평가 2회   22~23쪽

1 ④   **2** ⑤   **3** (3) ○
4 (1) 예 숫자를 사용해서 내용을 한눈에 알아볼 수 있게 정리한다.   (2) 예 밑줄이나 기호로 중요한 내용을 강조한다.
5 주원   **6** ⑤
7 (1) ㉠   (2) ㉡, ㉢
8 (2) ○   **9** ③   **10** (3) ○

1 메모는 중요한 내용을 간단히 쓴 글을 말한다. 보거나 들은 것 중 중요한 내용들을 메모하면 그 내용을 오래 기억할 수 있다.

2 매미는 배 밑의 구멍에서 자신이 먹은 것을 내뿜는다고 하였다.

3 메모의 제목은 글의 내용에 어울리게 써야 한다. 글 ㉮는 매미가 내뿜는 액체에 대해 알려 주는 글이므로 ㉠에 들어갈 제목으로는 '매미가 내뿜는 액체'가 알맞다.

4 ㉯는 제목을 쓰고, 글 ㉮에서 매미가 내뿜는 액체에 대해 설명한 내용을 숫자(1, 2, 3)를 사용해 한눈에 알아보기 쉽게 정리했다. 그리고 '액체를 내뿜으며 몸을 보호함.' 부분을 밑줄과 별표 기호를 활용해 강조했다.

> **채점 기준** 제목을 쓴 내용, 숫자로 정리한 내용, 밑줄과 별표 기호로 강조한 내용 등을 쓰면 정답으로 한다.

5 버스를 타고 내릴 때의 주의 사항을 알려 주는 내용이므로 주원이가 설명을 바르게 이해하였다.

6 ① 콩 반죽을 네모난 대게 모양으로 빚는다. ② 따뜻한 곳에서 말린 메주를 볏짚으로 묶어 매달아 놓는다. ③ 소금물과 함께 항아리에 넣은 메주를 건져 내 된장을 만든다. ④ 붉은 고추와 숯은 잡균을 없애고 냄새를 제거하는 역할을 한다.

7 ㉠이 문단 ❸에서 가장 중심이 되는 문장이고, ㉡과 ㉢은 중심 문장을 구체적으로 설명하는 뒷받침 문장이다.

8 솔이는 두더지 굴 옆에서 자줏빛 감자를 찾았다. 할머니에게 감자를 높이 들어 자랑하는 말에서 솔이가 기뻐하고 있음을 알 수 있다.

9 열매가 많이 달려 있는 모양을 뜻하는 '주렁주렁'이 알맞다.

10 '잡채, 나물, 약과'는 명절 음식, '설날, 단오, 동지'는 명절의 종류, '윷놀이, 널뛰기, 연날리기'는 명절에 하는 놀이이다.

서술형 평가 24쪽

1 📝 민속 박물관에 현장 체험 학습을 갔을 때, 선생님께서 설명해 주시는 내용을 듣고 간단하게 정리했다.

2 (1) 📝 낱말로만 내용을 정리해서 이해하기 어렵다.

(2) 📝 '신맛, 친척'처럼 틀린 내용을 썼다.

3 📝 제목: 매미가 내뿜는 액체 / 1. 배 밑의 구멍에서 액체를 내뿜음. / 2. <u>액체를 내뿜으며 몸을 보호함.</u> ☆ / 3. 액체는 단맛이 남.

4 📝 자신의 감자를 캐러 할머니 밭에 갔지만 때 자신의 감자를 찾지 못하였다.

5 📝 자신의 감자를 찾지 못해서 화가 나고 답답했을 것이다.

1 다른 사람의 말을 듣거나 글을 읽을 때, 그리고 영상을 보고 중요한 내용을 간단히 써 본 경험들을 떠올려 본다.

채점 기준	점수
중요한 내용을 간단히 기록한 경험을 쓴 경우	6점

2 중요한 내용을 낱말로만 정리해서 이해하기가 어렵고, '단맛'을 '신맛', '천적'을 '친척'이라고 적는 등 틀린 내용을 썼다.

채점 기준	점수
메모에서 부족한 점을 두 가지 모두 적은 경우	6점
메모에서 부족한 점을 한 가지만 적은 경우	3점

3 글에서 중요한 내용을 한눈에 알아볼 수 있게 정리해 쓴다.

채점 기준	점수
보기 의 방법을 사용하여 중요한 내용을 알맞게 정리한 경우	6점
중요한 내용을 정리하였지만 보기 의 방법을 적절하게 사용하지 못했거나, 정리한 내용이 다소 부족한 경우	3점

4 솔이는 자신의 감자를 캐러 할머니 밭으로 갔지만 자신의 감자를 찾지 못했다.

채점 기준	점수
글에서 솔이에게 일어난 일을 알맞게 정리해 쓴 경우	6점

5 골이 나서 감자를 홱 던져버리는 솔이의 모습에서 자신의 감자를 찾지 못해 화가 나고 답답한 마음을 짐작할 수 있다.

채점 기준	점수
화가 나는 마음, 답답한 마음, 속상한 마음 등 솔이의 마음을 알맞게 짐작하여 쓴 경우	6점

수행 평가 25쪽

1 📝 메주로 된장을 만드는 방법을 설명하는 글이다.

2 (1) 메주로 된장을 만드는 방법을 알아봅시다.

(2) 먼저, 된장의 재료가 되는 메주를 만들어 잘 말립니다.

(3) 그다음으로, 메주를 볏짚으로 묶어 바람이 잘 통하는 곳에 매달아 놓습니다.

(4) 마지막으로, 항아리에 메주와 소금물, 붉은 고추, 숯을 넣어 삭힙니다.

3 📝 메주로 된장을 만드는 방법은 다음과 같다. 먼저, 찧은 콩 반죽으로 메주를 만들어 따뜻한 곳에서 말린다. 그리고 잘 말린 메주를 볏짚으로 묶어 바람이 잘 통하는 곳에 서너 딜 매달아 놓는다. 그런 다음 항아리에 메주와 소금물, 붉은 고추, 숯을 넣어 삭힌 뒤 메주를 건져 내 된장을 만든다.

1 이 글은 우리나라의 대표적인 먹거리인 된장을 만드는 방법을 설명하는 글이다.

채점 기준	점수
메주로 된장을 만드는 방법을 설명하는 글이라고 쓴 경우	5점

2 각 문단의 내용을 대표하는 문장을 찾아본다. 어떤 문장의 내용을 구체적으로 설명하는 문장은 뒷받침 문장이므로, 중심 문장과 뒷받침 문장을 잘 구분하도록 한다.

채점 기준	점수
❶~❹의 중심 문장을 모두 적은 경우	10점
❶~❹의 중심 문장 중 세 가지만 적은 경우	7.5점
❶~❹의 중심 문장 중 두 가지만 적은 경우	5점
❶~❹의 중심 문장 중 한 가지만 적은 경우	2.5점

3 중심 문장을 자연스럽게 연결하여 중요한 내용을 간추릴 수 있다. 이때 간추린 글에는 된장을 만드는 과정이 순서대로 나타나야 한다. 또한 간추린 글이 한 편의 글로 자연스럽게 읽힐 수 있도록 문장과 문장 사이에 이어 주는 말을 적절히 사용할 수 있다.

채점 기준	점수
❶~❹의 중심 문장을 모두 언급하고, 문장과 문장 사이에 이어 주는 말을 적절히 사용하여 내용을 자연스럽게 간추린 경우	15점
❶~❹의 중심 문장을 모두 언급하였지만, 문장과 문장을 단순히 이어 붙여서 쓴 경우	10점
❶~❹의 중심 문장 중 일부만 언급한 경우	5점

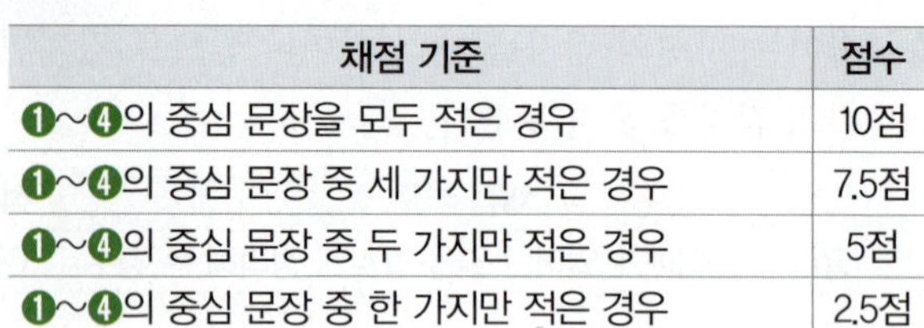

5. 인물에게 마음을 전해요

단원 평가 1회   26~27쪽

1 ③   **2** 성질이 급한
3 (1) ②   (2) ①   **4** 안 까먹는
5 ⑤
6 (1) 잭슨 올림   (2) **예** 웃어른께 쓰는 편지는 쓴 사람 뒤에 '올림'을 붙여야 하기 때문이다.
7 (2) ○   (3) ○   **8** ①   **9** ③
10 (1) **예** 속상했거든요, 용기가 났어요.
    (2) **예** 정말 좋아요, 걱정되고 슬펐어요.

1 ① 까망이만 물을 마셨다. ② 까미는 물병을 밀었지만 꿈쩍도 하지 않았다. ④ 까미만 실망하여 집에 돌아갔다. ⑤ 까망이는 물병 속에 돌멩이를 집어넣어 물을 마실 수 있었다.

2 '평소 성질이 급한 까미는~'에서 '성질이 급한'이 까미의 성격을 나타낸 말이다.

3 물병을 한 번 밀어 보고 실망하여 집으로 돌아간 까미는 포기가 빠른 성격이다. 물 마실 방법을 생각해 내어 마침내 물을 마신 까망이는 끈기 있는 성격이다.

4 줄무늬는 까먹어도 괜찮지 않다며, '안 까먹는 방법'을 스스로 찾아내겠다고 결심했다.

5 안 까먹는 방법을 스스로 찾아내기 위해 다양한 시도를 하는 줄무늬의 모습에서 자주적인 성격임을 알 수 있다.

6 글을 받는 사람이 웃어른일 때에는 알맞은 높임 표현을 써야 한다. 글 **㉮**는 잭슨이 할아버지께 쓴 편지이므로 쓴 사람 뒤에 '올림'을 붙여야 한다.

> **채점 기준** '잭슨이'를 '잭슨 올림'으로 고쳐쓰고, 고친 까닭을 웃어른에게는 '올림'을 붙인다고 쓰면 정답으로 한다.

7 할아버지는 잭슨을 '꼬마'로 표현하며, 잭슨을 그리워하는 마음을 표현하였다. 또 장미가 짓밟혀 화가 난 잭슨을 걱정하며 장미를 안전한 곳으로 옮겨 심는 게 좋겠다고 말했다.

8 더 쓰고 싶은 말이 있을 때에는 글의 끝에 추신을 쓴다.

9 글 **㉮**는 어버이날을 맞아 부모님께 감사한 마음을, 글 **㉯**는 할머니의 생신을 축하하는 마음을 전하려고 쓴 글이다.

10 글 **㉮**에서는 '속상했거든요, 용기가 났어요, 감사합니다.'를, 글 **㉯**에서는 '축하드려요, 정말 좋아요, 감사해요, 걱정되고 슬펐어요, 사랑해요.'를 찾을 수 있다.

단원 평가 2회   28~29쪽

1 (1) ㉣, ㉤, ㉥   (2) ㉠, ㉡, ㉢
2 ⑤   **3** ③   **4** (2) ○
5 예 우리 가족을 구해 준 다람쥐들에게 고마웠다. 이제 산꼭대기에서 내려와 다람쥐들과 함께 살아야겠다.
6 소진   **7** ②
8 달리기 연습, 응원   **9** ①
10 (1) 성급하다   (2) 끈기 있다   (3) 무뚝뚝하다

1 ㉠, ㉡, ㉢은 마음을 나타내는 말이고, ㉣, ㉤, ㉥은 개인이 가지고 있는 남다른 성품이나 성질인 성격을 나타내는 말이다.

2 지진이 났을 때 산꼭대기에 있는 줄무늬네 집에 다람쥐들이 와서 기둥에 깔린 줄무늬를 구해 주었다.

3 약초 할머니의 말과 행동으로 보아, 약초 할머니는 다정한 성격이다. '다정하다'는 '마음이 따뜻하고 정이 많다.'라는 뜻이다.

4 집이 무너진 뒤 줄무늬가 이제 뭘 먹고 살지 걱정하자, 약초 할머니는 다람쥐들이 여기저기 묻어 둔 도토리를 찾아 먹으면 되니 걱정하지 말라고 하였다.

5 이 글에서 일어난 일과 다람쥐들이 한 일, 줄무늬의 마음 등을 생각해 보고, 자신이 줄무늬라면 어떤 생각이나 느낌이 들지 써 본다.

> **채점 기준** 다람쥐들에게 도움을 받은 상황을 떠올리며 줄무늬의 처지에서 생각이나 느낌을 쓰면 정답으로 한다.

6 글 **㉯**에서 할아버지는 장미는 멀쩡하다며 걱정하지 말라고 하셨고, 주말에 잭슨이 집에 오면 새 장미가

잘 자라도록 가지치기하는 것을 보여 준다고 하셨다.

7 자신의 잘못을 솔직하게 이야기하고 사과하는 잭슨의 모습으로 보아 정직한 성격임을 알 수 있다.

8 하윤이는 달리기 대회를 앞두고 매일 달리기 연습을 하는 수환이에게 응원하는 마음을 전하고 있다.

9 '바쁘지?'는 수환이에게 묻는 말로, 글쓴이의 마음을 나타낸다고 보기 어렵다.

10 각각의 낱말이 어떤 말과 행동을 하는 사람에게 쓰이는지 생각해 보고, 알맞은 뜻을 찾아본다.

서술형 평가   30쪽

1 예 성질이 급하다. / 포기가 빠르다.
2 예 축구공이 할아버지 정원으로 들어가서 죄송한 마음을 전하려고 편지를 썼다.
3 예 배려심이 많다. 잭슨의 실수를 너그럽게 이해해 주고 오히려 잭슨의 축구 실력을 칭찬해 주었기 때문이다.
4 예 까미에게 걱정스러운 마음을 전하는 글이다.
5 예 다음에는 어려운 일이 생기면 너무 빨리 포기하지 말고 문제를 해결하기 위해 노력해 보면 좋겠어. 빨리 네가 마실 물을 찾길 바랄게. 기운 내!

1 물병을 발견하자마자 무작정 물병을 미는 행동에서 성질이 급한 성격임을, 또 희망이 없다며 집으로 돌아가는 모습에서 포기가 빠른 성격임을 알 수 있다.

채점 기준	점수
'성질이 급하다.', '포기가 빠르다.' 등 까미의 성격을 알맞게 파악해 쓴 경우	6점

2 잭슨은 축구공이 할아버지 정원으로 들어가 버렸다고 하면서 죄송하다고 하였다.

채점 기준	점수
할아버지께 죄송한 마음을 전하려 한다는 내용을 쓴 경우	6점

3 할아버지는 장미는 걱정 말라며 잭슨의 실수를 이해해 주고, 골을 많이 넣은 잭슨에게 축구를 잘한다고 칭찬해 주었다. 이러한 말과 행동에서 이해심과 배려심이 많은 성격임을 알 수 있다.

채점 기준	점수
성격과 까닭을 모두 적절하게 쓴 경우	6점
성격만 적절하게 쓴 경우	3점

4 물을 마시지 못하고 집으로 돌아간 까미를 걱정하는 내용의 편지이다.

채점 기준	점수
'까미'와 '걱정스러운 마음'을 모두 쓴 경우	6점
'까미'와 '걱정스러운 마음'을 중 한 가지만 쓴 경우	3점

5 마음을 나타내는 말을 넣어 까미에게 하고 싶은 말을 이어 써 본다.

채점 기준	점수
마음을 나타내는 말을 포함하고, 앞 문장과 자연스럽게 연결되는 내용을 쓴 경우	6점
마음을 나타내는 말을 포함하지 않은 경우	3점

수행 평가 · 31쪽

1 📵 내가 공을 놓치는 바람에 피구 경기에서 우리 팀이 졌는데 괜찮다고 말해 주었던 준우에게 고마운 마음을 전하고 싶다.

2 (1) 📵 준우

(2) 📵 고마운 마음

(3) 📵 내 실수로 피구 경기에서 우리 팀이 졌는데 준우가 괜찮다고 말해 주었다. 친구들이 화낼까 봐 조마조마했는데 그 말을 듣고 마음이 놓였다.

(4) 📵 고마웠어, 마음이 놓였어, 정말 고마워.

3 📵 준우에게 / 준우야 안녕? 나 선주야. 어제 체육 시간에 피구 경기를 할 때 내가 실수해서 우리 팀이 졌잖아. 그때 괜찮다고 말해 줘서 고마웠어. 친구들이 나한테 화낼 줄 알고 조마조마했는데 네가 먼저 "그럴 수도 있지. 괜찮아."라고 했지. 그 말을 듣고 마음이 놓였어. 정말 고마워! 다음 경기 때에는 더 잘할게. / 선주가

1 무슨 일 때문에 누구에게 어떤 마음을 전하고 싶은지 마음을 전하고 싶은 상황을 떠올려 쓴다.

채점 기준	점수
무슨 일 때문에 누구에게 어떤 마음을 전하고 싶은지 적절하게 쓴 경우	5점

2 마음을 전하는 글을 쓸 계획을 세울 때에는 마음을 전하고 싶은 사람이나 상황을 떠올리고 전하고 싶은 마음과, 마음을 잘 나타낼 수 있는 적절한 말을 생각하여 정리해 본다.

채점 기준	점수
1번 문제에서 떠올린 상황에 맞게 글을 쓸 계획을 (1)~(4)에 모두 알맞게 정리한 경우	10점
1번 문제에서 떠올린 상황에 맞게 글을 쓸 계획을 (1)~(4)에 모두 알맞게 정리하지는 못하였으나 일부는 적절하게 정리한 경우	5점

3 받는 사람, 글을 쓰는 상황이나 전하려는 내용, 전하고 싶은 마음, 쓴 사람 등 마음을 전하는 글에 들어가는 내용을 생각하며 마음이 잘 드러나도록 글을 써 본다.

채점 기준	점수
받는 사람, 글을 쓰는 상황이나 전하려는 내용, 전하고 싶은 마음, 쓴 사람 등이 모두 잘 드러나게 쓴 경우	15점
받는 사람, 글을 쓰는 상황이나 전하려는 내용, 전하고 싶은 마음, 쓴 사람 중 한 가지 이상의 요소가 빠진 경우	5점

6. 자신 있게 읽고 써요

1 ② **2** 나 **3** 홍학
4 ④, ⑤ **5** 사실 **6** ④
7 의견 **8** 협동 로봇
9 예 내 생각도 글쓴이의 생각과 비슷하다. 가까운 미래에 학교에도 로봇이 등장할 것이라고 생각한다.
10 ㄹ

1 글 가와 나 모두 피구 경기에서 2반에게 진 일을 쓴 글이다.

2 글 가와 나는 같은 일을 겪었지만 생각이 다르다. 글 나에서 선우는 졌지만 최고의 경기라고 하였고 글 가에서 다인이는 눈물이 날 것 같다고 하였다.

3 글쓴이는 동물원에서 홍학이 한쪽 다리를 든 채 서 있는 모습을 보았다.

4 홍학이 한쪽 다리를 든 채 서 있는 모습이 어쩐지 불편해 보였고, 그런 자세로 서 있는 까닭을 알아보고 싶다는 것이 글쓴이의 생각이다.

5 현재 있는 일이나 과거에 있었던 일은 사실이다.

6 첫 번째 문장에 '흔히 볼 수 있고, 쉽게 구할 수 있어서'라는 까닭이 나와 있다.

7 ㉠은 어떤 일이나 대상에 대한 생각으로 글쓴이의 생각이 담긴 의견이다.

8 사람들의 일상생활을 돕는 협동 로봇에 대한 글이다.

9 '(이)라고 생각한다', '이/가 궁금하다', '하면 좋겠다.' 등의 문장 표현을 활용하여 글쓴이의 의견에 대한 자신의 생각을 써 볼 수 있다.

> **채점 기준** 미래에는 지금보다 협동 로봇이 더 많이 사용될 것이며, 덕분에 우리의 생활이 더욱 편리해질 것이라는 글쓴이의 의견에 대한 자신의 생각을 적절하게 쓰면 정답으로 한다.

10 ㄹ은 글을 다 쓰고 나서 생각해 보아야 할 점이다.

1 ⑤ **2** (1) 사실 (2) 의견
3 ④ **4** ① **5** 사실
6 예 사람을 도와 일하는 로봇을 말한다.
7 다양한 **8** ③ **9** 다
10 ③, ⑤

1 주원이와 지호는 홍학이 한쪽 다리를 들고 서 있는 모습을 보고 있다.

2 주원이는 현재 있는 일에 대해, 지호는 어떤 일이나 대상에 대한 생각을 말하고 있다.

3 어떤 일이나 대상에 대한 생각을 찾는다. ①, ②, ③, ⑤는 현재 있는 일이나 과거에 있었던 일인 사실이다.

4 소금은 여러 가지 역할을 하지만 깨끗한 물을 만드는 일은 하지 않는다.

5 지식이나 정보를 말하는 부분이므로 사실이다.

6 첫 번째 문장에 사람을 도와 일하는 로봇을 '협동 로봇'이라고 하였다.

> **채점 기준** '사람을 도와 일하는 로봇'이라고 적으면 정답으로 한다.

7 제시된 뜻은 '다양한'의 낱말 뜻이다.

8 ①, ②, ④, ⑤는 글에 드러난 사실을 단순히 서술한 것이다. ③은 '신기하다'라는 느낀 점을 말하였다.

9 글 다는 '속상했지?'와 같이 상대의 마음을 헤아리는 표현을 썼다.

10 읽는 사람의 마음을 생각하여, 상대에게 마음이 가닿을 만큼 자신의 생각을 충분히 담아 써야 한다.

서술형 평가　　　　　　　　　36쪽

1 예) 내가 쓴 글을 읽을 사람은 누구일까? / 글의 양은 얼마만큼 쓸까?

2 (1) 예) 우리 반 학생 중에서 여자는 열두 명이다.

　　(2) 예) 우리 반 친구들이 언제나 친하게 지내면 좋겠다.

3 (1) 예) 소금이 눈에 녹아 소금물이 되면 어는 온도가 더 내려가거든요.

　　(2) 예) 이렇게 전혀 예상하지 못한 물건에까지 소금 성분이 들어 있다는 것이 정말 놀랍지요.

4 (1) 예) 협동 로봇에 인공 지능 기술을 더할 수 있다.

　　(2) 예) 협동 로봇에 구체적으로 어떤 인공 지능 기술이 사용되는지 궁금하다.

5 예) 누가 쓴 글인지 밝히고 상대의 마음을 헤아리는 표현을 쓴다. / 읽는 이의 마음을 생각하며 쓴다.

---

1 이 밖에도 글쓰기 목표를 무엇으로 할지, 무엇에 대해 쓸지 등을 생각해야 한다.

채점 기준	점수
'내가 쓴 글을 읽을 사람은 누구인지', '글의 양은 얼마큼 쓸지', '글쓰기 목표를 무엇으로 할지', '무엇에 대해 쓸지' 중 한 가지를 언급한 경우	6점

2 사실은 현재 있는 일이나 과거에 있었던 일이고, 의견은 어떤 일이나 대상에 대한 생각이다.

채점 기준	점수
사실과 의견을 모두 적절하게 쓴 경우	6점
사실과 의견 중 한 가지만 적절하게 쓴 경우	3점

3 지식이나 정보를 말하는 부분은 사실이고, 글쓴이의 생각이 담겨 있으면 의견이다.

채점 기준	점수
사실과 의견을 모두 적절하게 쓴 경우	6점
사실과 의견 중 한 가지만 적절하게 쓴 경우	3점

4 글에서 새롭게 안 사실을 쓰고, 이와 관련해서 더 궁금하거나 느낀점을 생각해 써 본다.

채점 기준	점수
'(1) 새롭게 안 사실'과 '(2) 새롭게 안 사실과 관련한 더 궁금한 점 또는 느낀 점'을 모두 적절하게 쓴 경우	6점
(1)과 (2) 중 한 가지만 적절하게 쓴 경우	3점

5 이 쪽지에는 누가 쓴 글인지도 나와 있지 않고, 상대의 마음도 전혀 헤아리지 않고 있다.

채점 기준	점수
'누가 쓴 글인지 밝혀야 한다.', '상대의 마음을 헤아리는 표현을 써야 한다.', '읽는 이의 마음을 생각하며 써야 한다.' 등 고쳐야 할 점을 알맞게 쓴 경우	6점

수행 평가　　　　　　　　　37쪽

1 (1) 사실　(2) 예) 글쓴이의 생각이 아니라 지식이나 정보를 설명하고 있기 때문이다.

2 예) 이렇게 전혀 예상하지 못한 물건에까지 소금 성분이 들어 있다는 것이 정말 놀랍지요. / 어떤 물건이 흔하다고 해서 그것을 하찮게 여겨서는 안 돼요.

3 예) 나도 소금이 흔하다고 하찮게 여기지 말고 소중하게 여겨야겠다고 생각했다.

---

1 지식이나 정보를 말하는 내용이면 사실, 글쓴이의 생각이 드러나면 의견이다. ㉠은 사실에 해당하는 문장이다.

채점 기준	점수
(1)에 '사실'이라고 쓰고 (2)에 그렇게 생각한 까닭을 적절하게 쓴 경우	10점
(1)에 '사실'이라고 썼지만 (2)에 그렇게 생각한 까닭을 적절하게 쓰지 못한 경우	5점

2 '정말 놀랍지요.', '하찮게 여겨서는 안 돼요.'와 같이 글쓴이의 생각이 담겨 있는 문장이 의견이다.

채점 기준	점수
글쓴이의 생각이 담긴 의견을 적절하게 찾아 쓴 경우	10점

3 글쓴이의 의견에 대한 자신의 생각을 써 보고, 글쓴이의 생각과 비교해 볼 수도 있다.

채점 기준	점수
소금의 소중함에 대한 자신의 의견을 적절하게 쓴 경우	10점
자신의 의견을 썼지만 내용이 다소 어색한 경우	5점

한끝으로 끝내고, 이제부터 활짝 웃는 거야!

비상교재 누리집에서 더 많은 정보를 확인해 보세요.
https://book.visang.com/

한끝

평가 교재

단원 평가 대비

· 단원 평가 2회
· 서술형 평가
· 수행 평가

초등
국어
3·1

책 속의 가접 별책 (특허 제 0557442호)
'평가 교재'는 본책에서 쉽게 분리할 수 있도록 제작되었으므로
유통 과정에서 분리될 수 있으나 파본이 아닌 정상제품입니다.

visang

한끝 평가 교재

3·1

초등 국어

1 흉내 내는 말을 사용하여 꿀벌의 모습을 표현한 친구의 이름을 쓰시오.

> 지혜: 꿀벌은 꽃송이를 돌고 돌며 꿀을 모았어.
> 준우: 꿀벌은 하하하 신나게 부웅부웅 날아다닌다.

(　　　　　　　　　)

2~3 시를 읽고, 물음에 답하시오.

> 산벚나무 가지에
> 봉긋봉긋 꽃봉오리들
> 터질 듯 말 듯 웃음보따리
>
> 한입 가득
> 푸푸푸
> 잘도 참아 내고 있다
>
> 간질간질 봄 햇살이
> 한나절만 더 간질이면
>
> 참았던 웃음꽃
> 푸하하하
> 마구 터뜨려 놓겠다.

2 이 시에 대한 설명으로 알맞지 <u>않은</u> 것은 무엇입니까?　　　　　　(　　　)

① 봄 햇살이 꽃봉오리를 비추는 모습을 '간질간질'이라고 표현하였다.

② '푸하하하'에서 꽃봉오리를 보고 웃는 사람들의 모습을 상상할 수 있다.

③ 웃음을 참을 때 나는 소리인 '푸푸푸'를 사용하여 꽃봉오리의 모습을 표현하였다.

④ 꽃봉오리가 터지는 모습을 '참았던 웃음이 터지는 모습'으로 빗대어 표현하였다.

⑤ '참았던 웃음꽃'에서 꽃봉오리가 꽃으로 활짝 피어오를 것 같은 모습을 상상할 수 있다.

3 산벚나무 가지에 핀 꽃봉오리들을 무엇이라고 표현하였는지 다섯 글자로 쓰시오.

(　　　　　　　　　)

4~5 시를 읽고, 물음에 답하시오.

> 빙글빙글 줄이 돌면
> 사뿐사뿐 뛰어올라
>
> 줄 위에서 폴짝폴짝
> 발 걸릴라 조심조심
>
> 빙글빙글 땅이 돌고
> 빙글빙글 하늘 돌고
>
> 살짝살짝 뛰어올라
> 사뿐사뿐 땅을 밟자

4 이 시를 읽고 말하는 이의 모습을 상상한 것으로 알맞은 것에 ○표를 하시오.

(1) 힘차게 땅을 밟으며 달리는 모습 (　　　)

(2) 친구들과 줄넘기를 하면서 신이 난 모습 (　　　)

(3) 빙글빙글 제자리를 돌며 어지러워하는 모습 (　　　)

5 이 시에 나타난 감각적 표현이 <u>아닌</u> 것은 무엇입니까?　　　　　　(　　　)

① 빙글빙글　　　② 사뿐사뿐
③ 폴짝폴짝　　　④ 발 걸릴라
⑤ 살짝살짝

6 ㉮와 ㉯에서 슬비의 목소리나 말투가 <u>다른</u> 까닭에 ○표를 하시오.

> ㉮ 교통안전 지킴이님: 학교에 일찍 오는구나. 즐거운 하루 보내렴.
> 슬비: (자신감 넘치고 큰 목소리로) 네, 그럴게요.
> ㉯ 담임 선생님: 앞으로는 듣는 친구의 마음을 생각하며 말해 봐.
> 슬비: (공손하고 인정하는 말투로) 네, 그럴게요.

(1) 대화하는 시간이 달라져서 ( )
(2) 대답하는 내용이 달라져서 ( )
(3) 대화하는 상황이 달라져서 ( )

7~8 글을 읽고, 물음에 답하시오.

> ㉮ 깊고 깊은 숲숙에 '꿈 마을'이 있었습니다. 꿈 마을 사람들 머리에는 각자의 꿈이 담긴 '델'이 하나씩 있었어요. 그런데 레오의 머리에만 아무것도 없었습니다.
> '아, 나는 왜 델이 없는 걸까?'
> 레오는 '델'이 생기기를 간절히 바랐습니다.
> ㉯ "(㉠)"
> 레오가 부탁하자, 마법사는 대답했습니다.
> "애야, '델'은 그렇게 쉽게 만들 수 있는 게 아니란다. 네 생명과 함께 만들어지는 거니까. '델'의 모양은 만들 수 있지만, 능력을 만들 수는 없단다."

7 '델'에 대한 설명으로 알맞지 <u>않은</u> 것은 무엇입니까? ( )

① 생명과 함께 만들어진다.
② 사람들 각자의 꿈이 담겨 있다.
③ 마법으로는 모양만 만들 수 있다.
④ 꿈 마을 사람들의 머리에 하나씩 있다.
⑤ 갖고 싶은 마음이 생기면 쉽게 가질 수 있다.

---

8 ㉠에 들어갈 레오의 말을 알맞게 표현한 것은 무엇입니까? ( )

① (따지는 목소리로) 마법사님, 왜 저만 '델'이 없나요?
② (조심스럽게 다가가며) 마법사님, 마법사님의 꿈은 뭐예요?
③ (간절한 말투로) 마법사님, 저도 특별한 '델'을 갖고 싶어요.
④ (놀란 표정으로) 마법사님, 저도 마법사님처럼 되고 싶어요.
⑤ (힘없고 슬픈 말투로) 마법사님, 꿈을 꼭 가져야 하는 건가요?

---

9 다음 대화에서 밑줄 친 부분에 어울리는 표정과 몸짓, 목소리나 말투를 보기 에서 <u>모두</u> 찾아 쓰시오.

> 해미: 얘들아, 이번 체육 대회 때 큰 공 굴리기를 한대!
> 주란: 정말? 재미있겠다!

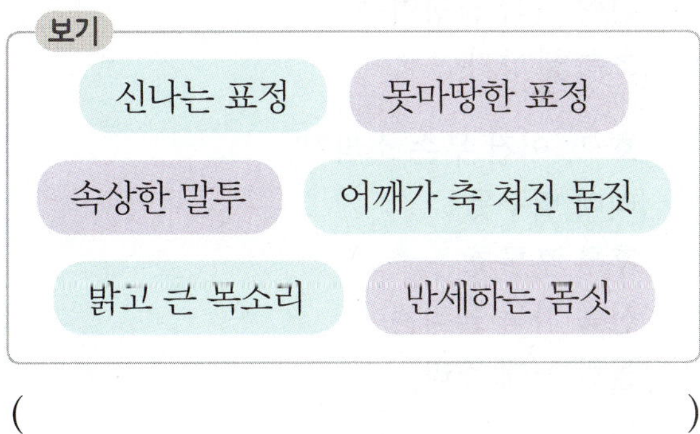

( )

---

10 대화할 때 자신의 마음을 정확하게 표현하는 방법은 무엇인지 보기 의 낱말을 <u>모두</u> 넣어 한 문장으로 쓰시오.

> 보기
> 표정, 몸짓, 말투, 목소리

____

____

1 지혜가 느낀 점을 표현한 방법으로 알맞은 것에 ○표를 하시오.

> 지혜: 꿀벌이 꽃송이를 돌아다니며 움직이는 모습을 보니 사탕을 담으려고 돌아다녔던 때가 떠올라서 즐거웠어.

(1) 꿀벌이 날아다닐 때 나는 소리를 흉내 내서 말했다. （　）

(2) 꿀벌을 만졌을 때 어떤 느낌인지 구체적으로 말했다. （　）

(3) 꿀벌이 움직이는 모습과 자신의 몸짓을 비교해 말했다. （　）

2~3 시를 읽고, 물음에 답하시오.

> 쉬엄쉬엄 둘러보며
> 산에 오를래.
>
> 흠흠, 이게 무슨 냄새지?
> 산속 그득 출렁이는
> 초록빛 향기.
>
> 호오, 이건 무슨 소리지?
> 뻐뻐 뻐꾸룻
> 후루 후루룻
> 산속 가득 울리는
> 돌림 노래 소리.
>
> 풀꽃들은 상글방글
> 꽃웃음 건네고……
> 어? 어느새 산꼭대기잖아?
>
> 하늘까지 다가와 내미는
> 푸른 손!

2 이 시에 나타난 감각적 표현에 해당하지 <u>않는</u> 것은 무엇입니까? （　）

① 초록빛 향기 　② 뻐뻐 뻐꾸룻
③ 후루 후루룻 　④ 상글방글
⑤ 산꼭대기잖아?

---

3 이 시를 읽고 상상한 장면을 알맞게 표현하지 <u>못한</u> 친구의 이름을 쓰시오.

> 민수: 산꼭대기에 올라 신이 난 마음에 두 손을 하늘로 번쩍 든 모습이 떠올라.
> 하영: 눈이 하얗게 덮인 산을 새 소리를 들으면서 쉬엄쉬엄 둘러보는 장면이 떠올라.

（　　　）

4~5 시를 읽고, 물음에 답하시오.

> 빙글빙글 줄이 돌면
> 사뿐사뿐 뛰어올라
>
> 줄 위에서 폴짝폴짝
> 발 걸릴라 조심조심
>
> 빙글빙글 땅이 돌고
> 빙글빙글 하늘 돌고
>
> 살짝살짝 뛰어올라
> 사뿐사뿐 땅을 밟자

4 시 속 말하는 이의 기분을 쓰시오.

（　　　）

5 이 시를 낭송할 때 주의할 점으로 알맞지 <u>않은</u> 것은 무엇입니까? （　）

① 줄넘기를 하는 장면을 떠올리며 읽는다.
② '폴짝폴짝'은 줄을 뛰어넘는 느낌을 살려서 읽는다.
③ '빙글빙글'과 같이 시에서 마음에 드는 부분이 있다면 강조해서 읽는다.
④ '줄 위에서 폴짝폴짝'과 '발 걸릴라 조심조심'은 쉬지 않고 한 번에 읽는다.
⑤ '사뿐사뿐'은 소리가 나지 않을 정도로 가볍게 발을 내디디는 모양을 생각하며 알맞은 목소리로 읽는다.

6 ㉮와 ㉯에서 슬비의 목소리나 말투가 서로 다르다면 그 까닭은 무엇입니까? ( )

> ㉮ 친구: 슬비야, 우리 고장의 유적지를 조사하는 숙제 나랑 같이 할래?
> 슬비: 그래, 알겠어.
> ㉯ 친구: 슬비야, 내일은 꼭 잊지 말고 나한테 빌려 간 책 가져와야 해.
> 슬비: 그래, 알겠어.

① ㉮와 ㉯에서 슬비가 대답하는 말이 달라져서
② ㉮와 ㉯에서 슬비와 대화하는 상대가 달라져서
③ ㉮와 ㉯에서 슬비가 대화하는 상황이 달라져서
④ ㉮는 슬비의 기분이 좋고, ㉯는 슬비가 화가 나서
⑤ ㉮는 슬비가 물어보고 있고, ㉯는 슬비가 대답하고 있어서

7~8 글을 읽고, 물음에 답하시오.

> 하지만 친구들은 레오 머리 위에 달린 델이 가짜라는 걸 금방 알았습니다. 레오는 다시 슬퍼졌습니다. / 레오는 가짜 델을 호수의 물로 녹여 없애 버렸습니다.
> 레오는 진짜 '꿈'에 대해 생각했습니다. 레오의 머리 위로 따뜻한 햇살이 비쳤습니다. 젖은 머리가 햇살을 받아 반짝반짝 빛났습니다. 레오의 머리에 눈부시게 반짝이는 건 바로 레오의 '델'이었습니다.

7 레오에게 '델'이 생긴 까닭은 무엇입니까?
( )

① 레오의 머리가 젖어 있었기 때문에
② 레오의 머리 위로 햇살이 비쳤기 때문에
③ 레오가 진짜 '꿈'에 대해 생각했기 때문에
④ 레오가 가짜 델을 물로 녹여 없앴기 때문에
⑤ 레오가 델을 가지고 싶다는 소원을 빌었기 때문에

---

8 이 이야기의 상황에 알맞은 레오의 표정을 찾아 선으로 이으시오.

(1) 레오에게 진짜 '델'이 생김. • • ① 기쁜 표정

(2) 레오가 진짜 '꿈'에 대해 생각함. • • ② 진지한 표정

(3) 레오의 델이 가짜인 걸 친구들이 알아차림. • • ③ 힘없고 슬픈 표정

---

9 다음 상황에 알맞은 표정과 몸짓, 목소리나 말투를 쓰시오.

> (자전거가 빠른 속도로 다가오자 놀라서 아이스크림을 땅에 떨어뜨린 상황) "너희 때문에 내가 놀라서 떨어뜨렸잖아."

---

10 빈칸에 알맞은 낱말을 보기 에서 골라 문장을 완성하시오.

> **보기**
> 깡충깡충   느릿느릿   엉금엉금

• 토끼가 풀밭을
( ) 뛰어다녀요.

1~3　시를 읽고, 물음에 답하시오.

> 산벚나무 가지에
> 봉긋봉긋 꽃봉오리들
> ㉠터질 듯 말 듯 웃음보따리
>
> 한입 가득
> 푸푸푸
> 잘도 참아 내고 있다
>
> 간질간질 봄 햇살이
> 한나절만 더 간질이면
>
> ㉡참았던 웃음꽃
> 푸하하하
> 마구 터뜨려 놓겠다.

1　㉠ '터질 듯 말 듯 웃음보따리'가 무엇을 표현한 것인지 쓰시오. [6점]

____

____

2　㉡을 보기 와 같이 바꾸면 느낌이 어떻게 다른지 쓰시오. [6점]

> 보기
>
> 참았던 웃음꽃
> 마구 터뜨려 놓겠다.

____

____

3　이 시에 나타난 장면을 자신의 경험과 연결하여 쓰시오. [6점]

____

____

4~5　대화를 보고, 물음에 답하시오.

> 가 친구: 슬비야, 우리 고장의 유적지를 조사하는 숙제 나랑 같이 할래?
> 슬비: 그래, 알겠어.
> 나 친구: 슬비야, 내일은 꼭 잊지 말고 나한테 빌려 간 책 가져와야 해.
> 슬비: 그래, 알겠어.

4　이 대화의 상황을 볼 때, 가와 나에서 슬비가 어떤 목소리나 말투로 대답하면 좋을지 쓰시오. [6점]

(1) 가	
(2) 나	

5　가와 나에서 슬비가 상황에 알맞은 목소리나 말투로 대화하지 않는다면 어떤 문제가 생길지 짐작하여 쓰시오. [6점]

____

____

1. 생생하게 표현해요

3학년 　　　반　　 점수
이름　　　　　　　/30점

정답과 해설 ● 29쪽

관련 성취 기준	감각적 표현에 유의하여 작품을 감상하고, 감각적 표현을 활용하여 자신의 생각이나 감정을 표현한다.
평가 목표	감각적 표현을 찾으며 시를 읽고 낭송할 수 있다.

1~3 감각적 표현을 찾으며 시를 읽어 봅시다.

가
빙글빙글 줄이 돌면
사뿐사뿐 뛰어올라

줄 위에서 폴짝폴짝
발 걸릴라 조심조심

빙글빙글 땅이 돌고
빙글빙글 하늘 돌고

살짝살짝 뛰어올라
사뿐사뿐 땅을 밟자

나
줄이 돌면
뛰어올라

줄 위에서
발 걸릴라

땅이 돌고
하늘 돌고

뛰어올라
땅을 밟자

1 **가**에서 감각적 표현을 찾고, 표현에 어울리는 낭송 방법을 쓰시오. [10점]

(1) 감각적 표현	(2) 낭송 방법

2 **가**와 비교할 때 **나**에서 달라진 점은 무엇인지 쓰시오. [10점]

3 **가**를 낭송할 때와 **나**를 낭송할 때 느낌이 어떻게 다른지 비교하여 쓰시오. [10점]

1 다른 사람과 생각이나 느낌을 나누기 위해 글을 읽고 쓸 때 주의해야 할 점을 보기 에서 모두 골라 기호를 쓰시오.

보기
㉠ 문장을 알맞게 띄어 읽는다.
㉡ 글자나 낱말을 바르게 쓴다.
㉢ 언제나 큰 목소리로 글을 읽는다.
㉣ 생각이나 느낌이 드러나지 않게 쓴다.

(　　　　　　　　　)

2~3 글을 읽고, 물음에 답하시오.

　오늘은 일요일입니다. 오랜만에 날씨가 맑습니다. 하늘은 파랗습니다. 바람은 시원합니다. 공원에는 사람들이 많습니다. 지호는 할아버지, 할머니와 함께 공원을 걷습니다. 지호는 공원에 있는 꽃밭에 도착합니다. 꽃밭에는 나비들이 날아다닙니다.
　"지호야, 나비가 신기하니?"
　할아버지께서 말씀하십니다. 지호가 고개를 끄덕입니다.

2 문장의 짜임을 정리한 내용이 알맞지 <u>않은</u> 것은 어느 것입니까?　(　　　)

	누가/무엇이	어찌하다/어떠하다/무엇이다
①	오늘은	일요일입니다.
②	날씨가	맑습니다.
③	하늘은	파랗습니다.
④	할아버지께서	말씀하십니다.
⑤	지호가 고개를	끄덕입니다.

3 이 글에서 '어떠하다'에 해당하는 낱말을 세 가지만 찾아 쓰시오.

(　　　　　　　　　)

4~5 글을 읽고, 물음에 답하시오.

　우리 조상들은 단오를 매우 중요한 명절로 여겼습니다. 논에 모내기를 하고 난 뒤 벼가 잘 자라기를 바라는 마음으로 단오를 지냈기 때문입니다. 단옷날에는 사람들의 건강을 바라는 다양한 풍습이 있습니다.
　단오는 음력 5월 5일입니다. 이때부터 우리나라의 날씨는 점점 더워집니다. 조상들은 더위를 이겨 내려고 부채를 주고받았습니다. 창포를 삶은 물에 머리를 감기도 했습니다. 그러면 나쁜 기운을 없앨 수 있다고 믿었습니다.

4 '단오'에 대하여 이 글에서 알 수 있는 내용이 <u>아닌</u> 것은 어느 것입니까?　(　　　)
① 논에 모내기를 하고 난 다음에 지냈다.
② 오늘날에는 잘 지내지 않는 명절이 되었다.
③ 사람들의 건강을 바라는 다양한 풍습이 있다.
④ 조상들은 더위를 이겨 내려고 부채를 주고받았다.
⑤ 나쁜 기운을 없애기 위해 창포물에 머리를 감기도 했다.

5 이 글에 쓰인 문장의 짜임을 구분한 것으로 알맞지 <u>않은</u> 것에 ×표를 하시오.

(1) 단오는 음력 5월 5일입니다.　(　　　)

단오는	음력 5월 5일입니다.
누가/무엇이	무엇이다

(2) 우리나라의 날씨는 점점 더워집니다.
(　　　)

우리나라의	날씨는 점점 더워집니다.
누가/무엇이	어떠하다

6~7 글을 읽고, 물음에 답하시오.

> 첫째, 발표하는 사람은 진지한 태도로 말해야 합니다. 자신이 발표할 내용이 질문에 알맞은 것인지 꼼꼼하게 살펴본 뒤에 발표합니다. 또한 다른 사람들이 잘 알아들을 수 있도록 또박또박 자신 있게 말해야 합니다.
>
> 둘째, 발표하는 사람은 차례를 지켜 말해야 합니다. 하고 싶은 말이 있어도 친구 말이 다 끝날 때까지 기다립니다. 그리고 자신의 차례가 되었을 때 발표합니다. 차례차례 발표하면 우리 모두 공평하게 말할 수 있습니다.
>
> 셋째, 듣는 사람은 발표하는 친구를 존중해야 합니다. 친구가 말하는 동안 다른 행동이나 딴생각을 하지 않습니다. ㉠우리는 가끔 친구 말을 이해하지 못하기도 합니다. 그때에는 발표한 친구의 기분을 생각하며 예의 바르게 궁금한 점을 질문합니다.

6 발표할 때 지켜야 하는 예절에는 어떤 것이 있는지 두 가지 고르시오. (,)

① 차례를 지켜 말한다.
② 발표하는 친구를 존중한다.
③ 재미있고 신나게 발표한다.
④ 발표를 이해하지 못해도 질문하지 않는다.
⑤ 친구가 말하는 동안 생각을 다양하게 한다.

서술형

7 ㉠을 ∨표시를 하며 알맞게 띄어 읽고, 그 부분에서 띄어 읽은 까닭을 쓰시오.

(1) ∨표시를 하며 띄어 읽기
(2) 띄어 읽은 까닭

8~9 글을 읽고, 물음에 답하시오.

> **가** 하나 둘 셋 "치즈!"
> 여행을 시작하는 기념으로 첫 사진을 찍어요.
> 치즈는 웃음 주문 같아요.
> "치즈!" 하면 입안에 침이 스르륵 고이면서 나도 모르게 웃게 되죠.
> **나** 첫 여행지는 중국. 나랑 가장 친한 친구 아린다네 집이에요.
> 중국에서는 사진을 찍을 때 "치에즈!"
> 치즈랑 발음은 비슷하지만 뜻은 달라요. 중국말로 가지라는 뜻이래요.

8 글 **가**에서 치즈를 웃음 주문 같다고 말한 까닭을 쓰시오.

( )

9 이 이야기를 실감 나게 읽은 것에 ○표를 하시오.

(1) "치즈!"는 사진을 찍을 때 말하는 것처럼 읽는다. ( )
(2) '나랑 가장 친한 친구'에서 '가장'을 작은 목소리로 읽는다. ( )

10 빈칸에 알맞은 낱말을 찾아 선으로 이으시오.

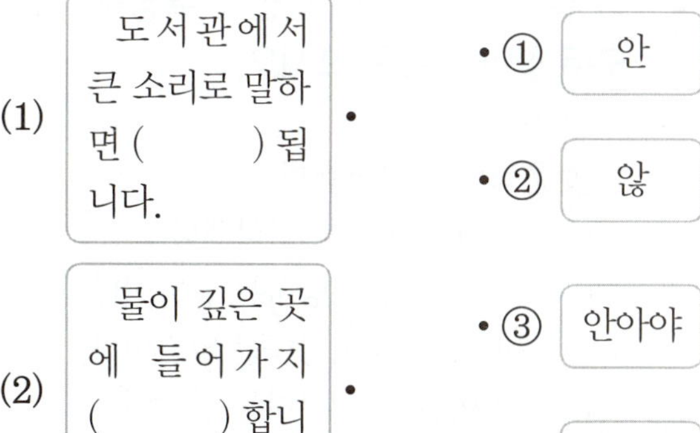

(1) · ·
(2) · ·

3학년   반   점수

이름

1 보기 의 의미를 나타내도록 문장을 알맞게 띄어 읽은 것에 ○표를 하시오.

> 보기
>
> 강아지가 앞발을 나한테 내밀었다고 글을 썼어.

(1) 강아지가∨발을∨저에게∨내밀었습니다. ( )

(2) 강아지∨가발을∨저에게∨내밀었습니다. ( )

2~3 글을 읽고, 물음에 답하시오.

> "지호야, 나비가 신기하니?"
> 할아버지께서 말씀하십니다. 지호가 고개를 끄덕입니다. 노란 나비가 파란 하늘로 날아오릅니다. 지호는 나비를 보며 손을 뻗습니다.
> "나비도 봄 하늘이 좋은가 봐요!"
> 지호가 말합니다. 할머니께서는 빙그레 웃으십니다. 봄 햇볕이 따뜻합니다. 지호는 행복합니다.

2 이 글에서 지호의 마음을 표현한 문장을 찾고, 문장의 짜임에 따라 나누어 쓰시오.

(1) [ ] 누가

(2) [ ] 어떠하다

3 이 글에서 밑줄 친 낱말의 특징을 보기 에서 모두 찾아 기호를 쓰시오.

> 보기
>
> ㉠ 움직임을 나타낸다.
> ㉡ 성질이나 상태를 나타낸다.
> ㉢ '어찌하다'에 해당하는 낱말이다.
> ㉣ '어떠하다'에 해당하는 낱말이다.
> ㉤ '무엇이다'에 해당하는 낱말이다.

( )

4~5 글을 읽고, 물음에 답하시오.

> 단옷날에 먹는 음식으로는 수리취떡과 앵두화채가 있습니다. 수리취떡은 수레바퀴 모양과 닮았습니다. 앵두화채는 수리취떡과 어울리는 음식입니다. 초여름에 잘 익은 앵두는 빨갛습니다. 사람들은 앵두로 시원한 화채를 만들어 먹었습니다. 시원한 앵두화채를 마시며 여름철 피로를 풀었습니다.
> 우리 조상들은 단옷날에 다양한 놀이도 즐겼습니다. 남자들은 마당에 모여 씨름 대회를 열었습니다. 사람들은 씨름 대회 우승자를 천하장사라고 불렀습니다. 여자들은 그네를 타면서 즐겁게 보냈습니다.

4 이 글에 나타난 단옷날의 풍습이 아닌 것은 무엇입니까? ( )

① 수리취떡을 먹었다.
② 마당에 모여 씨름 대회를 열었다.
③ 잘 익은 빨간 앵두로 화채를 만들었다.
④ 그네를 타면서 즐겁게 보내기도 하였다.
⑤ 수박화채를 먹으며 여름철 피로를 풀었다.

5 보기 와 같이 문장의 짜임에 따라 읽은 것이 아닌 것은 무엇입니까? ( )

> 보기
>
> 문장의 짜임에 따라 '누가/무엇이' 다음에 조금 띄어 읽습니다.

① 수리취떡은∨수레바퀴 모양과 닮았습니다.
② 앵두화채는∨수리취떡과 어울리는 음식입니다.
③ 초여름에 잘 익은 앵두는∨빨갛습니다.
④ 우리 조상들은∨단옷날에 다양한 놀이도 즐겼습니다.
⑤ 사람들은 씨름 대회 우승자를∨천하장사라고 불렀습니다.

6~7 글을 읽고, 물음에 답하시오.

> 우리는 학교에서 발표를 합니다. 발표는 자신의 생각을 말하는 활동입니다. 발표하는 사람과 듣는 사람 모두 예절을 지켜야 합니다. 발표할 때 지켜야 할 예절에는 무엇이 있을까요?
>
> 첫째, 발표하는 사람은 진지한 태도로 말해야 합니다. 자신이 발표할 내용이 질문에 알맞은 것인지 꼼꼼하게 살펴본 뒤에 발표합니다. 또한 다른 사람들이 잘 알아들을 수 있도록 또박또박 자신 있게 말해야 합니다.
>
> 둘째, 발표하는 사람은 차례를 지켜 말해야 합니다. 하고 싶은 말이 있어도 친구 말이 다 끝날 때까지 기다립니다. 그리고 자신의 차례가 되었을 때 발표합니다. 차례차례 발표하면 우리 모두 공평하게 말할 수 있습니다.
>
> 셋째, 듣는 사람은 발표하는 친구를 존중해야 합니다. 친구가 말하는 동안 다른 행동이나 딴생각을 하지 않습니다. 우리는 가끔 친구 말을 이해하지 못하기도 합니다. 그때에는 발표한 친구의 기분을 생각하며 예의 바르게 궁금한 점을 질문합니다.

6 이 글에서 글쓴이가 전하려는 내용은 무엇인지 네 글자로 쓰시오.

(   )

7 발표를 하거나 듣는 태도가 알맞지 <u>않은</u> 친구는 누구입니까? (   )

① 하민이는 발표를 들으면서 자기가 발표할 내용을 정리하였다.
② 수진이는 잘 이해하지 못한 내용이 있어서 예의를 갖추어 질문하였다.
③ 진우는 발표할 내용이 질문에 알맞은지 꼼꼼히 확인한 뒤에 발표하였다.
④ 세나는 친구들이 잘 들을 수 있는 크기의 목소리로 또박또박 발표하였다.
⑤ 민재는 하고 싶은 말이 있었지만 다른 친구의 말이 끝날 때까지 기다렸다가 말했다.

8~9 글을 읽고, 물음에 답하시오.

> **가** 첫 여행지는 중국. ㉠나랑 가장 친한 친구 아린다네 집이에요.
> 중국에서는 사진을 찍을 때 "치에즈!"
> 치즈랑 발음은 비슷하지만 뜻은 달라요. 중국 말로 가지라는 뜻이래요.
> **가** ㉡아저씨는 프랑스에서 태어났대요.
> 프랑스에서는 사진을 찍을 때 ㉢"위스띠띠!"
> 프랑스 말로는 비단원숭이라는 뜻이래요.
> ㉣왜 하필 원숭이냐고요?

8 ㉠~㉣을 실감 나게 읽을 때 알맞지 <u>않은</u> 것은 무엇입니까? (   )

① ㉠에서 '집이에요'는 '무엇이다'에 해당하는 낱말이므로 그 의미에 알맞은 마음이 잘 전해지도록 읽는다.
② ㉡을 읽을 때에는 뜻이 잘 전달되도록 또박또박 읽는다.
③ ㉢은 말하는 것처럼 읽는다.
④ ㉣은 물어볼 때처럼 읽는다.
⑤ ㉠~㉣을 실감 나게 읽으면 이야기가 더 잘 이해된다.

서술형

9 이 글의 주인공처럼 만약 내가 세계여행을 떠난다면 어느 나라 사람을 만나서 무엇을 하고 싶은지 쓰시오.

____

____

10 다음 문장을 문장의 짜임에 맞게 고친 것에 ○표를 하시오.

> 잘 익은 앵두는 뛰었습니다.

(1) 잘 익은 앵두는 열렸습니다. (   )
(2) 잘 익은 앵두는 붉은색입니다. (   )

1 '어찌하다'와 '어떠하다'를 나타내는 낱말을 주변에서 찾아 각각 <u>세 가지</u> 이상 쓰시오. [6점]

(1) 어찌하다

(2) 어떠하다

2 다음 그림을 보고, 사람들이 무엇을 하고 있는지 문장의 짜임에 맞게 쓰시오. [6점]

(1) 누가/무엇이

(2) 어찌하다

3 다음 문장을 어느 부분에서 띄어 읽어야 하는지 표시하고 (1)~(3)에 그 까닭을 쓰시오. [6점]

> 우리는 학교에서 발표를 합니다. 발표는 자신의 생각을 말하는 활동입니다.

(1)

(2)

(3)

4~5 글을 읽고, 물음에 답하시오.

　오늘은 토요일. 할아버지와 외출하는 날이에요. 할아버지는 여행을 좋아해요. 밤마다 세계여행을 꿈꾸며 잠이 드신대요. 하지만 건강이 좋지 않아 긴 여행은 할 수가 없어요.

　그래서 우린 계획을 하나 세웠어요. 토요일마다 할아버지와 함께 동네 여행을 하기로 말이에요. 우리 동네에는 세계 여러 나라 친구들이 살고 있거든요. 우리만의 세계여행인 셈이죠. 기념사진도 꼭 찍을 거예요.

　하나 둘 셋 "치즈!"

　여행을 시작하는 기념으로 첫 사진을 찍어요. 치즈는 웃음 주문 같아요.

　"치즈!" 하면 입안에 침이 스르륵 고이면서 나도 모르게 웃게 되죠.

　할아버지가 그러는데 여행은 떠나기 전 설레는 기분부터 시작이래요.

4 편찮으신 할아버지와 주인공이 동네에서 세계여행을 하는 모습을 보며 어떤 생각이 들었는지 쓰시오. [6점]

5 이 글에서 밑줄 친 부분을 실감 나게 읽는 방법을 쓰시오. [6점]

수행 평가   2. 분명하고 유창하게

3학년   반   점수

이름   /30점

관련 성취 기준	기본적인 문장의 짜임을 이해하고 적절하게 사용한다.
평가 목표	문장의 짜임을 생각하며 문장을 바르게 읽고 쓸 수 있다.

1~3 그림을 보고 물음에 답해 봅시다.

1 이 그림을 보고 떠오르는 문장을 '누가/무엇이'+'어찌하다/어떠하다/무엇이다'로 쓰시오. [20점]

(1)

누가/무엇이

(2)

어찌하다

(3)

누가/무엇이

(4)

어떠하다

(5)

누가/무엇이

(6)

무엇이다

2 1번 문제에서 정리한 문장을 모아 짧은 글을 쓰시오. [10점]

1~2 글을 읽고, 물음에 답하시오.

> ㉠『흥부전』을 읽고 흥부가 부러진 제비 다리를 치료해 준 부분에서 감동을 느꼈다. ㉡나는 제비가 왜 나무 위가 아니라 처마 밑에 집을 짓는지 궁금했다. ㉢감동을 느낀 까닭은 작은 생명도 소중히 여기는 흥부의 착한 마음이 느껴졌기 때문이다.

1 이 글에 대한 내용으로 알맞지 <u>않은</u> 것은 어느 것입니까? (   )

① 『흥부전』을 읽고 쓴 글이다.
② 짜임새 있게 연결되지 않은 부분이 있다.
③ 제비가 짓는 집에 대해 알아보기 위해 책을 읽었다.
④ 작은 생명도 소중히 여기는 흥부의 착한 마음을 느꼈다.
⑤ 흥부가 부러진 제비 다리를 치료해 주었던 부분에서 감동을 느꼈다.

서술형

2 이 글에서 짜임새 있게 연결되지 <u>않은</u> 문장을 ㉠~㉢ 중에 고르고 그 까닭을 함께 쓰시오.

(1) 짜임새 있게 연결되지 않은 문장	
(2) 그 까닭	

3~4 글을 읽고, 물음에 답하시오.

> **가** ㉠플라스틱은 좋은 점이 많아 우리 생활에서 널리 사용됩니다. ㉡플라스틱은 일정한 온도에서 모양을 자유롭게 바꿀 수 있어 장난감, 페트병과 같은 다양한 물건을 만드는 데 쓰입니다. ㉢또한 플라스틱으로 만든 물건은 단단하고 가벼울 뿐만 아니라 녹이 슬지 않습니다.
>
> **나** 그러나 플라스틱 때문에 환경이 오염되기도 합니다. 플라스틱은 썩는 데 300년에서 500년이 걸리기 때문에 쓰레기가 되어 땅에 묻혔을 때 땅이 오염됩니다. 또 바다로 흘러들어가 해양 환경을 해치기도 합니다.

3 문단 **가**의 ㉠~㉢을 중심 문장과 뒷받침 문장으로 구분하시오.

(1) 중심 문장: (   )
(2) 뒷받침 문장: (   )

4 플라스틱이 환경을 오염시키는 까닭은 무엇입니까? (   )

① 녹이 슬지 않아서
② 단단하고 가벼워서
③ 썩는 데 너무 오래 걸려서
④ 우리 생활에서 잘 사용되지 않아서
⑤ 일정한 온도에서 모양을 자유롭게 바꿀 수 있어서

5 다음 글의 중심 문장을 쓰시오.

> 우리 학교에는 다양한 장소가 있습니다. 학생들이 수업을 듣는 교실이 있습니다. 책을 읽거나 빌릴 수 있는 도서관도 있습니다. 체육 시간에 운동을 하거나 학교의 행사가 열리는 강당이 있습니다.

(   )

6~7 시를 읽고, 물음에 답하시오.

우리 집 비밀번호
□□□□□□

누르는 소리로 알아요
□□□ □□□□는 엄마
□□ □□□ □□는 아빠
□□□□ □□□는 누나
할머니는
㉠□□ □ □
□ □ □

제일 천천히 눌러도
제일 빨리 나를 부르던
이제 기억으로만 남은 소리

보 고 싶 은
할 머 니.

6 글쓴이가 ㉠을 어떤 말로 표현하였는지 이 시에서 찾아 쓰시오.

( )

7 이 시의 내용과 비슷한 경험은 어느 것입니까?
( )
① 친구와 말다툼을 해서 속상했던 경험
② 갑자기 들려온 이상한 소리에 깜짝 놀랐던 경험
③ 바뀐 비밀번호가 기억나지 않아 집에 들어가지 못했던 경험
④ 비밀번호를 누르며 장난을 치다가 부모님께 꾸중을 들은 경험
⑤ 전학 간 친구가 즐겨 부르던 노래를 듣고 그 친구가 보고 싶어졌던 경험

8~9 글을 읽고, 물음에 답하시오.

"아저씨, 죄송해요. 저희는 지금 돈이 없어서 선글라스를 살 수가 없어요. 줄넘기를 사야 하거든요."
한솔이의 말에 은솔이도 어깨를 축 늘어뜨린 채 선글라스를 벗어 아저씨에게 돌려주었습니다.
"맞아요. 저는 돈이 한 푼도 없어요."
아이들 말에 콧수염 아저씨는 어깨를 으쓱하고 올렸다 내렸습니다.
"얘들아, 그럼 두 시간만 빌려줄까? 빌려주는 건 무료거든. 대신 꼭 두 시간이 지나면 돌려줘야 해. 아저씨가 너희를 믿고 빌려주는 거니까 말이야."
콧수염 아저씨는 빙그레 웃으며 선글라스를 다시 내밀었습니다.

8 한솔이와 은솔이가 선글라스를 살 수 없었던 이유는 무엇입니까? ( )
① 돈이 없어서
② 아저씨를 믿지 못해서
③ 선글라스가 하나뿐이어서
④ 어린이용 선글라스가 없어서
⑤ 아저씨가 선글라스를 빌려주어서

9 은솔이와 한솔이가 원래 사려고 했던 것은 무엇인지 쓰시오.

( )

10 ㉠, ㉡을 재미나 감동을 느낀 부분과 까닭으로 구분하여 쓰시오.

㉠나는 아저씨가 선글라스를 빌려주겠다고 말하는 부분이 재미있었다. ㉡콧수염 아저씨에게 뭔가 비밀이 있을 것 같고, 선글라스를 끼면 신기한 일이 일어날 것 같아 마음이 두근거렸기 때문이다.

(1) 재미나 감동을 느낀 부분: ( )
(2) 그 까닭: ( )

1~2 글을 읽고, 물음에 답하시오.

> **가** 『흥부전』을 읽고 흥부가 부러진 제비 다리를 치료해 준 부분에서 감동을 느꼈다. 나는 제비가 왜 나무 위가 아니라 처마 밑에 집을 짓는지 궁금했다. 감동을 느낀 까닭은 작은 생명도 소중히 여기는 흥부의 착한 마음이 느껴졌기 때문이다.
>
> **나** 『흥부전』을 읽고 흥부가 부러진 제비 다리를 치료해 준 부분에서 감동을 느꼈다. 왜냐하면 작은 생명도 소중히 여기는 흥부의 착한 마음이 느껴졌기 때문이다. 앞으로 나도 흥부처럼 모든 생명을 소중히 여겨야겠다.

1 글 **가**와 **나**에 대한 설명으로 알맞지 **않은** 것은 어느 것입니까?   （   ）

① 두 글 모두 『흥부전』을 읽고 쓴 글이다.
② 글 **가**는 작은 생명도 소중히 여기는 흥부의 착한 마음을 느꼈다.
③ 글 **가**는 제비가 처마 밑에 집을 지은 부분에서 감동을 느꼈다.
④ 글 **나**는 흥부처럼 모든 생명을 소중히 여겨야겠다고 생각했다.
⑤ 글 **나**는 흥부가 제비 다리를 치료해 준 부분에서 감동을 느꼈다.

2 글 **가**와 **나** 가운데 글이 짜임새 있게 연결되지 **않은** 글의 기호를 쓰시오.
（   ）

3 다음에서 설명하는 것은 무엇입니까?（   ）

> 문장이 모여 한 가지 생각을 나타내는 글의 단위

① 문단   ② 주제
③ 글쓴이   ④ 중심 문장
⑤ 뒷받침 문장

4 ㉠~㉢ 가운데에서 뒷받침 문장에 해당하는 것의 기호를 **모두** 쓰시오.

> ㉠그러나 플라스틱 때문에 환경이 오염되기도 합니다. ㉡플라스틱은 썩는 데 300년에서 500년이 걸리기 때문에 쓰레기가 되어 땅에 묻혔을 때 땅이 오염됩니다. ㉢또 바다로 흘러들어가 해양 환경을 해치기도 합니다.

（   ）

5 문단을 중심 문장과 뒷받침 문장으로 구분하면 좋은 점은 무엇입니까?   （   ）

① 글의 내용을 잘 이해할 수 있다.
② 글의 길이를 더 길게 만들 수 있다.
③ 글의 내용을 마음대로 바꿀 수 있다.
④ 글의 내용을 복잡하게 정리할 수 있다.
⑤ 읽는 사람이 이해하기 어려운 글이 될 수 있다.

6~7 글을 읽고, 물음에 답하시오.

우리 학교에는 다양한 장소가 있습니다. 학생들이 수업을 듣는 교실이 있습니다. 책을 읽거나 빌릴 수 있는 도서관도 있습니다. 체육 시간에 운동을 하거나 학교의 행사가 열리는 강당이 있습니다. ㉠저는 체육 시간에 친구들과 피구를 하는 것이 가장 좋습니다.

6 이 글의 중심 문장으로 알맞은 것은 무엇입니까?　　(　　)

① 우리 학교에는 다양한 장소가 있습니다.
② 학생들이 수업을 듣는 교실이 있습니다.
③ 책을 읽거나 빌릴 수 있는 도서관도 있습니다.
④ 체육 시간에 운동을 하거나 학교의 행사가 열리는 강당이 있습니다.
⑤ 저는 체육 시간에 친구들과 피구를 하는 것이 가장 좋습니다.

7 ㉠을 중심 문장에 어울리는 뒷받침 문장으로 알맞게 고쳐 쓴 것은 무엇입니까?　(　　)

① 저는 체육 시간에는 나가기 싫습니다.
② 도서관에는 제가 좋아하는 책이 많습니다.
③ 교실에서는 위험하게 뛰지 않으면 좋겠습니다.
④ 내일 오전 10시에는 강당에서 행사가 열립니다.
⑤ 학생들이 아플 때 치료받을 수 있는 보건실도 있습니다.

8~10 글을 읽고, 물음에 답하시오.

할아버지는 택배를 나르느라 얼굴과 등이 땀으로 범벅이 되어 있었습니다. 꼬깃꼬깃한 돈을 꺼내어 신발을 계산한 할아버지는 싱글벙글 웃으며 손자를 찾아갔습니다.

"할애비가 신발 사 왔단다. 신어 보렴."

세 살쯤 되어 보이는 꼬마 아이는 신발을 신고 아장아장 걸었습니다. 걸을 때마다 신발에서 삑삑 소리가 나자 꼬마 아이는 신나서 손뼉을 쳤습니다.

"그래, 이 맛에 돈을 벌지."

할아버지는 함박웃음을 지으며 이마의 땀을 닦았습니다. 하지만 꼬마 아이가 자라자 신발은 금세 버려졌습니다. 버려진 신발은 새것 같아 분실물 센터까지 오게 되었습니다.

8 신발의 주인은 누구였는지 쓰시오.

(　　　　　　　　　)

9 신발이 분실물 센터까지 오게 된 까닭은 무엇입니까?　　(　　)

① 아이가 신발을 잃어버려서
② 누군가 신발을 몰래 가져가서
③ 아이가 신발을 마음에 들어하지 않아서
④ 할아비지가 신발을 분실물 센터에 기증해서
⑤ 아이가 자라자 신발이 금세 버려졌는데 새것 같아서

서술형

10 이 글에서 재미나 감동을 느낀 부분을 그 까닭과 함께 쓰시오.

____

____

____

____

서술형 평가

3. 짜임새 있는 글, 재미와 감동이 있는 글

3학년 　　반　　점수

이름　　　/30점

1 다음 글에서 ㉠을 삭제하는 것이 더 좋은 까닭이 무엇인지 쓰시오. [6점]

> 『흥부전』을 읽고 흥부가 부러진 제비 다리를 치료해 준 부분에서 감동을 느꼈다. ㉠나는 제비가 왜 나무 위가 아니라 처마 밑에 집을 짓는지 궁금했다. 감동을 느낀 까닭은 작은 생명도 소중히 여기는 흥부의 착한 마음이 느껴졌기 때문이다.

____

____

____

2 문단에서 중심 문장은 어떻게 찾을 수 있는지 쓰시오. [6점]

____

____

3 다음 글에서 중심 문장을 찾아 쓰시오. [6점]

> 개는 무섭거나 두려울 때 꼬리를 내려 뒷다리 사이로 숨깁니다. 고양이는 무서울 때 털을 바짝 세우거나 몸을 웅크립니다. 달팽이는 공포를 느낄 때 더듬이를 숨깁니다. 이처럼 동물마다 무서울 때 자신의 감정을 표현하는 방법이 다릅니다.

____

____

4~5 글을 읽고, 물음에 답하시오.

> 분실물 장터의 물건을 바라보던 한솔이에게 무언가 다른 것이 보였습니다. 한솔이는 놀라서 얼른 선글라스를 벗었습니다. 선글라스를 벗은 상태에서는 눈에 보이는 그대로의 모습이 보였습니다. 하지만 선글라스를 쓰면 또 다른 세상이 보였습니다. 마치 영화를 보는 것처럼 다른 장면들이 보였습니다.
>
> "은, 은솔아. 이상해. 내 선글라스가 좀 이상한 것 같아."
>
> 한솔이는 손을 더듬어 아까부터 조용히 있던 은솔이를 잡았습니다. 은솔이도 고개를 끄덕이며 대답했습니다.
>
> "그러게. 내 선글라스도 이상해. 뭐가 보이긴 하는데, 뭔지 모르겠어."
>
> 둘은 사람들이 밀치고 지나가는 것도 모르고 제자리에 서 있었습니다. 선글라스를 끼고 보는 세상에서는 장터에 없는 사람들이 보였습니다. 장터에 있는 물건들을 사는 사람들과 선물받은 사람들이 보였습니다.

4 선글라스를 끼고 보는 세상에서는 무엇이 보였는지 쓰시오. [6점]

____

____

5 이 글을 읽고 재미나 감동을 느낀 부분과 그 까닭을 쓰시오. [6점]

(1) 재미나 감동을 느낀 부분	
(2) 그 까닭	

3학년	반	점수
이름		/30점

정답과 해설 ● 33쪽

관련 성취 기준	재미나 감동을 느끼며 작품을 즐겨 감상하는 태도를 지닌다.
평가 목표	작품에서 느낀 재미나 감동을 발표할 수 있다.

1~3 재미나 감동을 주는 부분을 생각하며 시를 읽어 봅시다.

비밀번호

우리 집 비밀번호
☐☐☐☐☐☐

누르는 소리로 알아요
☐☐☐ ☐☐☐☐는 엄마
☐☐ ☐☐☐ ☐☐는 아빠
☐☐☐☐ ☐☐☐는 누나
할머니는
㉠☐ ☐ ☐ ☐
☐ ☐ ☐

제일 천천히 눌러도
제일 빨리 나를 부르던
이제 기억으로만 남은 소리

보 고 싶 은
할 머 니.

1 할머니가 누르신 비밀번호가 ㉠과 같은 소리로 들린 까닭은 무엇이겠는지 쓰시오. [10점]

____

2 이 시를 읽고 떠오르는 장면을 쓰시오. [10점]

____

____

3 이 시에서 느낀 재미나 감동을 그 까닭과 함께 쓰시오. [10점]

(1) 시에서 느낀 재미나 감동	
(2) 그 까닭	

1~2 글을 읽고, 물음에 답하시오.

> 하늘은 맑은데 나무 밑에서 맞는 물방울, 그 정체는 무엇일까요? 그것은 바로 매미가 내뿜는 액체일 수도 있습니다. 매미가 내뿜는 액체를 알아볼까요?
>
> 첫째, 매미는 배 밑의 구멍에서 자신이 먹은 것을 내뿜어요. 매미는 자신의 몸무게보다 훨씬 많은 나무의 수액을 마셔요. 그리고 먹은 것 대부분을 몸 밖으로 내뿜어요.
>
> 둘째, 매미는 액체를 내뿜으면서 자신의 몸을 보호하기도 해요. 몸속에 저장한 수액을 내뿜은 매미는 몸이 가벼워져서 빨리 날아서 천적에게서 도망갈 수 있거든요.
>
> 셋째, 매미가 내뿜는 액체는 단맛이 납니다.

1 이 글에서 설명한 내용으로 알맞지 <u>않은</u> 것은 무엇입니까? ( )

① 매미는 나무의 수액을 마신다.
② 매미가 내뿜는 액체는 단맛이 난다.
③ 액체를 내뿜은 매미는 몸이 가벼워진다.
④ 매미는 배 밑의 구멍에서 액체를 내뿜는다.
⑤ 매미가 액체를 내뿜으면 천적에게 잡아먹힐 위험이 커진다.

2 다음은 이 글의 중요한 내용을 간단히 정리한 것입니다. 정리한 방법으로 알맞은 것을 <u>두 가지</u> 고르시오. (,)

> 제목: 매미가 내뿜는 액체
> 1. 배 밑의 구멍에서 액체를 내뿜음.
> 2. 액체를 내뿜으며 몸을 보호함. ☆
> 3. 액체는 단맛이 남.

① 중요한 낱말만 썼다.
② 내용에 어울리는 제목을 썼다.
③ 설명하는 내용을 그대로 다 썼다.
④ 문단의 중심 문장을 그대로 썼다.
⑤ 밑줄과 기호로 중요한 내용을 강조했다.

3~5 글을 읽고, 물음에 답하시오.

> **가** 5월은 우리가 잘 알고 있는 어린이날, 어버이날, 스승의 날, 바다 식목일 같은 기념일, 그리고 축제, 행사가 많은 달이죠! 그런데 5월 31일도 기념일이란 것 알고 계신가요? 바로 바다의 날입니다.
>
> **나** 바다의 날은 바다의 소중함과 가치를 국민에게 알리고 바다 관련 사업의 중요성에 대한 인식을 높이기 위해 1996년에 제정된 법정 기념일이에요. 그런데 왜 하필 5월 31일을 바다의 날로 정했는지 문득 궁금해지는데요.
>
> **다** 당나라의 해적들이 신라인을 납치해서 노비로 사고파는 참혹한 모습에 충격을 받은 장보고가 이를 막기 위해 828년, 군사 1만 명과 함께 청해에 진을 설치하여 해적들을 소탕하였는데요. 거기다 청해진을 중심으로 신라와 당, 일본을 잇는 해상 무역로를 개척, 당나라와 일본을 잇는 중개 무역을 통해 동아시아의 해상 무역을 주도하였습니다. 이 청해진을 설치한 날이 바로 5월 31일이랍니다.

3 이 글은 영상 자료의 대본입니다. 이 영상 자료를 보는 목적은 무엇일지 빈칸에 알맞은 말을 쓰시오.

• ( )에 대해 알기 위해

4 이 영상 자료의 중요한 내용을 메모할 때 들어갈 내용이 <u>아닌</u> 것에 ×표를 하시오.

(1) 바다의 날이 5월 31일인 까닭 ( )
(2) 5월에 있는 여러 기념일의 이름 ( )
(3) 바다의 날을 기념일로 정한 이유 ( )

5 글 **다**에서 다음 뜻을 가진 낱말을 찾아 쓰시오.

> 나라와 나라 사이에 서로 물품을 사고파는 일.

( )

6~8 글을 읽고, 물음에 답하시오.

❶ 된장은 콩으로 만든 메주를 재료로 사용합니다. ㉠메주로 된장을 만드는 방법을 알아봅시다.
❷ ㉡먼저, 된장의 재료가 되는 메주를 만들어 잘 말립니다. 찧은 콩 반죽을 대게 네모난 모양으로 빚습니다. ㉢따뜻한 곳에서 메주를 꾸덕꾸덕할 때까지 말립니다. 메주를 따뜻한 곳에 두면 우리 몸에 이로운 성분이 생깁니다. 23일간 메주를 잘 말려 볏짚으로 묶어 띄울 준비를 합니다.
❸ ㉣그다음으로, 메주를 볏짚으로 묶어 바람이 잘 통하는 곳에 매달아 놓습니다. 볏짚과 공기 중에는 메주를 발효시키는 여러 가지 미생물이 살고 있습니다. ㉤메주를 서너 달 동안 매달아 놓으면 된장의 고유한 맛과 향을 내는 미생물이 많이 퍼집니다. 이 성분을 사람들이 먹으면 몸이 튼튼하고 건강해집니다. 이렇게 잘 띄운 메주를 깨끗이 씻어서 햇볕에 적당히 말립니다.

6 이 글에서 된장의 재료는 무엇이라고 하였는지 빈칸에 알맞은 말을 각각 쓰시오.

> 된장의 재료는 (1)(　　　　　　　)(으)로 만든 (2)(　　　　　　)입니다.

7 우리 몸에 이로운 성분이 생기게 하기 위해 메주를 어떻게 하는지 알맞은 것에 ○표를 하시오.

(1) 깨끗이 씻는다. (　　)
(2) 따뜻한 곳에서 말린다. (　　)
(3) 대게 네모난 모양으로 빚는다. (　　)

8 ㉠~㉤ 중 뒷받침 문장을 바르게 찾은 것은 무엇입니까? (　　)

① ㉡, ㉤
② ㉢, ㉤
③ ㉠, ㉡, ㉣
④ ㉠, ㉡, ㉤
⑤ ㉠, ㉢, ㉣

9~10 글을 읽고, 물음에 답하시오.

　내 감자가 생긴 건 한 달도 더 앞이에요. 할머니네 감자밭을 지나는데, 이랑마다 감자꽃이 하얗게 피어 있었어요.
　그런데 자줏빛 꽃 하나가 눈에 띄었어요.
　"히야!"
　자줏빛 꽃을 보니, 고구마가 생각났어요.
　"할머니, 저기에는 고구마가 달려?"
　이랬더니 할머니랑 아빠가 막 웃었어요. 엄마는 고개를 갸웃했어요. 아빠가 웃으며 말했어요.
　"어무이, 저 감자에 뭐가 달리나 수수께끼 내입시더."
　"그라까? 솔이랑 어멈이 맞힐랑가?"
　엄마는 고개를 절레절레, 그래서 내가 말했어요.
　"할머니, 지금 캐면 안 돼?"
　"때 되마 솔이가 캐면 되제."
　"그럼 저거 내 감자 할 거야. 할머니가 잘 가꿔야 돼!"
　"오야오야. 자주 꽃 핀 감자, 이제 솔이 끼다."
　그래서 내 감자가 생긴 거예요.

9 이 글에서 일어난 일로 알맞은 것을 두 가지 고르시오. (　　, 　　)

① 자줏빛 꽃이 핀 감자를 솔이의 감자라고 정했다.
② 아빠와 솔이가 자줏빛 꽃이 핀 감자를 캐 보았다.
③ 솔이가 감자밭에서 자줏빛 꽃이 핀 감자를 보았다.
④ 솔이는 자줏빛 꽃이 핀 감자를 잘 가꾸기로 약속했다.
⑤ 할머니가 자줏빛 꽃이 핀 감자에 무엇이 달리는지 알려 주셨다.

서술형
10 이 글에서 솔이의 마음은 어떠할지 쓰시오.

____

____

1 빈칸에 들어갈 말로 알맞은 것은 무엇입니까? ( )

> ( )을 메모라고 한다.

① 마음을 전하는 글
② 생각을 나타내는 글
③ 재미있게 꾸며 쓴 글
④ 중요한 내용을 간단히 쓴 글
⑤ 어떤 내용을 소개하여 알려 주는 글

[2~4] 글을 읽고, 물음에 답하시오.

> **가** 매미가 내뿜는 액체를 알아볼까요?
>
> 첫째, 매미는 배 밑의 구멍에서 자신이 먹은 것을 내뿜어요. 매미는 자신의 몸무게보다 훨씬 많은 나무의 수액을 마셔요. 그리고 먹은 것 대부분을 몸 밖으로 내뿜어요.
>
> 둘째, 매미는 액체를 내뿜으면서 자신의 몸을 보호하기도 해요. 몸속에 저장한 수액을 내뿜은 매미는 몸이 가벼워져서 빨리 날아서 천적에게서 도망갈 수 있거든요.
>
> 셋째, 매미가 내뿜는 액체는 단맛이 납니다. 만약 맑은 날 나무 아래에서 갑자기 물방울을 맞았다면 "아, 시원하네!" 하고 한껏 웃어 봐요.
>
> **나**
> 제목: ㉠
> 1. 배 밑의 구멍에서 액체를 내뿜음.
> 2. 액체를 내뿜으며 몸을 보호함. 
> 3. 액체는 단맛이 남.

2 글 **가** 에서 매미는 자신이 먹은 수액을 어디에서 내뿜는다고 하였습니까? ( )

① 입
② 날개
③ 다리 끝
④ 등에 난 구멍
⑤ 배 밑의 구멍

3 **나** 는 글 **가** 의 중요한 내용을 정리한 것입니다. ㉠에 들어갈 제목으로 가장 알맞은 것에 ○표를 하시오.

(1) 매미와 나무 수액 ( )
(2) 맑은 날의 물방울 ( )
(3) 매미가 내뿜는 액체 ( )

서술형

4 **나** 를 보고, 중요한 내용을 간단히 정리하는 방법을 두 가지 쓰시오.

(1) ____________________

____

(2) ____________________

____

5 다음 글에서 중요한 내용을 바르게 이해한 친구의 이름을 쓰시오.

> 안전하고 행복한 현장 체험 학습을 위해 버스 탑승 시 지켜야 할 사항을 말씀드리겠습니다. / 먼저, 버스를 타고 내릴 때의 주의 사항을 말씀드리겠습니다. 버스 출입문은 앞쪽에 한 개가 있습니다. 이 문을 이용하실 때에는 질서를 지켜서 차례차례 오르내려야 합니다. 양보하지 않고 뛰거나 밀치면 큰 사고가 발생할 수 있으므로 이 점을 꼭 지켜 주시기 바랍니다.

> 민아: 버스 안에서 뛰거나 다른 사람을 밀치면 안전 운전에 방해가 되어 위험해.
> 주원: 버스 출입문이 하나이므로 버스를 타고 내릴 때 질서를 지켜 차례로 오르내려려 해.

( )

6~7 글을 읽고, 물음에 답하시오.

❶ 된장은 우리나라의 대표적인 먹거리입니다. 된장은 콩으로 만든 메주를 재료로 사용합니다. 메주로 된장을 만드는 방법을 알아봅시다.

❷ 먼저, 된장의 재료가 되는 메주를 만들어 잘 말립니다. 찧은 콩 반죽을 대게 네모난 모양으로 빚습니다. 따뜻한 곳에서 메주를 꾸덕꾸덕할 때까지 말립니다. 메주를 따뜻한 곳에 두면 우리 몸에 이로운 성분이 생깁니다.

❸ ㉠그다음으로, 메주를 볏짚으로 묶어 바람이 잘 통하는 곳에 매달아 놓습니다. ㉡볏짚과 공기 중에는 메주를 발효시키는 여러 가지 미생물이 살고 있습니다. ㉢메주를 서너 달 동안 매달아 놓으면 된장의 고유한 맛과 향을 내는 미생물이 많이 퍼집니다.

❹ 마지막으로, 항아리에 메주와 소금물, 붉은 고추, 숯을 넣어 삭힙니다. 붉은 고추와 숯은 잡균을 없애고 냄새를 제거하는 역할을 합니다. 20~30일이 지나면 항아리에서 메주를 건져 냅니다. 건져 낸 메주를 삭혀 된장을 만듭니다.

6 이 글의 내용으로 알맞은 것은 무엇입니까?

(   )

① 찧은 콩 반죽을 동그란 모양으로 빚어 메주를 만든다.

② 메주를 볏짚으로 묶어 매달아 놓았다가 따뜻한 곳에 둔다.

③ 항아리에서 삭힌 메주에 소금물을 더 부어 된장을 만든다.

④ 항아리에 넣는 붉은 고추와 숯은 메주를 발효시키는 역할을 한다.

⑤ 따뜻한 곳에서 메주가 꾸덕꾸덕할 때까지 말리면 몸에 이로운 성분이 생긴다.

7 문단 ❸의 중심 문장과 뒷받침 문장을 찾아 각각 기호를 쓰시오.

(1) 중심 문장	
(2) 뒷받침 문장	

8~9 글을 읽고, 물음에 답하시오.

나는 두더지가 나오기를 기다리며 감자밭을 휘둘러보았어요. / 그러다 자줏빛 감자 하나가 두더지 굴 옆으로 삐죽 나온 걸 보았어요.
"와! 할머니, 이것 좀 봐!"
나는 감자를 주워서 높이 들어 보였어요.
"오야오야! 솔이 감자구마."
나는 내 감자를 포기째 뽑았어요.
그랬더니 자주감자가 (㉠) 딸려 나왔어요.
나는 두더지 굴에 대고 소리쳤어요.
"두더지야, 잠깐! 이거 하나 갖고 가."

8 이 글에서 일어난 일에 따른 솔이의 마음으로 알맞은 것에 ○표를 하시오.

(1) 두더지가 굴에 숨어서 슬프다. (   )
(2) 자줏빛 감자를 찾아서 기쁘다. (   )
(3) 두더지가 감자밭을 파헤쳐서 화가 난다.
(   )

9 ㉠에 들어갈 낱말로 가장 알맞은 것은 무엇입니까?
(   )

① 절레절레　　　② 포슬포슬
③ 주렁주렁　　　④ 주룩주룩
⑤ 데굴데굴

10 다음 생각그물의 ㉠~㉢에 들어갈 낱말이 모두 알맞은 것에 ○표를 하시오.

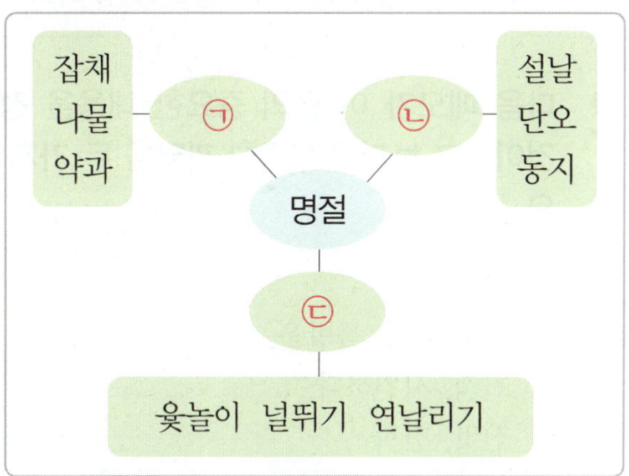

(1) ㉠: 음식, ㉡: 날짜, ㉢: 종류 (   )
(2) ㉠: 놀이, ㉡: 종류, ㉢: 역사 (   )
(3) ㉠: 음식, ㉡: 종류, ㉢: 놀이 (   )

3학년　　반　점수
이름　　/30점

정답과 해설 ● 35쪽

1 중요한 내용을 간단히 기록했던 경험을 쓰시오. [6점]

____

____

2~3 글을 읽고, 물음에 답하시오.

　날씨 맑은 여름날, 매미 소리가 들리는 나무 밑에서 물방울을 맞은 적이 있나요? 하늘은 맑은데 나무 밑에서 맞는 물방울, 그 정체는 무엇일까요? 그것은 바로 매미가 내뿜는 액체일 수도 있습니다. 매미가 내뿜는 액체를 알아볼까요?

　첫째, 매미는 배 밑의 구멍에서 자신이 먹은 것을 내뿜어요. 매미는 자신의 몸무게보다 훨씬 많은 나무의 수액을 마셔요. 그리고 먹은 것 대부분을 몸 밖으로 내뿜어요.

　둘째, 매미는 액체를 내뿜으면서 자신의 몸을 보호하기도 해요. 몸속에 저장한 수액을 내뿜은 매미는 몸이 가벼워져서 빨리 날아서 천적에게서 도망갈 수 있거든요.

　셋째, 매미가 내뿜는 액체는 단맛이 납니다. 만약 맑은 날 나무 아래에서 갑자기 물방울을 맞았다면 "아, 시원하네!" 하고 한껏 웃어 봐요.

2 다음 메모가 이 글의 중요한 내용을 정리한 것이라고 보기에 부족한 까닭을 <u>두 가지</u> 쓰시오. [6점]

> 매미,
> 나무 아래, 물방울,
> 천적, 시원하다,
> 신맛, 친척

(1) _______________________________

(2) _______________________________

3 **보기** 의 방법을 사용하여 이 글의 중요한 내용을 간단히 정리하여 쓰시오. [6점]

보기
• 글의 내용에 어울리는 제목을 쓴다.
• 숫자와 기호를 활용한다.

4~5 글을 읽고, 물음에 답하시오.

　나는 할머니 집에 가자마자 감자 캐러 가자고 졸랐어요. 호미 들고 자루 메고 밭으로 갔어요.

　그런데 감자꽃이 다 져 버렸어요.

　"할머니, 내 감자 어딨어?"

　"꽃이 없으이 할미도 모르겠네. 저깅가? 다 캐면 솔이 감자 표 날 테니 기다려 봐라."

　할머니는 맨 앞 이랑에 앉아 감자를 캐기 시작했어요. 아빠는 다음 이랑, 엄마는 그다음 이랑에 앉았어요. 나는 내 감자를 찾으려고 아무 감자나 막 뽑아 봤어요.

　조금 뒤, 할머니 뒤에 감자가 수북이 쌓였어요.

　아빠 엄마 뒤에도 감자가 쌓였어요. 하지만 표 나는 감자는 없었어요. / "치!"

　나는 골이 나서 감자 하나를 휙 던졌어요.

4 이 글에서 솔이에게 일어난 일을 정리해 쓰시오. [6점]

____

____

5 이 글에서 솔이의 마음은 어떠하였을지 쓰시오. [6점]

____

____

3학년   반   점수

이름   /30점

정답과 해설 ● 35쪽

관련 성취 기준	문단과 글에서 중심 생각을 파악하고 내용을 간추린다.
평가 목표	설명하는 글을 읽고 중요한 내용을 파악할 수 있다.

1~3 중요한 내용을 파악하며 글을 읽어 봅시다.

❶ 된장은 우리나라의 대표적인 먹거리입니다. 된장은 콩으로 만든 메주를 재료로 사용합니다. 메주로 된장을 만드는 방법을 알아봅시다.

❷ 먼저, 된장의 재료가 되는 메주를 만들어 잘 말립니다. 찧은 콩 반죽을 대게 네모난 모양으로 빚습니다. 따뜻한 곳에서 메주를 꾸덕꾸덕할 때까지 말립니다. 메주를 따뜻한 곳에 두면 우리 몸에 이로운 성분이 생깁니다. 23일간 메주를 잘 말려 볏짚으로 묶어 띄울 준비를 합니다.

❸ 그다음으로, 메주를 볏짚으로 묶어 바람이 잘 통하는 곳에 매달아 놓습니다. 볏짚과 공기 중에는 메주를 발효시키는 여러 가지 미생물이 살고 있습니다. 메주를 서너 달 동안 매달아 놓으면 된장의 고유한 맛과 향을 내는 미생물이 많이 퍼집니다. 이 성분을 사람들이 먹으면 몸이 튼튼하고 건강해집니다. 이렇게 잘 띄운 메주를 깨끗이 씻어서 햇볕에 적당히 말립니다.

❹ 마지막으로, 항아리에 메주와 소금물, 붉은 고추, 숯을 넣어 삭힙니다. 붉은 고추와 숯은 잡균을 없애고 냄새를 제거하는 역할을 합니다. 20~30일이 지나면 항아리에서 메주를 건져 냅니다. 건져 낸 메주를 삭혀 된장을 만듭니다.

1 이 글은 무엇을 설명하는 글인지 쓰시오 . [5점]

____

2 각 문단에서 중심 문장을 찾아 쓰시오. [10점]

(1) 문단 ❶

(2) 문단 ❷

(3) 문단 ❸

(4) 문단 ❹

3 문단별 중심 문장을 바탕으로 하여 이 글의 중요한 내용을 간추려 쓰시오. [15점]

____

____

____

4 단원

월

일

1~3 글을 읽고, 물음에 답하시오.

"물이다! 물이야! 우리가 물을 찾았어!"

까망이와 까미는 물을 마실 생각에 신이 났어요. 하지만 둘은 물을 마실 수 없었어요. 부리가 짧아 물에 닿지 않았거든요.

평소 성질이 급한 까미는 무작정 물병을 밀었어요. 하지만 물병은 꿈쩍도 하지 않았지요.

"됐어. 난 할 만큼 했어. 이제 희망이 없어."

실망한 까미는 기운 없이 집으로 돌아갔어요.

"이렇게 포기할 수는 없어. 분명히 좋은 방법이 있을 거야."

혼자 남은 까망이는 곰곰이 생각에 잠겼어요.

"그래! 이러면 되겠다!"

까망이는 작은 돌멩이를 하나씩 물어다 물병 속에 집어넣었어요. 돌멩이가 들어가자 물이 쑥쑥 올라왔어요. 물은 곧 물병 입구까지 차올랐지요.

"아, 정말 시원해. 이제 좀 살 것 같네."

1 이 글의 내용으로 알맞은 것은 무엇입니까?

(   )

① 두 까마귀는 함께 물을 마셨다.
② 까미는 물병을 밀어 넘어뜨렸다.
③ 까망이는 물 마실 방법을 생각해 냈다.
④ 까미와 까망이는 함께 집으로 돌아갔다.
⑤ 까망이는 부리를 집어넣어 물을 마셨다.

2 이 글에서 까미의 성격을 나타내는 말을 찾아 다섯 글자로 쓰시오.

(   )

3 말과 행동으로 짐작할 수 있는 인물의 성격을 찾아 알맞게 선으로 이으시오.

(1) 까미 •   • ① 끈기 있다.

(2) 까망이 •   • ② 포기가 빠르다.

4~5 글을 읽고, 물음에 답하시오.

가 깊은 산 까먹마을에 잘 까먹는 다람쥐들이 살았어. 튼튼한 앞니로 단단한 껍데기를 잘 까먹었지. 도토리를 여기저기 잘 묻어 두고 어디 묻었는지 잘 까먹었고.

나 줄무늬는 억울했어. 줄무늬는 도토리를 빨리빨리 많이 묻었거든. 그럼 빨리빨리 많이 찾아 먹어야 공평하다는 생각이 들었지.

'어떤 다람쥐는 느릿느릿 조금 묻어 놓고, 빨리빨리 많이 찾아 먹을 수도 있겠네?'

생각할수록 억울했어. 줄무늬는 빈 딱따구리 둥지로 높이 올라갔어.

'이 불공평한 세상을 어떡하지?'

'잘 까먹는 게 다람쥐의 운명이란 말인가?'

줄무늬는 결심했어. '안 까먹는 법'을 알아내겠다고.

다 '내 생각은 달라. 까먹어도 괜찮지 않아!'

줄무늬는 결심했어. 안 까먹는 방법을 스스로 찾아내겠다고.

줄무늬는 말이야, 찬물에 몸을 담그고 도리도리를 백 번 했어. 숲에서 제일 높은 잣나무에 올라가 "나는 똑똑하다!"라고 백 번 외쳤지. 가슴 털을 쓰다듬으며 "털아, 털아, 똑똑한 털아."라고 백 번 말하고, 털을 뽑아 도토리 묻은 곳마다 하나씩 꽂아 두기도 했고.

4 줄무늬는 어떤 결심을 하였는지 빈칸에 알맞은 말을 쓰시오.

• (   ) 방법을 스스로 찾아내야겠다.

5 줄무늬의 성격으로 알맞은 것은 무엇입니까?

(   )

① 게으르다.   ② 얌전하다.
③ 겸손하다.   ④ 겁이 많다.
⑤ 자주적이다.

6~7 글을 읽고, 물음에 답하시오.

> **가** 할아버지께
>
> 오늘 어떤 아저씨가 할아버지 집 앞에 '팝니다'라는 표지판을 세웠어요. 그 아저씨가 장미도 마구 밟았어요. 전 너무너무 화가 났어요.
>
> 엄마는 사람들이 종종 자기 코앞에 있는 아름다움조차 몰라볼 때가 있다고 했어요.
>
> ㉠잭슨이
>
> **나** 잭슨에게
>
> 여긴 고요하단다. 정원으로 축구공을 날리는 꼬마도, 갓 구운 스콘을 같이 먹자고 문을 두드리는 꼬마도 없구나. 하지만 여기에는 끝나지 않는 체스 게임과 꺼지지 않는 텔레비전 퀴즈 쇼가 있단다.
>
> 장미를 안전한 곳으로 옮겨 심는 게 좋겠구나. 엄마에게 도와달라고 하렴.
>
> 마음을 담아, 그레이엄 할아버지로부터

서술형

6 ㉠을 알맞은 표현으로 고치고, 그렇게 고친 까닭을 쓰시오.

(1) 알맞은 표현: (   )

(2) 고친 까닭: ___________________

____

7 할아버지의 편지에 담긴 마음으로 알맞은 것을 두 가지 골라 ○표를 하시오.

(1) 잭슨에게 서운한 마음　　　　　(　　)
(2) 잭슨을 걱정하는 마음　　　　　(　　)
(3) 잭슨을 그리워하는 마음　　　　(　　)

8 마음을 전하는 글을 쓰는 방법으로 알맞지 <u>않</u>은 것은 무엇입니까?　　　　　(　　)

① 추신은 글의 맨 앞에 쓴다.
② 글을 받는 사람과 쓴 사람을 쓴다.
③ 글을 쓰는 상황이 잘 드러나게 쓴다.
④ 전하고 싶은 마음이 잘 나타나게 쓴다.
⑤ 받는 사람에 따라 알맞은 표현을 쓴다.

9~10 글을 읽고, 물음에 답하시오.

> **가** 부모님께
>
> 어머니, 아버지. 어버이날을 맞아 편지를 써요. 지난 주말에 수영을 배우는데 계속 물에 가라앉아서 조금 속상했거든요. 그때 두 분께서 제가 포기하지 않은 것을 칭찬해 주셨지요. 꾸준히 연습하면 분명이 잘할 수 있을 거라고 말씀도 해 주셨어요. 덕분에 용기가 났어요. 언제나 저를 믿고 응원해 주셔서 감사합니다.
>
> 도현 올림
>
> **나** 할머니께
>
> 할머니, 생신 축하드려요. 저는 할머니가 계셔서 정말 좋아요. 제 생일 때마다 식혜도 만들어 주시고, 재미있는 이야기도 많이 들려주셔서 감사해요.
>
> 지난번에 할머니께서 입원하셨을 때는 많이 걱정되고 슬펐어요. 아프지 마시고, 늘 건강하세요. 할머니 생신 기념으로 좋은 곳에 또 여행 가요. 할머니, 사랑해요.
>
> 혜인 올림

9 글 **가**와 **나**에서 전하려는 마음을 모두 알맞게 쓴 것은 무엇입니까?　　　　　(　　)

	가	**나**
①	속상한 마음	감사한 마음
②	미안한 마음	기대하는 마음
③	감사한 마음	축하하는 마음
④	감사한 마음	걱정하는 마음
⑤	응원하는 마음	축하하는 마음

10 글 **가**와 **나**에서 글쓴이의 마음을 나타내는 말을 두 가지씩 찾아 쓰시오.

(1) **가**	• •
(2) **나**	• •

1 다음 낱말 중에서 성격을 나타내는 말과 마음을 나타내는 말을 각각 찾아 기호를 쓰시오.

> ㉠ 아쉽다   ㉡ 억울하다
> ㉢ 뿌듯하다   ㉣ 솔직하다
> ㉤ 적극적이다   ㉥ 호기심이 많다

(1) 성격을 나타내는 말: (   )
(2) 마음을 나타내는 말: (   )

[2~5] 글을 읽고, 물음에 답하시오.

> ㉮ 진달래 꽃망울이 맺힌 이른 봄날. 그날 지진이 났어. 줄무늬의 할머니의 할머니의 할머니의 할머니도 겪어 본 적 없는 지진이었지. / 집이 무너졌어. 창고도 무너지고 줄무늬는 기둥에 깔렸지.
> ㉯ "살려 주세요!" / 줄무늬는 힘껏 외쳤어. 외치고 나니 무서운 생각이 들었어.
>   '우리 집은 산꼭대기에 있잖아. 누가 내 목소리를 들을 수 있겠어?' / 줄무늬는 절망에 빠졌어. 마음도 땅처럼 갈라진 것 같았지. 그때였어. "많이 다치셨어요?" 하는 목소리가 들려왔어.
> ㉰ 다람쥐들은 부러진 나뭇가지랑 찢어진 이불로 들것을 만들었어. 줄무늬 뒷다리에 나뭇가지를 대고, 수건을 찢어 감았지. 들것에 줄무늬를 눕혔어. 약초 할머니가 마취초 열매를 짜서 줄무늬 입에 흘려 넣어 주었어.
>   "엄마, 많이 아파요?" / 첫째가 울먹였어.
>   "괜찮다. 엄마 나을 거다."
>   약초 할머니가 첫째의 등을 토닥여 줬지.
> ㉱ 줄무늬는 약초 할머니에게 물었어.
>   "우리 가족은 이제 뭘 먹고 살죠?"
>   "걱정 마. 여기저기 지난가을에 묻어 둔 도토리가 있을 거다. 그걸 찾아 먹으면서 봄을 견디면 된다."
>   "저는 여기저기 묻지 않았는데요. 그걸 어떻게 먹어요, 미안해서."
>   "괜찮다. 누가 묻었는지 아무도 몰라. 우리는 다 잘 까먹는 다람쥐들이다. 자네 가족 빼고."

---

2 이 글에서 일어난 일로 알맞지 <u>않은</u> 것은 무엇입니까? (   )

① 지진이 났다.
② 줄무늬네 집이 무너졌다.
③ 줄무늬가 기둥에 깔렸다.
④ 다람쥐들이 줄무늬를 구해 주었다.
⑤ 줄무늬가 마을로 내려가 도움을 청했다.

---

3 다음은 약초 할머니의 성격을 파악한 내용입니다. 빈칸에 알맞은 말은 무엇입니까? (   )

> 약초 할머니는 울먹이는 첫째에게 괜찮다고 말해 주고 등을 토닥여 주었어. 이러한 말과 행동으로 볼 때 약초 할머니는 (   ) 성격이야.

① 용감한   ② 차가운
③ 다정한   ④ 걱정이 많은
⑤ 포기가 빠른

---

4 글 ㉱에서 약초 할머니가 줄무늬에게 걱정하지 말라고 한 까닭으로 알맞은 것에 ○표를 하시오.

(1) 다람쥐들이 도토리 묻은 곳을 안 까먹기 때문에   (   )
(2) 다람쥐들이 여기저기 묻어 둔 도토리가 있기 때문에   (   )
(3) 줄무늬가 도토리 묻은 곳을 다른 다람쥐들은 모르기 때문에   (   )

서술형

5 이 글을 읽고 줄무늬의 처지가 되어 생각하거나 느낀 점을 쓰시오.

____

____

6~7 글을 읽고, 물음에 답하시오.

가 그레이엄 할아버지께

　죄송해요. 축구를 하는데 공이 그만 할아버지 정원으로 들어가 버렸어요. 막 열 번째 골을 넣으려던 때였는데요…….

　정원의 장미가 무사하면 좋겠어요.

　할아버지 드리려고 엄마랑 같이 스콘을 만들었어요. 맛있게 드세요.

　다시 한번 정말 죄송해요.

　　　　　　　　　　　　　　　　잭슨 올림

나 잭슨에게

　스콘과 사과 편지 고맙구나.

　나도 축구를 하곤 했단다. 하지만 너처럼 하루에 열 골을 넣은 적은 없었어.

　너는 축구를 정말 잘하는구나!

　내 장미는 멀쩡하단다. 걱정하지 말거라.

　이번 주말에 우리 집에 와 보렴. 새 장미가 잘 자라도록 가지치기하는 걸 보여 주마.

　　　　　　마음을 담아, 그레이엄 할아버지로부터

6 글 **가**와 **나**에 대해 알맞게 말한 친구의 이름을 쓰시오.

　소진: 글 **가**는 잭슨이 할아버지에게 축구공이 할아버지 정원으로 들어가서 죄송한 마음을 전하려고 쓴 편지야.

　아현: 글 **나**에서 할아버지는 잭슨이 찬 축구공 때문에 정원의 장미들이 망가졌다고 화를 내고 있어.

　　　　　　　(　　　　　　　　　　)

7 잭슨의 성격으로 알맞은 것은 무엇입니까?

　　　　　　　　　　　　　　　　(　　)

① 게으르다.　　　② 정직하다.

③ 무뚝뚝하다.　　④ 고집이 세다.

⑤ 인내심이 없다.

8~9 글을 읽고, 물음에 답하시오.

　수환이에게

　수환아 안녕? 달리기 대회를 앞두고 요즘 많이 바쁘지? 어제 하교하다가 네가 운동장에서 달리기를 연습하는 것을 봤어. 하루도 거르지 않고 매일 연습하다니 넌 정말 대단한 것 같아. 네가 열심히 노력한 만큼 이번 대회에서 좋은 결과를 얻으면 좋겠어. 내가 너를 정말 자랑스럽고 멋지다고 생각하는 거 알고 있지? 대회 때도 열심히 응원할게. 힘내!

　　　　　　　　　　　　하윤이가

8 글쓴이가 이 글을 쓴 까닭은 무엇인지 빈칸에 알맞은 말을 쓰시오.

● (　　　　　　　　)을/를 열심히 하는 친구를 (　　　　　　)하는 마음을 전하려고

9 이 글에서 글쓴이의 마음을 나타내는 말이 아닌 것은 무엇입니까? 　　　　(　　)

① 바쁘지?

② 응원할게.

③ 대단한 것 같아.

④ 좋은 결과를 얻으면 좋겠어.

⑤ 자랑스럽고 멋지다고 생각하는 거 알고 있지?

10 낱말의 뜻을 보고 빈칸에 알맞은 낱말을 **보기**에서 찾아 쓰시오.

　보기
　　성급하다　무뚝뚝하다　끈기 있다

(1) (　　　　　　): 성질이 급하다.

(2) (　　　　　　): 쉽게 포기하지 않고 끈질기게 견디다.

(3) (　　　　　　): 말, 행동, 표정 따위가 상냥하지도 부드럽지도 못하다.

1 다음 글에서 까미의 말이나 행동을 살펴보고, 까미의 성격을 파악하여 쓰시오. [6점]

> 이곳저곳을 빙빙 날아다니던 까망이와 까미는 마침내 물이 든 병을 발견했어요.
> "물이다! 물이야! 우리가 물을 찾았어!"
> 까망이와 까미는 물을 마실 생각에 신이 났어요. 하지만 둘은 물을 마실 수 없었어요. 부리가 짧아 물에 닿지 않았거든요.
> 평소 성질이 급한 까미는 무작정 물병을 밀었어요. 하지만 물병은 꿈쩍도 하지 않았지요.
> "됐어. 난 할 만큼했어. 이제 희망이 없어."
> 실망한 까미는 기운 없이 집으로 돌아갔어요.

____

____

2~3 글을 읽고, 물음에 답하시오.

> **가** 그레이엄 할아버지께
> 　죄송해요. 축구를 하는데 공이 그만 할아버지 정원으로 들어가 버렸어요. 막 열 번째 골을 넣으려던 때였는데요…….
> 　정원의 장미가 무사하면 좋겠어요.
> 　할아버지 드리려고 엄마랑 같이 스콘을 만들었어요. 맛있게 드세요.
> 　다시 한번 정말 죄송해요.
> 　　　　　　　　　　　　　　잭슨 올림
>
> **나** 잭슨에게
> 　스콘과 사과 편지 고맙구나.
> 　나도 축구를 하곤 했단다. 하지만 너처럼 하루에 열 골을 넣은 적은 없었어.
> 　너는 축구를 정말 잘하는구나!
> 　내 장미는 멀쩡하단다. 걱정하지 말거라.
> 　이번 주말에 우리 집에 와 보렴. 새 장미가 잘 자라도록 가지치기하는 걸 보여 주마.
> 　　　　　마음을 담아, 그레이엄 할아버지로부터

2 잭슨이 그레이엄 할아버지께 편지를 쓴 까닭은 무엇인지 쓰시오. [6점]

____

____

3 그레이엄 할아버지의 성격을 파악하고 그렇게 파악한 까닭을 함께 쓰시오. [6점]

____

____

4~5 글을 읽고, 물음에 답하시오.

> 까미에게
> 　까미야, 잘 지내고 있니? 날도 더운데 물은 좀 마셨는지 걱정이 돼. 힘들게 물을 찾았는데 물 한 모금 못 마시고 집으로 돌아갔다니 나까지 속상하고 안타까웠어. 그런데 네가 떠난 뒤에도 까망이는 포기하지 않고 노력해서 결국 물을 마실 수 있었어. ______________________________
> ______________________________________
> 　　　　　　　　　　　　　　　민호가

4 누구에게 어떤 마음을 전하는 글인지 쓰시오. [6점]

____

____

5 마음을 나타내는 말을 포함하여, 글의 뒷부분을 이어 쓰시오. [6점]

____

____

3학년   반   점수

이름   /30점

정답과 해설 ● 38쪽

관련 성취 기준	목적과 주제를 고려하여 독자에게 마음을 전하는 글을 쓴다.
평가 목표	마음을 전하는 글을 쓸 계획을 세우고 글을 쓸 수 있다.

1   마음을 전하고 싶은 상황을 떠올려 보고, 전할 내용을 보기 와 같이 쓰시오. [5점]

> **보기**
>
> 달리기 대회를 앞두고 매일 달리기 연습을 열심히 하는 친구에게 응원하는 마음을 전하고 싶다.

2   1번 문제에서 답한 내용으로 마음을 전하는 글을 쓰기 위한 계획을 세워 보시오.

[10점]

(1) 받는 사람	
(2) 전하고 싶은 마음	
(3) 마음을 전하고 싶은 상황	
(4) 마음을 나타내는 말	

3   2번 문제에서 세운 계획을 바탕으로 마음을 전하는 글을 쓰시오. [15점]

1~2 글을 읽고, 물음에 답하시오.

> **가** 오늘 피구 경기에서 2반에게 졌다. 내가 던진 공이 계속 빗나가서 너무 아쉬웠다. 끝나고 나니 눈물이 날 것 같았다.
>
> 3학년 1반 김다인
>
> **나** 오늘 2반과 피구 경기를 했다. 공을 던질 때 정말 짜릿했다. 응원도 신나고 재미있었다. 비록 졌지만 최고의 경기였다.
>
> 3학년 1반 이선우

1 글 **가**와 **나**는 어떤 일을 쓴 글입니까?(   )

① 피구 대회에서 우승한 일
② 피구 경기에서 2반에게 진 일
③ 응원 대회에서 상을 받은 일
④ 피구 경기를 앞두고 친구들과 연습한 일
⑤ 피구 경기에서 날아온 공에 맞고 울었던 일

2 글 **가**와 **나** 중 다음과 같은 생각이 드러난 글의 기호를 쓰시오.

> 비록 졌지만 최고의 경기였다.

글 (   )

3~5 글을 읽고, 물음에 답하시오.

> ㉠오늘 친구들과 동물원에 다녀왔다. 홍학이 한쪽 다리를 든 채 서 있는 모습을 보았다. 그 모습이 어쩐지 불편해 보였다. 홍학이 그런 자세로 서 있는 까닭을 알아보고 싶다.

3 글쓴이는 동물원에서 무엇을 보았는지 빈칸에 알맞은 말을 쓰시오.

- (   )이/가 한쪽 다리를 든 채 서 있는 모습

4 글쓴이의 생각을 두 가지 고르시오.

(,   )

① 동물원에 다시 가고 싶다.
② 동물원에서 홍학을 보았다.
③ 홍학이 서 있는 모습이 아름다웠다.
④ 홍학이 한쪽 다리를 든 채 서 있는 모습이 불편해 보였다.
⑤ 홍학이 한쪽 다리를 든 자세로 서 있는 까닭을 알아보고 싶다.

5 ㉠은 사실과 의견 가운데 무엇인지 알맞은 것에 ○표를 하시오.

(사실 , 의견)

6~7 글을 읽고, 물음에 답하시오.

> 오늘날, 소금은 흔히 볼 수 있고 쉽게 구할 수 있는 물건이라 보잘것없게 느껴지기도 합니다. ㉠그러나 어떤 물건이 흔하다고 해서 그것을 하찮게 여겨서는 안 돼요. 과거에는 소금이 구하기 어려웠고 가격도 비쌌답니다. 그래서 사람들이 소금을 얻으려고 많은 노력을 기울였어요. 그 결과, 우리는 다양한 곳에 널리 활용할 수 있을 만큼 충분한 소금을 얻게 되었지요. 소금은 흔해 보이지만 우리에게 없어서는 안 될 참 고마운 존재랍니다.

6 오늘날 소금이 보잘것없게 느껴지기도 하는 까닭은 무엇입니까? ( )

① 가격이 너무 싸서
② 활용하는 곳이 별로 없어서
③ 소금보다 귀한 물건이 많아서
④ 흔히 볼 수 있고 쉽게 구할 수 있어서
⑤ 사람들이 소금의 맛을 좋아하지 않아서

7 ㉠은 사실과 의견 가운데 무엇인지 쓰시오.

( )

8~9 글을 읽고, 물음에 답하시오.

> 최근 로봇 연구자들은 이러한 협동 로봇에 대한 다양한 연구를 하고 있다. 예를 들면 로봇에 인공 지능 기술을 더하거나 지금보다 더 빠르고 세밀하게 움직이는 로봇을 만드는 연구를 진행하고 있다. 그러나 무엇보다 중요한 연구는 '안전'에 대한 연구이다. 협동 로봇이 사람과 움직이는 방향이 겹치게 되면 서로 부딪칠 수 있기 때문이다. 따라서 협동 로봇을 안전하게 만드는 연구가 꼭 필요하다.
>
> 협동 로봇 기술이 지금보다 발전한다면 가까운 미래에는 협동 로봇을 각 가정에서도 사용하게 될 것이다. 안전한 협동 로봇이 사람들의 일상생활을 도울 때 우리의 삶이 좀 더 편리해질 것이라고 생각한다.

8 이 글은 무엇에 대한 글인지 네 글자로 쓰시오.

( )

9 다음 글쓴이의 의견에 대한 자신의 생각을 쓰시오.

글쓴이의 의견	미래에는 지금보다 협동 로봇이 우리 생활에 더 많이 사용될 것이다. 덕분에 우리의 생활이 더욱 편리해질 것이다.
나의 생각	

10 글쓰기를 계획할 때 떠올릴 수 있는 질문으로 알맞지 않은 것의 기호를 쓰시오.

> ㉠ 무엇을 쓸까?
> ㉡ 글을 쓰는 목표는 무엇일까?
> ㉢ 이 글을 읽는 이는 누구일까?
> ㉣ 쓴 글에서 고치고 싶은 부분이 있었는가?

( )

3학년   반   점수
이름

1~2 대화를 보고, 물음에 답하시오.

1 주원이와 지호가 본 것은 무엇입니까?( )

① 홍학이 날고 있는 모습
② 홍학이 알을 품는 모습
③ 홍학이 먹이를 먹는 모습
④ 홍학이 두 다리로 서서 자는 모습
⑤ 홍학이 한쪽 다리를 들고 서 있는 모습

2 주원이와 지호는 각각 사실과 의견 가운데 무엇을 말하였는지 쓰시오.

(1) 주원: ( )
(2) 지호: ( )

3 다음 중 의견인 것은 어느 것입니까? ( )

① 봄이 지나면 여름이 온다.
② 우리 반은 3학년 2반이다.
③ 쓰레기통에 종이가 버려져 있다.
④ 오늘 축구 경기를 한 것이 즐거웠다.
⑤ 로봇 공학자는 로봇을 연구하는 사람이다.

4~5 글을 읽고, 물음에 답하시오.

'소금' 하면 무엇이 떠오르나요? 아마 하얀 가루의 모습이나 짠맛의 기억이 떠오를 거예요. 소금은 보통 음식의 간을 맞추는 데 쓰지요. 그러나 소금은 이 밖에도 매우 다양하게 쓰이고 있답니다.

소금은 사람의 몸속에서 여러 역할을 해요. 소금은 음식물의 소화를 돕는 소화액을 만드는 데 쓰여요. 뇌에서 우리 몸 구석구석으로 신호를 보내는 일을 돕기도 하고요. 일정한 양의 물이 몸 안에 머무르도록 해 주기도 해요. 그래서 ㉠몸속에 소금이 없다면 사람은 생명을 유지할 수 없어요.

4 소금이 하는 일이 아닌 것은 무엇입니까?

( )

① 깨끗한 물을 만드는 데 쓴다.
② 음식의 간을 맞추는 데 쓴다.
③ 일정한 양의 물이 몸 안에 머무르도록 해 준다.
④ 음식물의 소화를 돕는 소화액을 만드는 데 쓰인다.
⑤ 뇌에서 우리 몸 구석구석으로 신호를 보내는 일을 돕는다.

5 ㉠은 사실과 의견 가운데 무엇인지 쓰시오.

( )

6~8 글을 읽고, 물음에 답하시오.

> 이처럼 같은 공간에서 사람을 도와 일하는 로봇을 '협동 로봇'이라고 한다. 현재 우리 주변에는 다양한 협동 로봇이 일하고 있다. 아이스크림뿐만 아니라 음료를 만드는 로봇, 농장에서 과일을 따서 담는 로봇도 있다.
>
> 최근 로봇 연구자들은 이러한 협동 로봇에 대한 다양한 연구를 하고 있다. 예를 들면 로봇에 인공 지능 기술을 더하거나 지금보다 더 빠르고 세밀하게 움직이는 로봇을 만드는 연구를 진행하고 있다.

서술형

6 협동 로봇은 어떤 로봇을 말하는지 쓰시오.

____

____

7 이 글에서 다음 뜻을 지닌 낱말을 찾아 쓰시오.

> 모양, 형태 따위가 여러 가지로 많은.

( )

8 이 글에 드러난 사실에 대해 느낀 점을 말한 것은 무엇입니까? ( )

① 협동 로봇에 인공 지능 기술을 더할 수 있다.
② 아이스크림이나 음료를 만드는 협동 로봇이 있다.
③ 로봇이 사람과 함께 과일을 딴다는 것이 신기하다.
④ 현재 우리 주변에는 다양한 협동 로봇이 일하고 있다.
⑤ 지금보다 더 빠르고 세밀하게 움직이는 로봇을 만드는 연구를 진행하고 있다.

9~10 글을 읽고, 물음에 답하시오.

> **가** 지우야, 미안.
>
> **나** 안녕, 나는 석빈이야.
>
> 어제 쉬는 시간에 내가 네 필통을 실수로 떨어뜨렸어. 미안. 그건 준영이가 쫓아오는 바람에 그런 거지 처음부터 네 필통을 건드리려고 했던 것은 아니야. 네 필통이 책상 바깥으로 아슬아슬하게 나와 있었거든.
>
> **다** 지우야, 안녕. 나는 석빈이야.
>
> 네 색연필이 망가져서 많이 속상했지?
>
> 너의 소중한 물건을 떨어뜨려서 정말 미안해. 앞으로는 조심할게. 똑같은 물건은 아니겠지만 다시 사 주고 싶어. 그렇게 해서라도 네 마음이 풀렸으면 좋겠어.
>
> 정말로 미안해.

9 글 **가**~**다** 가운데 상대의 마음을 헤아리는 표현을 쓴 글의 기호를 쓰시오.

글 ( )

10 이와 같이 미안한 마음을 전하는 글을 쓰는 방법으로 알맞은 것을 <u>두 가지</u> 고르시오.

(,)

① 미안하니까 '미안' 한 마디만 쓴다.
② 자신이 왜 실수했는지 변명을 길게 쓴다.
③ 글을 읽는 사람의 마음이 어떨지 생각해 본다.
④ 자신도 많이 힘들었으니 자신의 마음을 잘 알아 달라는 내용을 쓴다.
⑤ 상대에게 마음이 가닿을 만큼 글 속에 자신의 생각이 충분히 담기도록 쓴다.

1 글을 쓰기 전에 무엇을 생각하면 좋을지 한 가지만 쓰시오. [6점]

____

____

2 우리 반에 대한 사실과 의견을 한 가지씩 쓰시오. [6점]

(1) 사실	
(2) 의견	

3 다음 글에 나온 문장 가운데에서 사실과 의견을 하나씩 찾아 쓰시오. [6점]

> 소금은 우리 생활 곳곳에도 쓰인답니다. 치약, 비누, 플라스틱이나 유리와 같은 물건을 만드는 데에도 소금 성분이 들어가요. 이렇게 전혀 예상하지 못한 물건에까지 소금 성분이 들어 있다는 것이 정말 놀랍지요. 또 사람들은 눈이 내린 길 위에 소금을 뿌리기도 해요. 소금이 눈에 녹아 소금물이 되면 어는 온도가 더 내려가거든요. 기온이 낮아져도 눈이 쌓인 길이 얼지 않게 해 주는 거예요.

(1) 사실	
(2) 의견	

4 다음 글에서 새롭게 안 사실을 쓰고, 이와 관련해 더 궁금한 점이나 느낀 점을 쓰시오. [6점]

> 이처럼 같은 공간에서 사람을 도와 일하는 로봇을 '협동 로봇'이라고 한다. 현재 우리 주변에는 다양한 협동 로봇이 일하고 있다. 아이스크림뿐만 아니라 음료를 만드는 로봇, 농장에서 과일을 따서 담는 로봇도 있다.
> 　최근 로봇 연구자들은 이러한 협동 로봇에 대한 다양한 연구를 하고 있다. 예를 들면 로봇에 인공 지능 기술을 더하거나 지금보다 더 빠르고 세밀하게 움직이는 로봇을 만드는 연구를 진행하고 있다. 그러나 무엇보다 중요한 연구는 '안전'에 대한 연구이다.

(1) 새롭게 안 사실	
(2) 더 궁금한 점이나 느낀 점	

5 석빈이는 장난을 치다가 지우의 학용품을 망가뜨리고 다음과 같은 쪽지를 썼습니다. 쪽지의 내용을 보고, 어떻게 고쳐야 할지 쓰시오. [6점]

> 지우야, 미안.

____

____

3학년 　 반 　 점수
이름 　 /30점

정답과 해설 ● 40쪽

관련 성취 기준	글에 나타난 사실과 의견을 구분하고 필자와 자신의 의견을 비교한다.
평가 목표	사실과 의견을 구분하며 글을 읽을 수 있다.

1~3 사실과 의견을 생각하며 글을 읽어 봅시다.

② 소금은 사람의 몸속에서 여러 역할을 해요. ㉠소금은 음식의 소화를 돕는 소화액을 만드는 데 쓰여요. 뇌에서 우리 몸 구석구석으로 신호를 보내는 일을 돕기도 하고요. 일정한 양의 물이 몸 안에 머무르도록 해 주기도 해요.

④ 소금은 우리 생활 곳곳에도 쓰인답니다. 치약, 비누, 플라스틱이나 유리와 같은 물건을 만드는 데에도 소금 성분이 들어가요. 이렇게 전혀 예상하지 못한 물건에까지 소금 성분이 들어 있다는 것이 정말 놀랍지요. 또 사람들은 눈이 내린 길 위에 소금을 뿌리기도 해요. 소금이 눈에 녹아 소금물이 되면 어는 온도가 더 내려가거든요. 기온이 낮아져도 눈이 쌓인 길이 얼지 않게 해 주는 거예요.

④ 오늘날, 소금은 흔히 볼 수 있고 쉽게 구할 수 있는 물건이라 보잘것없게 느껴지기도 합니다. 그러나 어떤 물건이 흔하다고 해서 그것을 하찮게 여겨서는 안 돼요. 과거에는 소금이 구하기 어려웠고 가격도 비쌌답니다. 그래서 사람들이 소금을 얻으려고 많은 노력을 기울였어요. 그 결과, 우리는 다양한 곳에 널리 활용할 수 있을 만큼 충분한 소금을 얻게 되었지요. ㉡소금은 흔해 보이지만 우리에게 없어서는 안 될 참 고마운 존재랍니다.

1 ㉠이 사실인지 의견인지 쓰고, 왜 그렇게 생각하는지 쓰시오. [10점]

(1) ㉠이 사실인지 의견인지 쓰기	
(2) 그렇게 생각한 까닭	

2 글 ④에서 글쓴이의 의견인 문장을 찾아 쓰시오. [10점]

____

____

3 ㉡에 대한 자신의 의견을 쓰시오. [10점]

____

____

MEMO